EMPIRES ET CITÉS DANS LA MÉDITERRANÉE ANTIQUE

*

DU MÊME AUTEUR

Palmyre. Vérités et légendes, en collaboration avec Annie Sartre-Fauriat, Paris, Perrin, 2016.

L'Historien et ses territoires. Choix d'articles, Bordeaux, Ausonius, 2014.

Zénobie. De Palmyre à Rome, en collaboration avec Annie Sartre-Fauriat, Paris, Perrin, 2014.

La Ville antique, en collaboration avec Xavier Lafon et Jean-Yves Marc, Paris, Le Seuil, éd. poche, coll. « Points Histoire », 2011.

Dictionnaire du Monde grec antique, sous la direction de Annie Sartre-Fauriat, Patrice Brun et Maurice Sartre, Paris, Larousse, coll. « *In extenso* », 2009.

Histoires grecques, Paris, Le Seuil, 2006 ; éd. poche, coll. « Points Histoire », 2009.

Palmyre : la cité des caravanes, en collaboration avec Annie Sartre-Fauriat, Paris, Gallimard, 2008.

L'Anatolie hellénistique de l'Égée au Caucase (334-31 av. J.-C.), Paris, Armand Colin, 2003 ; 2e éd., 2004.

La Syrie antique, Paris, Gallimard, 2002.

D'Alexandre à Zénobie. Histoire du Levant antique, IVe siècle avant J.-C.-IIIe siècle après J.-C., Paris, Fayard, 2001 ; 2e éd., 2003.

Le Haut-Empire romain : les provinces de Méditerranée orientale d'Auguste aux Sévères, Paris, Le Seuil, éd. poche, coll. « Points Histoire », 1997.

L'Orient romain. Provinces et sociétés provinciales en Méditerranée orientale d'Auguste aux Sévères, 31 avant J.-C.-235 après J.-C., Paris, Le Seuil, 1991.

La Méditerranée antique, IIIe siècle avant J.-C.-IIIe siècle après J.-C., en collaboration avec Alain Tranoy, Paris, Armand Colin, 1990 ; 2e éd., 1997.

MAURICE SARTRE

EMPIRES ET CITÉS DANS LA MÉDITERRANÉE ANTIQUE

*

TEXTO
Le goût de l'histoire

Texto est une collection des éditions Tallandier

Cet ouvrage est publié sous la direction de Denis Maraval

2, rue Rotrou – 75006 Paris
www.tallandier.com

Sommaire

Avant-propos 9

1. – Le Proche-Orient : au carrefour des empires 13
2. – Mari, perle de l'Euphrate 27
3. – Où sont passés les Âges obscurs de la Grèce ? 33
4. – Athènes : questions actuelles sur une cité grecque 37
5. – Démocratie, je te hais ! 61
6. – Démagogue et fier de l'être 67
7. – Pas de tabou pour Aristophane 71
8. – Au théâtre, à Athènes 75
9. – Comment les Grecs ont inventé l'amnistie 79
10. – Et Platon inventa l'Atlantide 87
11. – Cités grecques : le pouvoir aux riches ! 93
12. – Alexandre et ses successeurs 107
13. – Les Maccabées et la mémoire d'Israël 117
14. – Apocalypse et révoltes juives 139
15. – Le grand massacre des marchands romains 149
16. – Alésia : la dernière bataille 155

17. – Portrait d'une inconnue : Cléopâtre 165
18. – Hérode, portrait d'un roi maudit 185
19. – Actium ou la paix romaine 189
20. – À la reconquête de l'Orient 205
21. – Rome : l'empire modèle 215
22. – « Des rites abominables et des mœurs effrénées » 225
23. – La ville ingouvernable de l'Empire romain..... 237
24. – Quand les sicaires semaient la terreur 251
25. – Bar Kokhba contre Rome : le dernier combat des Juifs de Judée 255
26. – Entre Nil et mer Rouge. Les gardiens du désert 271
27. – Une frontière de l'Empire romain 277
28. – Tous citoyens romains ! 287
29. – L'Orient au Ve siècle 301
30. – L'Empire romain n'est pas mort 307

Lexique 317
Cartes 329
Index des noms propres (divinités, personnes, dynasties, familles) 333
Index des lieux et des peuples 339
Index des sujets 345

Avant-propos

Regrouper des articles écrits sur plus de 30 années, mêler des études de fond et des propos de circonstance, voire des comptes rendus d'ouvrages, voici qui n'est pas sans risques. Mais que serait l'existence sans prise de risque ? Depuis longtemps plusieurs amis éditeurs m'incitaient à rassembler ainsi les écrits destinés à *L'Histoire*, et je ne résistais guère que devant l'ampleur de la tâche. J'ai fini par céder, tout en mesurant les imperfections des volumes livrés ainsi au public, mais celles-ci se trouvaient déjà dans les versions originales, et ce pouvait être l'occasion de les atténuer. Il me faut néanmoins m'expliquer sur les choix qui ont été faits, et la manière de procéder.

Tous les articles de fond ont été repris, à l'exception d'un seul, le premier que j'ai jamais donné à la revue, dont j'estime aujourd'hui qu'il est largement dépassé et mériterait d'être totalement réécrit. Les très abondantes découvertes du désert syrien, et une étude critique ravageuse – quoique justifiée – de Michael Macdonald – ont obligé à réviser de fond en comble nos conceptions des peuples nomades. Pour les autres, ils sont tous là, mais il va de soi que lorsqu'il existait deux versions d'un article (paru dans la revue mensuelle puis dans les *Collections*), on a pris le plus complet et le plus à jour.

D'une manière générale, je n'ai procédé à aucune modification si ce n'est formelle – encore celles-ci sont-elles rares. Pour un article, pourtant, je me suis interrogé (*Les Maccabées*) car ma vision des choses a largement évolué au vu des découvertes et analyses récentes. J'ai choisi néanmoins de conserver le texte original, qui reflète un état des connaissances à une date donnée. Mais j'ai ajouté – comme je l'ai fait pour quelques autres articles – un *post-scriptum* expliquant pourquoi ma vision des choses a changé et ce qu'elle est aujourd'hui. Pour la plupart des articles, je n'ai rien modifié, sauf à signaler à l'occasion quelques publications accessibles au grand public qui m'ont semblé d'un intérêt particulier. De même, j'ai parfois établi des renvois internes entre les articles.

À côté des articles de fond, il ne m'a pas semblé inutile de rendre accessible des textes brefs, souvent écrits à l'occasion d'une manifestation scientifique, d'un anniversaire, d'une publication ou d'une découverte qui ont marqué une avancée certaine dans nos études. Quelquefois, ils éclairent et complètent telle ou telle étude.

Le lecteur trouvera-t-il une cohérence dans cet ensemble ? Il se trouve au moins deux éléments qui doivent y concourir. D'abord le fait que tout cela ait été écrit pour une seule et même revue, *L'Histoire*, dont la contribution à la diffusion de la connaissance historique dans le monde francophone est incomparable ; son rôle d'intermédiaire entre la recherche qui se fait et le grand public est sans égal et irremplaçable ; c'est peu dire que je suis fier d'avoir été invité à siéger à son comité de rédaction depuis janvier 1996. Ensuite, il y a aussi l'unité d'auteur, puisque c'est le principe même de ce type de recueil. Mais pour le reste, il faut bien reconnaître que la variété des sujets est plus étendue que je ne l'avais imaginé avant de rassembler ce recueil.

De la préhistoire au monde contemporain, la revue m'a incité à écrire sur des sujets parfois inattendus. Mais le monde gréco-romain, notamment le Proche-Orient, reste au cœur de mes thèmes de prédilection. Il m'a semblé qu'il serait très artificiel de partager les volumes en fonction des espaces ou des époques, et j'ai donc choisi, en accord avec l'éditeur, de répartir la matière entre deux grandes thématiques. Dans ce premier volume, on trouvera les articles strictement politiques, qu'il s'agisse d'histoire militaire ou politique, des institutions et des jugements qu'elles entraînèrent. Dans le second volume, on portera davantage attention aux individus, à leur mode de vie, à leur imaginaire, leur culture, leurs savoirs, leurs croyances, leurs goûts. Les lacunes sont immenses (l'armée, l'économie, les dieux) et reflètent sans doute mon manque d'appétence pour ces sujets, ou mes incompétences. Et puis, d'autres sont bien plus compétents que moi sur ces sujets !

1

Le Proche-Orient : au carrefour des empires[1]

Aux vallées des grands fleuves les grands empires, aux paysages plus compartimentés de la côte méditerranéenne le morcellement en cités-États, jalouses de leur indépendance… Ce déterminisme géographique rudimentaire, s'il trouve partiellement confirmation dans l'histoire du Proche-Orient antique, ne saurait être pris au pied de la lettre.

Un grand empire au moins est né sur les plateaux arides de l'Anatolie centrale et les reliefs tourmentés qui les prolongent à l'est : celui des Hittites, au IIe millénaire avant notre ère. Tandis que, au IIIe millénaire, c'est une civilisation fondée sur des cités-États qui avait vu le jour dans la vallée du Tigre et de l'Euphrate : celle de Sumer. Laissons donc de côté les causes, multiples, qui ont conduit tel ou tel peuple à former un empire quand son voisin proche se plaisait dans la désunion politique et tentons plutôt de voir comment ces formes d'organisation ont cohabité, se sont succédé et se sont surtout combattues.

1. *L'Histoire, Collections*, n° 69, octobre 2015, p. 16-23, dossier « Le Proche-Orient de Sumer à Daech ».

Lieu d'échanges et de contacts, le Proche-Orient fut en effet une terre d'affrontements entre les empires et les communautés secondaires qu'ils cherchèrent à soumettre, mais aussi entre les empires eux-mêmes. Sans entrer dans le détail, essayons de fixer quelques grandes étapes, à partir de la seconde moitié du IIIe millénaire, qui marquent, en Mésopotamie comme en Égypte, l'émergence des premiers empires.

Au sud, l'Égypte constitue un élément relativement stable depuis le IIIe millénaire. Sa politique extérieure est plus dictée par le souci de sa sécurité que par une volonté d'expansion. En effet, les pharaons, lorsqu'ils en ont les moyens, cherchent à prévenir toute attaque venant du nord ou du nord-est en contrôlant, directement ou par clients interposés, le Sinaï, mais aussi la Palestine, la Transjordanie et le sud de la Syrie. Byblos, sur la côte phénicienne, apparaît comme une tête de pont d'où se diffusent les produits égyptiens. Mais les listes dressées par Thoutmosis III (XVe siècle av. J.-C.) après ses campagnes en Syrie ou les lettres d'el-Amarna (XIVe siècle av. J.-C.)[1] montrent que les réseaux de relations des pharaons s'étendaient dans toute la région.

Le grand Sargon d'Akkad

La situation est tout autre en Mésopotamie. Le premier grand empire, celui de Sargon d'Akkad, s'y constitue vers

1. On appelle « lettres d'Amarna » les tablettes cunéiformes retrouvées dans la nouvelle capitale construite par Akhenaton (1365-1349 av. J.-C.). Elles contiennent la correspondance officielle adressée au pharaon par les princes de Syrie et de Palestine.

2340 av. J.-C.[1] au détriment des multiples cités sumériennes apparues mille ans plus tôt. Désunies, Our, Lagash, Ourouk ou Kish ont été rapidement soumises par Sargon qui a pris le titre de roi de « Sumer et Akkad ». Empire éphémère (il tombe vers le milieu du XXIIe siècle), Akkad parvint toutefois à s'étendre sur le moyen Euphrate (Mari) et jusqu'en Syrie du Nord (Ebla).

Vers 2111 av. J.-C., le royaume constitué par les souverains de la IIIe dynastie d'Our marque la renaissance de la civilisation sumérienne. La période est dite « néo-sumérienne ». Son fondateur, Our-Nammu, réunifie le sud de la Mésopotamie et prend à son tour le titre de « roi de Sumer et Akkad ». Ses deux fils lui succèdent mais ne parviennent pas à maintenir l'empire qui tombe sous les attaques des Élamites et des Amorrites. La Mésopotamie devient un monde fragmenté, surtout peuplé d'Amorrites, de Hourrites et d'Akkadiens.

Mais, au IIe millénaire avant notre ère, émergent au nord le royaume d'Assour et au sud celui de Babylone. Rivaux, ils se partagent pendant plus d'un millénaire la mainmise sur l'ensemble du Proche-Orient sémitique (Arabie exclue pour l'essentiel).

Les États qui s'étaient constitués sur les marges, comme le grand royaume de Mari sur le moyen Euphrate ou le royaume hourrite en haute Mésopotamie (Hanigalbat), sont soumis par les Assyriens ou les Babyloniens, tout comme les peuples des montagnes ou du désert.

Au nord du Proche-Orient, le royaume hittite s'est constitué dès la fin du XVIIe siècle av. J.-C. Son domaine est essentiellement anatolien, mais il est tenté de s'étendre vers le sud, en direction de la Cilicie et de la Syrie du

1. Les spécialistes se divisent entre deux chronologies possibles séparées par une cinquantaine d'années.

Nord, qu'il domine largement au XIIIe siècle av. J.-C. : c'est à cette occasion que les armées du Hittite Mouwatalli et de l'Égyptien Ramsès II se heurtent en 1274 av. J.-C. à la grande bataille de Qadesh (Syrie centrale), sans qu'il en sorte un vainqueur.

L'espace syro-phénicien attire d'autant plus les empires que l'émiettement politique qui y règne en fait une proie facile. Les royaumes de la côte (Byblos, Ougarit) comme les cités amorrites puis araméennes de l'intérieur (Damas, Alep, Qatna) entretiennent des relations étendues, mais ne sont pas de force à lutter contre les armées des empires. D'ailleurs, ils n'y songent guère et s'estiment souvent trop heureux s'ils ne sont pas détruits de fond en comble par les armées de passage. Dès le XIIIe siècle av. J.-C., ces États sont tous vassaux soit des Égyptiens (Tyr, Sidon, Byblos), soit des Hittites (Ougarit, Qadesh, Alep notamment).

Dans le courant du XIIe siècle av. J.-C., un événement dramatique ruine la plupart des États riverains des côtes orientales de la Méditerranée : les incursions des « peuples de la Mer », comme les appellent les Égyptiens. Chassés pour des raisons inconnues de divers points de la Méditerranée centrale, voire occidentale (Sicile), ces pillards tentent de s'établir (ils y réussissent dans le sud de la Palestine) en causant des ravages considérables. L'Empire hittite s'effondre, les villes côtières de Syrie, mais aussi nombre de villes de l'intérieur sont détruites (quelques-unes ne se relevèrent jamais, comme Ougarit). L'Égypte elle-même doit affronter les envahisseurs sur son sol, dans le delta du Nil (victoire de Ramsès III en 1177 av. J.-C.). Seuls les royaumes mésopotamiens sont restés à peu près indemnes. Ils en profitent pour se renforcer au détriment de leurs adversaires traditionnels.

En Anatolie, des pouvoirs locaux s'installent, dont aucun n'eut le rayonnement des Hittites. L'Égypte connaît quant à elle une longue crise politique qui la tient à l'écart des enjeux syro-mésopotamiens. En Syrie, les Phéniciens reconstruisent leurs cités côtières et se lancent à l'aventure jusqu'aux extrémités de la Méditerranée (fondation de Carthage vers 800 av. J.-C.). En Judée-Samarie se constitue un royaume (bientôt deux) regroupant le peuple hébreu. Les cités araméennes de l'intérieur retrouvent de l'éclat et de la puissance.

Le triomphe de l'Assyrie

De son côté, le royaume assyrien, issu d'une simple cité marchande, Assour, sur les rives du Tigre, au nord de la Mésopotamie, et qui avait réussi à prendre le contrôle d'un large espace nord-mésopotamien au XIVe siècle av. J.-C., connaît à son tour un sévère repli à cause de nouveaux venus : les Araméens, originaires du désert syrien.

Mais, à partir de 911 av. J.-C., à l'avènement d'Adad-Nirari II, l'Assyrie reprend son expansion (Empire néo-assyrien). Les rois assyriens s'emparent au fil du temps de l'ensemble de l'espace mésopotamien (Babylone, en 728 av. J.-C.), syrien (Damas en 732, Samarie en 722, Jérusalem en 587 av. J.-C.), phénicien (première moitié du IXe siècle av. J.-C.) et même de l'Égypte (Memphis en 664, Thèbes en 663 av. J.-C.).

Le Proche-Orient trouve une unité politique qu'il n'a jamais connue, et qui couvre aussi bien l'Élam au sud-est (autour de Suse), l'Égypte au sud-ouest que l'Ourartou au nord-est (haut plateau arménien). L'effondrement de l'Empire assyrien en 612-609 av. J.-C. ne change pas fondamentalement la situation : son vainqueur, le roi de Babylone Nabopolassar, reprend aussitôt la totalité de l'héritage, à l'exception de l'Égypte. Son successeur Nabuchodonosor II doit batailler pour empêcher celle-ci de reprendre pied au sud du Levant.

La prise de Babylone par le Perse Achéménide Cyrus le Grand en 539 av. J.-C. impose un nouveau maître au défunt empire néo-babylonien et marque la seconde coupure majeure dans l'histoire de la région. En effet, pour la première fois, l'ensemble du Proche-Orient (si on ajoute l'Égypte conquise par son fils Cambyse en 525 av. J.-C.), de la mer Noire à la première cataracte du Nil, de l'Égée à l'Indus, appartient à l'Empire perse (Cyrus disposait déjà de l'Iran et de l'Anatolie presque entière depuis 546 av. J.-C.). Cet empire quasi universel, comme on n'en avait encore jamais connu, avait ses capitales en dehors du Proche-Orient proprement dit, à Suse, à Persépolis ou à Ecbatane. Innovation sans conséquences immédiates, mais qui devait durer plus d'un millénaire !

L'Empire perse achéménide prit le parti de faire de l'araméen, langue de la plupart des habitants de Syrie et de Mésopotamie, la langue de la chancellerie impériale, ce qui acheva d'en faire la grande langue de communication du Proche-Orient. Aux conquêtes de Cyrus et de Cambyse, Darius ajouta divers territoires européens, notamment en Thrace, mais il échoua en Grèce, tout comme Xerxès après lui. L'étendue de l'empire resta relativement stable en dépit de la perte de l'Asie Mineure grecque entre 478 et 410 av. J.-C. et de diverses périodes de sécession de l'Égypte, qui fut néanmoins récupérée par Artaxerxès III en 343 av. J.-C.

L'existence d'un empire unique n'empêcha pas les conflits. Mais ceux-ci changeaient de nature. Il s'agissait soit de révoltes localisées contre la domination perse, soit d'interventions grecques en Phénicie, en Égypte, à Chypre, pour faire du butin et gêner l'adversaire perse.

L'entrée dans le monde grec

L'expédition du souverain macédonien Alexandre pourrait s'inscrire dans la continuité de ces assauts de puissances mineures contre l'Empire universel si elle n'aboutissait pas en 330 av. J.-C. à la mainmise sur la majeure partie dudit empire et à la mort de Darius III dont Alexandre le Grand apparaît comme le successeur légitime. Pour les peuples du Proche-Orient, le changement de maître importait peu *a priori*, le centre du pouvoir passant de l'est à l'ouest. Peut-être les choses auraient-elles été différentes si, comme le pensent certains, Alexandre avait fait de Babylone sa nouvelle capitale. Mais le conquérant mourut dès juin 323 av. J.-C. On vit s'opérer un changement radical par rapport à l'époque achéménide.

D'abord, la disparition d'Alexandre entraîna la division de son empire entre trois puis quatre principaux royaumes (royaume de Macédoine, royaume des Lagides, royaume des Séleucides*, royaume de Pergame), dont trois avaient leur capitale au Proche-Orient (Pergame, Antioche, Alexandrie)[1]. Surtout, la fondation de nombreuses cités dans l'espace syro-mésopotamien et micro-asiatique (l'Égypte ne connut guère que celle d'Alexandrie, majeure il est vrai) et l'installation d'un nombre significatif de colons furent autant de vitrines de la culture des nouveaux maîtres. Alors que les Perses n'avaient pas diffusé leur langue et peu leur culture, en dehors de

1. *Cf.* ci-dessous chapitre 4.

quelques aspects marginaux de la culture aristocratique comme la chasse ou le goût pour l'arboriculture, langue et culture grecques séduisirent rapidement les élites indigènes en Asie Mineure, en Syrie, en Mésopotamie, et, dans une moindre mesure, en Égypte.

Une autre différence avec l'époque perse fut le retour de la guerre, quasi permanente en raison de la rivalité entre les royaumes. Pour s'en tenir à la Syrie et à la Mésopotamie, la première fut l'objet d'une querelle d'un siècle (entre 301 et 200 av. J.-C.) entre Lagides d'Alexandrie et Séleucides d'Antioche. Lorsque Antiochos III eut réussi à réunifier toute la Syrie sous son autorité, la région connut d'autres troubles : une révolte en Judée (169-152 av. J.-C.) qui conduisit à la quasi-indépendance des Judéens, une guerre civile dans le cadre d'une interminable querelle dynastique entre 164 av. J.-C. et le renversement définitif de la dynastie séleucide en 64 av. J.-C.

Pendant ce temps, un nouveau peuple venu des bords orientaux de la mer Caspienne avait créé un royaume sur le plateau iranien et entrepris la conquête de l'Iran puis de la Mésopotamie : les Parthes Arsacides. Babylone tomba en 141 av. J.-C., Doura-Europos en 93 av. J.-C. au plus tard. L'Euphrate formait désormais la frontière occidentale des Parthes.

Si le Proche-Orient hellénistique n'avait rien d'un havre de paix, il subit en revanche des transformations politiques, économiques et culturelles majeures. La création de cités sur le modèle de la *polis*[1] permettait aux élites de s'intégrer culturellement au monde grec (par

1. Le terme *polis*, que l'on peut traduire par « cité », désigne à la fois le centre urbain, la communauté politique et le territoire qu'elle contrôle. Ce modèle reste vivant jusque dans l'Antiquité tardive.

exemple, ils étaient admis aux concours panhelléniques)[1], tandis que se diffusaient la langue (et l'habitude de graver dans la pierre textes officiels ou privés lisibles par tous) et différents éléments de la culture grecque (gymnase).

La monnaie, frappée en Phénicie depuis la fin du ve siècle av. J.-C., devint d'usage habituel grâce aux ateliers répandus un peu partout. Le Proche-Orient s'intégra à l'espace économique méditerranéen comme il ne l'avait jamais été, et des villes comme Pétra et Palmyre fondèrent leur fortune sur le convoyage des marchandises venues d'Arabie du Sud pour la première, d'Inde ou d'Extrême-Orient pour la seconde. Néanmoins, les crises politiques, l'avancée des Parthes et le développement du brigandage et de la piraterie entravèrent gravement les échanges entre le Proche-Orient et ses clients et fournisseurs.

Rome prend possession, par étapes, du Proche-Orient hellénistique sans que l'on puisse parler de conquête car aucune région ne fait l'objet d'une campagne militaire en vue de son acquisition. L'Asie Mineure lui échoit la première par legs de son dernier souverain en 133 av. J.-C., Attale III. La Syrie est annexée par Pompée en 64 av. J.-C. alors que ses deux derniers rois sont otages de chefs locaux. En 30 av. J.-C., l'Égypte passe sous le pouvoir d'Octave (le futur empereur Auguste) quelques mois après la victoire navale de celui-ci sur Cléopâtre et Marc Antoine à Actium.

Les Romains cependant ne parvinrent jamais à redonner à la région l'unité qu'elle avait connue au temps des Perses Achéménides puis au temps d'Alexandre : l'Euphrate en effet fut pour les Romains une frontière

1. Ces compétitions athlétiques à caractère religieux regroupaient des participants des différentes cités grecques.

difficile à franchir et la Mésopotamie resta aux mains des Parthes. Les tentatives des empereurs romains Trajan (113-115 apr. J.-C.) et Septime Sévère (195 et 198) d'en faire la conquête furent éphémères pour le premier, limitées pour le second (entrée de Hatra dans l'alliance romaine, création d'une province de Mésopotamie limitée au nord de la région).

La diffusion du christianisme

La longue domination romaine[1] au Proche-Orient s'inscrit pour l'essentiel dans la continuité de l'époque hellénistique, du moins sur le plan de la culture, car Rome ne cherche aucunement à implanter sa langue ou ses institutions. Au contraire, le grec continue à se diffuser largement (au point que des langues indigènes disparaissent, tels le phénicien et la plupart des langues anatoliennes), les villes indigènes accèdent encore plus nombreuses au statut de *polis*, les concours à la grecque se pratiquent presque partout. Quelques rares traits plus spécifiquement romains, comme le goût pour les combats de gladiateurs ou la construction d'amphithéâtres (Césarée, Éleuthéropolis), se répandent, mais le Proche-Orient reste culturellement plus grec que romain. En revanche, l'empire apporte la paix intérieure (ce qui n'empêche pas des expéditions romaines contre les Parthes ou en Arménie, voire en Arabie du Sud) pendant plus de deux siècles.

1. Bien que l'empire soit divisé de fait depuis 395 entre Orient et Occident, il ne cesse d'être « romain ». L'appellation « byzantin » est une convention savante dont on peut discuter à l'infini à partir de quand elle mérite d'être utilisée.

Ce n'est que lorsque les Perses Sassanides arrivent au pouvoir à Ctésiphon en 224-226 que s'ouvre un nouveau front agité le long de l'Euphrate. Plusieurs fois envahie et pillée, la Syrie voit son commerce péricliter, sans que l'on puisse parler d'une crise aussi grave qu'en Occident. La paix de 298 entre Romains et Perses ouvre une nouvelle période de stabilité, qui ne sera violée qu'à de rares reprises (par Julien l'Apostat en 363, sous Justinien en 529-531).

L'autre événement majeur de l'époque romaine est la lente diffusion du christianisme, né dans la région. Des communautés chrétiennes sont attestées de façon précoce non seulement à Jérusalem et à Antioche, mais probablement dans la plupart des villes de la région. Avec une conséquence géopolitique inattendue, la division du Proche-Orient entre Romains et Perses se double de la mise en place d'Églises dissidentes. Certes, les divisions liées aux désaccords théologiques sur la nature du Christ transcendent les frontières, mais les Perses abritent bien volontiers les chrétiens jugés hérétiques à Constantinople, les nestoriens, qui fondent ainsi de nombreuses communautés dans l'Empire perse.

L'Égypte marque sa singularité en adhérant massivement aux thèses miaphysites (monophysites), qui affirment que le divin a absorbé l'humain dans la personne du Christ. Surtout, tandis que se mettait en place une Église de langue syriaque dans l'Empire perse, avec Édesse, aux marges de l'Empire romain, comme centre intellectuel le plus actif, le patriarcat d'Antioche (et celui de Jérusalem qui en est séparé en 451) crée partout des Églises de langue grecque. Une partie des différences doctrinales et rituelles entre les chrétiens d'Orient repose sur cet héritage historique.

L'Arabie, sans être absente de cette histoire, n'y a longtemps joué qu'un rôle politique marginal. Pourtant, dans le courant du VIe siècle, elle semble à plusieurs moments un enjeu majeur dans l'opposition entre Byzance et les Perses[1], qui réussissent à imposer leur domination entre 614 et 629, enjeu que traduisent les soutiens apportés aux interventions des chrétiens d'Éthiopie par Byzance ou aux persécutions du royaume juif de Himyar (Yémen) par les Perses notamment.

Mais c'est aussi là que s'élabore, dans le nord-ouest de la péninsule, entre La Mecque et Médine, au tout début du VIIe siècle, une doctrine nouvelle. En quelques décennies, ses messagers s'emparent de la Syrie, de la Mésopotamie, de l'Égypte et de l'Iran. En 636, la victoire des troupes musulmanes à la bataille de Yarmouk marque la fin de la domination romaine. Le Proche-Orient change de nouveau, et pour longtemps, de visage.

Peuples d'Orient

AKKADIENS : population sémitique présente au IIIe millénaire dans la partie centrale de l'actuel Irak. Elle tire son nom de la ville d'Akkad, fondée par le roi Sargon (2340-2279 av. J.-C.), qui a unifié la Mésopotamie.

AMORRITES : ces populations nomades, parlant une langue sémitique, sont originaires de Syrie occidentale. À la fin du IIIe millénaire, elles envahissent la Mésopotamie. Au IIe millénaire, des chefs de tribu amorrites fondent des royaumes à Isin, Larsa, Babylone, Mari, etc.

ARAMÉENS : au XIIe siècle av. J.-C., ces populations nomades du moyen Euphrate s'établissent dans la majeure partie

1. *Cf.* G. W. Bowersock, *Le Trône d'Adoulis,* Paris, Albin Michel, 2014.

du Proche-Orient. Au IXe siècle av. J.-C., elles constituent d'éphémères royaumes, avant d'être absorbées par l'Empire assyrien. Leur langue, proche de l'hébreu, devient la langue internationale du Proche-Orient dès le début du Ier millénaire et garde ce statut jusqu'à la conquête arabe.

ASSYRIENS : l'État assyrien se constitue au XIVe siècle av. J.-C. autour de la cité-État d'Assour, dans le nord de la Mésopotamie. Il connaît son apogée sous Sargon II et Assourbanipal, au VIIe siècle av. J.-C., et s'étend alors sur tout le Proche-Orient et même dans le nord de l'Égypte.

HITTITES : peuple indo-européen établi depuis la fin du IIIe millénaire en Anatolie (Turquie actuelle). L'État hittite est créé vers 1650 av. J.-C. par le roi Hattousili Ier. Au milieu du XIVe siècle av. J.-C., les Hittites conquièrent le royaume du Mitanni (haute Mésopotamie) et une partie de la Syrie. L'empire disparaît vers 1200 av. J.-C. à la suite de l'invasion des peuples de la Mer.

PEUPLES DE LA MER : nom donné par les Égyptiens aux populations qui, vers 1200 av. J.-C., ravagent le Proche-Orient, avant d'être arrêtées par Ramsès III aux portes de l'Égypte.

PHÉNICIENS : populations établies au Liban actuel et sur la côte syrienne dans des cités maritimes (Sidon, Tyr, Byblos, etc.), entre 1200 av. J.-C. et la conquête d'Alexandre en 332 av. J.-C. Les Phéniciens parlent une langue sémitique et inventent vers 1000 av. J.-C. un alphabet de 22 signes phonétiques.

SUMÉRIENS : on ignore l'origine de la civilisation sumérienne installée autour de Sumer, dans le sud de la Mésopotamie, au IVe millénaire av. J.-C. Elle a prospéré pendant plus de mille ans autour de cités-États comme Our, Ourouk ou Lagash. Les Sumériens ont inventé l'écriture pour noter leur langue qui n'est apparentée à aucune autre.

2

Mari, perle de l'Euphrate[1]

Fondée au IIIe millénaire avant notre ère, la cité-État de Mari, à l'est de la Syrie actuelle, s'impose comme un des sites majeurs de l'archéologie mésopotamienne. Un superbe ouvrage lui est consacré.

Août 1933, vallée de l'Euphrate, à l'est de la Syrie, près de la frontière irakienne. Quelques bédouins enterrent l'un des leurs sur un tertre artificiel, le tell Hariri. Comme c'est l'usage, ils cherchent dans le sol quelque pierre bien taillée pour signaler la tombe. Et trouvent une statue d'homme, cassée mais de grande taille. Les bédouins avertissent l'officier français de la petite ville voisine d'Abou Kémal, poste frontière avec l'Irak. Celui-ci, devant l'intérêt de la découverte, fait transporter la statue à Alep, au nord-ouest du pays.

Le directeur général des antiquités du haut-commissariat à Beyrouth, Henri Seyrig, alerte à son tour René Dussaud, directeur du département des antiquités

1. Actualité parue dans *L'Histoire*, n° 297, avril 2005, p. 21-22, à l'occasion de la publication du livre de J.-C. Margueron, *Mari, métropole de l'Euphrate, au IIIe millénaire et au début du IIe millénaire av. J.-C.*, Paris, Picard-ERC, 2005.

orientales au musée du Louvre, qu'une statue de style sumérien vient d'être découverte sur le moyen Euphrate, bien loin du pays de Sumer, situé en bordure du golfe Arabo-persique.

En décembre 1933, une mission dirigée par l'archéologue André Parrot est à pied d'œuvre. Dès le mois suivant, elle accumule les découvertes : le tell Hariri commence à livrer les secrets de l'antique cité-État de Mari. Et, dès le 15 janvier, surgit la statue de Ishqi-Mari, roi de Mari, dont le titre était inscrit sur l'épaule : l'identification est assurée.

Le nom de Mari était connu par des textes de Babylonie. Mais le site lui-même, localisé vaguement dans cette région aux marges de la Syrie et de la Mésopotamie, restait introuvable. On possédait quelques éléments sur son histoire au IIIe millénaire, et l'on savait que le roi Hammourabi (1792-1750 av. J.-C.), fondateur du premier empire de Babylone, l'avait détruite en 1760 avant notre ère[1].

Quatre-vingts ans après sa découverte et plus de quarante campagnes de fouilles plus tard, Mari s'impose comme l'un des sites majeurs de l'archéologie mésopotamienne. Non pas parce que le site aurait un aspect spectaculaire, mais plutôt par la quantité incroyable des trouvailles qui y ont été exhumées.

Depuis longtemps, Mari a fait l'objet d'innombrables publications savantes. Mais aucun ouvrage accessible au

1. J'adopte ici la chronologie traditionnelle pour le règne d'Hammourabi, qui sert de pivot à l'ensemble de la chronologie mésopotamienne au IIe millénaire ; mais des propositions sérieuses ont été faites récemment d'abaisser toutes ces dates de quatre-vingt-seize ans, ce qui placerait la destruction de Mari en 1664.

grand public, en même temps qu'érudit, ne lui avait été consacré. Jean-Claude Margueron, directeur de la mission archéologique de Mari depuis 1979, comble cette lacune. La somme magnifique que nous lui devons constitue non seulement un superbe livre d'images, mais aussi une histoire passionnante de la ville depuis sa fondation, au début du IIIe millénaire, jusqu'à sa destruction par Hammourabi.

Plutôt qu'*une* ville, on devrait dire *des* villes. Car trois villes s'empilent sur le tell grossièrement arrondi, dressé au milieu d'une petite plaine, entre l'Euphrate et le rebord abrupt du plateau aride où s'achève le désert syrien. À l'époque de la splendeur de Mari, l'Euphrate déroulait ses méandres plus près qu'il ne le fait aujourd'hui. Et, pour s'approvisionner en eau tout en évitant la proximité d'un fleuve capricieux, les Mariotes avaient creusé un canal tout droit entre deux convexités, qui traversait leur ville. Protégés au nord-ouest comme au sud-est par un brusque resserrement du plateau, ils exploitaient ainsi une sorte d'alvéole fertile grâce au fleuve, et point trop difficile à défendre.

Le site était bien choisi, et Mari occupait une place riche en possibilités, à mi-chemin entre la Babylonie et la Syrie du Nord, tout en permettant des échanges avec le nord par la vallée du Khabour. Certes, la géographie n'explique pas tout, mais il est certain que cette position médiane ne compta pas pour rien dans la puissance du royaume, tout comme elle justifiait les assauts de ceux à qui elle pouvait nuire.

Mari apparut vers 2950 av. J.-C. comme une fondation planifiée. Elle fut conçue d'après un plan circulaire de 1,9 km de diamètre, avec une enceinte doublée, à distance d'environ 300 m, d'une seconde enceinte plus légère. Les archéologues ont identifié des maisons, un temple et des installations artisanales notamment de bronziers, peut-être stimulées par la situation géographique de la ville, qui en faisait un lieu de passage privilégié.

Cependant cette « Mari I » reste mal connue, non seulement parce qu'elle est encore partiellement recouverte, mais aussi parce qu'en certains endroits les constructeurs de la deuxième ville, « Mari II », creusèrent le sol jusqu'à en faire disparaître tout vestige antérieur. On ignore comment la première ville fut amenée à disparaître, vers 2650 avant notre ère, mais l'abandon du site dut être à peu près total.

La fondation de Mari II, vers 2500 av. J.-C., respecta les grandes lignes de l'organisation antérieure : ville ronde, canal d'irrigation. Mais la cité prit de l'ampleur et les bâtiments se multiplièrent. Un ensemble palatial imposant témoigne de la richesse des rois de Mari II, tandis que les sanctuaires devenaient nombreux, prenant une allure monumentale qui ne devait pas manquer d'élégance. C'est l'époque où Mari développe un art de la sculpture inspiré des traditions sumériennes, avec ses personnages rondouillards au nez fort, vêtus de longues jupes à franges, que l'on retrouve sur des mosaïques en coquille nacrée comme sur des plaques gravées à la pointe.

Bientôt, la puissance de Mari gêne les souverains mésopotamiens. Successivement, le roi d'Akkad, Sargon vers 2450 av. J.-C., puis son petit-fils Naram-Sin prennent la ville. Naram-Sin la détruit vers 2250. Car Mari constitue à coup sûr un verrou à l'unification de la Mésopotamie entreprise par les rois d'Akkad. Cette deuxième destruction fut moins complète que la première, puisque certains quartiers restèrent occupés. D'ailleurs, la restauration du palais montre qu'une autorité politique demeurait en place : celle des *shakkanakku*, les gouverneurs militaires au service du vainqueur. Néanmoins, la ville qui reprit vie à la fin du IIIe millénaire, Mari III, réussit à se dégager de cette tutelle et retrouva l'allure d'une ville majeure, avec des temples de grande ampleur et sans doute l'un des plus beaux palais du Proche-Orient.

À l'évidence, Mari avait recouvré son indépendance et sa place privilégiée au sein des circuits d'échanges entre Mésopotamie, Syrie et Anatolie. L'apogée de la cité-État paraît atteinte dans les cinquante années qui précèdent son ultime destruction. Les rois de Mari entretenaient alors une correspondance avec toutes les puissances du Proche-Orient. Il est vrai que la découverte de 15 000 tablettes dans les décombres du Grand Palais royal crée un effet de sources qui peut être trompeur, car l'activité diplomatique, le fonctionnement de l'administration, les données chiffrées de l'économie, qui nous échappaient auparavant, apparaissent tout à coup en pleine lumière. Et, comme le souligne Jean-Claude Margueron, l'importance que ces archives royales donnent au dernier roi de Mari, Zimri-Lim, n'autorise en rien à parler d'un « siècle de Zimri-Lim ». Puisque ce roi, tout compte fait, a échoué dans ses tentatives d'expansion et conduit son royaume à la ruine !

Car la puissance de Mari inquiétait ses voisins, et le tout-puissant roi de Babylone, Hammourabi, ne s'en accommodait qu'autant que Mari restait fidèle à leur alliance. Que son roi semble essayer de chercher d'autres alliances qui paraissaient préparer un encerclement de la grande métropole du Sud, et voilà les armées de Babylone lancées sur Mari. La destruction fut, cette fois, irrémédiable. Certes, il subsista une petite activité pendant un millénaire, mais c'en était fait de la brillante capitale du moyen Euphrate.

Post-scriptum. La dernière mission de fouilles dirigée par son actuel directeur, Pascal Butterlin, s'est tenue à Mari à l'automne 2010. Depuis, par suite de l'occupation de la vallée de l'Euphrate par divers groupes rebelles et surtout par Daesh, le site a été largement pillé, victime de nombreuses fouilles clandestines que l'on peut observer sur les photographies aériennes de Google Earth.

3

Où sont passés les Âges obscurs de la Grèce[1] ?

Les « Âges obscurs » : ainsi qualifie-t-on l'histoire de la Grèce de la fin du XIIIe au début du VIIIe siècle av. J.-C. Un temps de déclin avant la naissance des grandes cités ?

Il y a une quarantaine d'années parurent coup sur coup deux livres dont les titres évoquaient pour la première fois les « Âges obscurs » traversés par la Grèce entre la fin du XIIIe et le début du VIIIe siècle av. J.-C.[2]. L'expression fit florès et le monde savant s'empressa de la reprendre pour désigner cette longue période de l'histoire grecque qui sépare la fin de l'époque mycénienne, caractérisée par les palais et l'écriture en linéaire B, et l'époque archaïque, celle où émergent les cités grecques.

L'appellation paraissait heureuse à un double titre. D'abord parce que ces quatre siècles étaient incontestablement les plus mal documentés pour l'historien, et donc les plus obscurs pour nous. Ensuite parce que cette pauvreté

1. *L'Histoire*, n° 274, mars 2003, p. 24-25.

2. *Cf.* A. M. Snodgrass, *The Dark Age of Greece*, Édimbourg, The University Press, 1971, et Vincent R. d'A. Desborough, *The Greek Dark Ages*, New York, St. Martin's Press, 1972.

archéologique laissait supposer une nette régression économique, sociale et culturelle – au mieux une phase transitoire entre un monde brillant et une « Renaissance ».

L'effondrement des structures politiques anciennes semblait en effet avoir fait place à une nuée de petits potentats locaux, la céramique se mourait, l'écriture disparaissait, signe le plus sensible de l'entrée dans un temps d'obscurantisme !

Annie Schnapp-Gourbeillon, dans un essai très éclairant[1], réévalue l'ensemble de cette période à la lumière des découvertes des trente dernières années et élabore des conclusions qui remettent en cause l'idée même d'« Âges obscurs ».

La fin des palais mycéniens, dans le Péloponnèse (Mycènes, Tirynthe, Pylos) et en Crète (Cnossos), fut longtemps perçue comme un phénomène brutal que l'on mettait en relation avec l'arrivée d'envahisseurs venus du Nord, les Doriens, malgré le scepticisme de beaucoup.

En fait, non seulement la ruine du système palatial semble s'être étendue sur une assez longue période, à l'échelle d'un demi-siècle environ, ce qui ne favorise pas l'idée d'une « vague » d'envahisseurs, mais les nouveaux venus sont insaisissables sur le plan archéologique, comme s'ils s'étaient fondus très rapidement dans la culture dominante. On ne peut donc leur imputer la fin des palais mycéniens.

Les causes de la disparition des palais sont à chercher ailleurs. Des innovations militaires et l'arrivée de mercenaires, italiques pour un bon nombre, mirent fin au monopole guerrier des rois mycéniens. Ceux-ci ne purent en outre faire face à de multiples conflits locaux ainsi qu'à la contestation d'un système dont ils étaient les seuls bénéficiaires.

---

1. A. Schnapp-Gourbeillon, *Aux origines de la Grèce, XIIIe-VIIIe siècle avant notre ère*, Paris, Les Belles Lettres, 2002.

Par ailleurs, la fin des palais n'entraîna nullement la fin de la civilisation mycénienne, qui se prolongea partout durant un siècle et davantage, en se régionalisant. L'écriture en linéaire B sombra en revanche avec les palais qui l'avaient engendrée. Il est vrai que, affaire de scribes, elle n'avait guère servi qu'à tenir les comptes des maîtres des royaumes.

Sur le plan matériel, on est loin aujourd'hui de porter sur cette période le jugement pessimiste qui était de mise il y a une quarantaine d'années. Certes, à la fin du IIe millénaire avant notre ère, le monde grec semble un peu moins peuplé, des villageois quittant les plaines fertiles ou des bords de mer trop difficiles à défendre contre les pirates ou les brigands pour se réfugier vers l'intérieur.

Mais des secteurs entiers demeurèrent prospères et ouverts sur le reste de la Méditerranée. En Grèce centrale, l'Attique, l'Eubée, la Béotie peut-être, ainsi que l'Asie Mineure sans doute étaient des îlots de prospérité, en relation les uns avec les autres et avec le Proche-Orient.

On ne sait pas grand-chose des systèmes politiques qui se substituèrent aux palais. On peut affirmer cependant que l'émiettement politique caractéristique de la Grèce archaïque et classique se produisit au plus tard durant cette période.

Sur le plan religieux, c'est aussi à cette période, vers le XIIe siècle av. J.-C., que l'on voit naître un dense réseau de lieux de culte qui allaient devenir, dans la Grèce des cités, de grands sanctuaires civiques ou des lieux de rencontres panhelléniques, Delphes, Olympie, l'isthme de Corinthe.

Dans ces sanctuaires hérités de l'époque mycénienne, un seul élément manque encore : le temple. Le temple grec classique, prostyle c'est-à-dire pourvu d'une colonnade en façade ou périptère entouré d'une colonnade, n'a aucun ancêtre mycénien. Cependant, la découverte d'un édifice à colonnade, en bois, à Lefkandi, en Eubée, permet sans doute de faire remonter à la fin du IXe siècle av. J.-C. le prototype du temple grec ultérieur.

Annie Schnapp-Gourbeillon s'interroge enfin sur l'invention de l'alphabet grec. La disparition du linéaire B créait un vide. De courte durée toutefois si l'on en croit les dernières recherches. En effet, c'est sûrement dès le IXe siècle av. J.-C., voire à la fin du Xe, que l'écriture fut de nouveau en usage dans le monde grec, avec un nouvel alphabet de 24 lettres. Par rapport au syllabaire mycénien, celui-ci représente une formidable révolution : il est plus complet que ses modèles sémitiques puisque, pour la première fois, il note les voyelles, longues et brèves ; par ailleurs, l'apprentissage de 24 signes est à la portée de tout le monde. De fait, l'écriture sortit du milieu des scribes : un simple potier pouvait signer son œuvre, comme le prouve le vase de Pithécusses vers 720 av. J.-C.

Démontant avec soin le processus de l'invention, l'auteur reprend l'hypothèse lancée en 1952 par Henry Wade-Gery dans *The Poet of the Iliad*[1], au grand scandale de beaucoup : l'écriture aurait été adoptée par les Grecs à des fins poétiques. L'alphabet grec serait ainsi lié à la mise par écrit de l'épopée homérique.

En tout cas, l'alphabet fut rapidement assimilé par les cercles aristocratiques, qui surent l'utiliser pour faire des dédicaces aux dieux, rappeler le nom des morts, célébrer la beauté des éphèbes* ou exalter leurs exploits amoureux, poétiques et sportifs.

Ainsi, cette longue période de quatre siècles fut assez innovante pour rendre compréhensible la « Renaissance du VIIIe siècle ». Et Annie Schnapp-Gourbeillon dresse avec raison l'acte de décès des « Âges obscurs ».

1. Cambridge University Press, 1952.

4

Athènes : questions actuelles sur une cité grecque[1]

Qu'est-ce qu'une cité grecque ? Qui gouverne vraiment à Athènes ? Quelle y est la place des femmes, des étrangers, des esclaves ? Répondre à ces questions, c'est, peu à peu, voir émerger un modèle politique sans précédent qui s'imposera de la Gaule à la Syrie, de la Crimée à l'Asie centrale : la démocratie.

Qu'est-ce que la Grèce ?

La Grèce d'aujourd'hui, réduite à la partie méridionale de la péninsule Balkanique, ne recouvre pas, loin de là, le monde grec antique, dont l'étendue a varié au fil du temps. Centré d'abord sur les extrémités méridionales de la Grèce actuelle, les Cyclades et la Crète, celui-ci s'est étendu dès la fin du IIe millénaire avant notre ère à la partie centrale de la rive orientale de l'Égée, mer qui est ainsi devenue presque un lac grec, bien que la côte nord

1. *L'Histoire*, n° 232, mai 1999, p. 34-43, dossier « L'aventure grecque ».

soit restée barbare et que la Macédoine, au nord-ouest, ait longtemps été considérée comme semi-barbare.

Avec la colonisation de l'époque archaïque (VIIIe-VIe siècle av. J.-C.), les Grecs essaiment de la Catalogne (Ampurias) à la Libye (Cyrène), de la mer Noire à la Sicile, mais avec une densité de peuplement fort variable. Seules l'Italie du Sud (la « Grande Grèce ») et la Sicile orientale connurent une occupation assez importante pour que les nouveaux établissements grecs se trouvent contigus les uns des autres. Ailleurs, il ne s'agit guère que d'isolats en milieu étranger, contrôlant un espace plus ou moins vaste.

Avec les conquêtes d'Alexandre (à partir de 334 av. J.-C.), la notion de « monde grec » s'élargit considérablement, puisque celui-ci englobe désormais non seulement l'ensemble des régions riveraines de la Méditerranée orientale, mais aussi une grande partie de l'Asie occidentale, de la Phénicie à l'Asie centrale.

Pour s'en tenir au monde grec égéen, ce qui en fait l'unité géographique, c'est la mer elle-même, autour de laquelle les Grecs se tiennent « comme des grenouilles autour d'une mare ». Les côtes étant très découpées, peu de cités s'en trouvent éloignées, mais de nombreux Grecs vivent en montagne (Arcadie, Phocide, Étolie) ou dans des plaines peu ouvertes sur la mer (Thessalie, Béotie). On insiste volontiers sur le compartimentage du paysage, constitué de petites plaines isolées les unes des autres, sans parler des îles, et l'on est tenté d'y trouver l'explication, ou du moins l'origine, du morcellement politique. En réalité, rien n'imposait que la minuscule île de Kéos soit partagée entre quatre cités alors que Samos et Chios en comptent une seule ; de même, la Béotie, qui possède une relative unité autour du lac Copaïs, abrite une douzaine de cités, alors qu'Athènes a réussi à unifier toute la péninsule de l'Attique. Il faut donc se garder de tout déterminisme géographique et chercher ailleurs les raisons profondes du particularisme politique des communautés grecques.

Les Grecs ont-ils inventé la cité ?

Au sein de l'héritage dont nous nous reconnaissons redevables à la Grèce ancienne se trouve en tout premier lieu l'invention du politique, c'est-à-dire la science de gouverner les États. Étrange reconnaissance, à dire vrai, qui laisserait supposer que ni l'Égypte pharaonique ni la succession des empires mésopotamiens, par exemple, n'auraient su se gouverner. Mais l'évidence est là : c'est bien de la *polis* grecque, la cité-État, que le mot tire son origine, comme si seule comptait la manière dont les Grecs conçurent le fonctionnement de leurs communautés microscopiques.

Or, inventeurs de la cité, les Grecs ne le furent sûrement pas. Il se peut même qu'ils en aient trouvé le modèle chez leurs voisins du Proche-Orient. Au IIIe millénaire av. J.-C., en effet, les cités sumériennes offrent bien des traits communs avec celles de Grèce : unies par la langue et la culture, chacune rassemblée autour de son dieu tutélaire, elles se combattent sans relâche sans que jamais, ou presque, l'une ne parvienne à dominer les autres. Dès le IIe millénaire av. J.-C., les cités-États phéniciennes se mettent en place. La succession des conquérants (Assyriens, Babyloniens, Perses, Grecs) n'empêche en rien leur longue survie.

Il est difficile d'imaginer que ce précédent ait compté pour rien dans la nouvelle organisation qui se met en place en Grèce au sortir des « Âges obscurs » (*cf.* p. 33), au IXe-VIIIe siècle av. J.-C. Mais les Grecs pouvaient aussi se prévaloir d'une tradition locale. En effet, le monde mycénien (XVIe-XIe siècle av. J.-C.) était lui aussi composé de petites unités politiques, plus souvent rivales qu'unies, royaumes dispersés dont quelques-uns ont donné naissance à des cités à l'époque archaïque.

Quoi qu'il en soit, la cité s'est bien imposée comme le modèle privilégié de gouvernement des communautés grecques. Cependant, jusqu'à l'époque hellénistique (qui débute à la mort d'Alexandre, en 323 av. J.-C.), certaines continuèrent à l'ignorer, en Grèce du Nord (Thessalie) ou de l'Ouest (Épire, Acarnanie, Étolie), lui préférant des fédérations de villages ou des royaumes. Il est vrai qu'aux yeux des autres Grecs, ils passaient pour semi-barbares. Avec le temps, cependant, la plupart s'y conformèrent.

Surtout, ce sont incontestablement les Grecs qui ont diffusé le modèle de la cité de la Gaule méridionale à la Crimée à l'époque archaïque, puis de la Syrie à l'Asie centrale à partir des conquêtes d'Alexandre. S'il ne s'est pas acclimaté durablement au-delà de l'Euphrate, sa séduction opéra pleinement sur tous les rivages de la Méditerranée orientale, et on continua de créer des cités à la grecque jusqu'au IVe siècle apr. J.-C. D'une manière ou d'une autre, le modèle s'imposa pendant plus de mille ans ! Cela mérite bien qu'on s'y arrête un instant. Il faut ajouter que les Grecs furent aussi les premiers, à notre connaissance, à réfléchir sur la nature du politique : nous ne connaissons aucun Platon sumérien, aucun Aristote phénicien, pour autant qu'il en ait existé !

Qu'est-ce qu'une cité ?

La cité antique, c'est d'abord un groupe d'hommes. La manière même qu'ont les textes de désigner les cités, comme « les Athéniens », « les Milésiens », « les Drériens », et non « Athènes », « Milet » ou « Dréros », l'illustre clairement. Et l'on a même vu des cités se passer temporairement de territoire, dans des circonstances exceptionnelles : l'armée athénienne, hostile au coup d'État de 411 av. J.-C.[1], se constitue par exemple en cité démocratique sur ses bateaux ancrés à Samos.

En réalité, la naissance de la cité résulte de la conjonction d'un double phénomène de délimitation, délimitation du groupe, délimitation d'un territoire. Or les deux composantes se complètent si étroitement qu'il est le plus souvent impossible de les démêler l'une de l'autre. Sans entrer dans des débats difficiles, on peut essayer de mettre en évidence quelques éléments essentiels d'où semblent naître les cités grecques à l'âge archaïque.

Il convient en premier lieu d'insister sur l'importance de la durée. La cité ne cesse de se construire et de s'autodéfinir. On possède peu de récits des origines des cités. Mais il en existe au moins pour Athènes et pour Sparte. À Athènes, on raconte que des villageois vivant à proximité les uns des autres se sont rassemblés sous l'impulsion du héros Thésée[2] et que cette entreprise était partiellement dirigée contre les tout-puissants aristocrates et soutenue par les milieux paysans. Mais ce récit tardif traduit sur-

---

1. Réaction oligarchique au désastre subi par le corps expéditionnaire athénien en Sicile en 413.

2. Fils d'Égée (ou de Poséidon) et cinquième roi d'Athènes, le plus actif des héros athéniens était considéré par les Grecs comme un personnage historique. Auteur de multiples exploits contre des brigands (Skiron, Procuste) et des monstres (le Minotaure), vainqueur des Amazones et des Centaures, amant d'Antiope, reine des Amazones (d'où naquit Hippolyte), et d'Ariane (qu'il abandonne à Naxos), il apparaît comme le héros athénien par excellence, fondateur de la cité, favorable aux humbles.

tout la volonté des Athéniens du Ve siècle av. J.-C. de donner un fondement quasi démocratique à la naissance de leur cité. À Sparte, cinq villages de la vallée de l'Eurotas se seraient de même réunis. Certaines traditions font état de révoltes de populations refusant l'union ; mais ce qui importe, c'est que, dans l'imaginaire grec, la cité résulte de l'association de villageois dispersés qui décident de réunir leurs institutions et leurs sanctuaires.

Car une cité, c'est aussi la mise en commun de sanctuaires existants, réservés jusque-là à une famille ou à une partie seulement de la communauté. Leur disposition permet de délimiter le territoire, dont ils apparaissent comme autant de bornes. Ainsi, à Argos, le sanctuaire d'Héra, protectrice de la cité, se situe à l'extrémité orientale de la plaine dont la ville occupe la bordure ouest, juste à la limite de Mycènes, rivale potentielle. La cité se dote également d'un passé, d'une histoire, de mythes communs qu'elle inscrit dans l'espace. On voit de vieilles sépultures mycéniennes consacrées comme tombes de héros fondateurs. Des sanctuaires nouveaux sont construits pour les dieux anciens ; agrandis et embellis, ils empruntent beaucoup à l'architecture des palais, comme si la disparition des rois se concrétisait par la dévolution de leurs palais aux dieux.

La formation du territoire de la cité (la *chora*) s'accompagne de reclassements entre les agglomérations existantes. Certaines, qui prétendent à l'autonomie, sont absorbées de force, d'autres, détruites, et les conflits de voisinage ne manquent pas lorsqu'il s'agit de fixer les limites des territoires respectifs. Néanmoins, on ne connaît que de très rares cas de cités géantes : Sparte avec ses 7 500 km^2, Athènes (environ 2 500 km^2) font figure de monstres. Les trois quarts des cités ne dépassent pas les 100 km^2, et beaucoup ne les atteignent pas, avec quelques centaines de citoyens seulement. De sorte que l'on compte environ 750 cités dans le seul espace égéen et environ 300 autres dans le monde colonial.

Qui sont les citoyens d'Athènes ?

À partir de Périclès, au milieu du ve siècle av. J.-C., la réponse est claire : les citoyens sont les enfants mâles nés de père et de mère athéniens. Mais cela est le fruit d'une longue évolution : la répartition des individus entre des catégories devenues classiques – citoyens, esclaves, métèques* – ne s'est pas faite subitement, comme si un législateur de génie avait d'un même coup crée les institutions politiques, défini les statuts individuels et établi les lois ! En réalité, la notion même de citoyen dut se constituer progressivement, et l'on ne parvint, du reste, jamais à un statut unique : il pouvait exister des degrés dans la citoyenneté. Avant que l'on arrive à la définition classique d'Aristote – « Le citoyen au sens strict, aucun caractère ne le définit mieux que la participation à l'exercice du pouvoir de juger et d'être magistrat » –, il fallut des réformes successives, comme en témoigne le cas le mieux connu, celui d'Athènes.

À Athènes, on attribue chaque étape de cette longue évolution à un héros, législateur ou réformateur intervenant à l'occasion d'une crise aiguë qu'il a mission de résoudre. Ainsi, en 624 ou 621 av. J.-C., Dracon aurait établi à Athènes des lois écrites, les mêmes pour tous, d'une extrême sévérité. La tradition insiste principalement sur ce dernier aspect, mais l'important se trouve évidemment dans la création d'un droit écrit, égal pour tous. La justice échappe désormais à l'arbitraire des aristocrates, les descendants des « rois mangeurs de présents », qui rendaient « une justice torse », pour reprendre les mots d'Hésiode à la fin du VIIIe siècle av. J.-C.

Cette réforme s'explique sans doute par la transformation des techniques militaires, qui a privé l'aristocratie foncière du monopole de la défense de la cité : le combat individuel a cédé le pas à la phalange de fantassins lourdement armés, protégés par leur bouclier. Ces hoplites*, gens aisés puisqu'ils paient leur équipement, défenseurs de la patrie autant que les aristocrates, ont vraisemblablement réclamé leur part du pouvoir et rejeté l'arbitraire.

Peut-être est-ce l'apparition de nouvelles sources de richesse en dehors de la terre qui a poussé Solon, au tout début du VIe av. J.-C., à proposer une répartition des citoyens en quatre classes en fonction de leurs revenus, estimés en grains : les pentacosiomédimnes (plus de 500 médimnes de grain), les cavaliers (entre 300 et 500 médimnes), les zeugites (entre 200 et 300 médimnes), les thètes (moins de 200 médimnes) – ce qui, tous comptes faits, témoigne d'un relatif tassement des revenus puisque le rapport n'est que de 1 à 2,5 entre les plus riches des membres de la plus basse classe et les plus pauvres de la plus haute.

Ce n'est cependant qu'un aspect des réformes de Solon, qui prend aussi des mesures révolutionnaires pour libérer les terres hypothéquées et les paysans écrasés par les liens de dépendance que leur imposent les aristocrates. En abolissant l'esclavage pour dettes, Solon souligne la nature particulière du citoyen, homme libre qui ne peut être asservi dans sa propre cité. C'est là une nouvelle étape dans la définition du corps civique.

Par deux fois, avec Dracon comme avec Solon – mais on en trouverait de multiples exemples dans d'autres cités –, le législateur intervient comme un arbitre entre groupes sociaux antagonistes. La tyrannie*, très répandue en Grèce au VIIe-VIe siècle av. J.-C., agit finalement dans le même sens, mais de manière plus brutale. Le tyran, issu lui-même de l'aristocratie, s'empare de tous les pouvoirs et les exerce au détriment de ses rivaux. Du coup, il apparaît souvent comme un champion du peuple, même s'il ne lui concède aucune légitimité politique : il suffit au peuple qu'il ait brisé la suffisance des factions nobles.

Les réformes de Clisthène (508-507 av. J.-C.) ont elles aussi joué un rôle clé. Clisthène est à l'origine des institutions de l'Athènes classique. Il a tout d'abord réparti l'ensemble des citoyens entre dix nouvelles tribus. Le territoire de la cité est divisé en trois grands districts (la côte, l'intérieur, la ville), lesquels sont à leur tour subdivisés en dix secteurs (les trittyes). Les habitants de trois trittyes, une de la côte, une de l'intérieur, une de la ville, forment une tribu. L'appartenance à la tribu se transmet de façon héréditaire : par la suite, quel que soit son lieu de naissance ou de résidence, un citoyen appartient à la tribu de son père. Cette réforme visait peut-être à briser quelques solidarités locales trop puissantes, mais elle permettait surtout d'en créer de nouvelles, entre des groupes qui avaient toutes les raisons de s'ignorer pour des raisons géographiques ou socio-économiques. Désormais, ils célèbreraient les mêmes cultes et les mêmes fêtes, siègeraient côte à côte à l'Assemblée du peuple* et au Conseil, s'entraîneraient et combattraient ensemble, éliraient conjointement des responsables.

Mais la tribu n'est que l'une des formes d'encadrement collectif du citoyen : la cellule de base, c'est toujours l'*oikos*, la maisonnée, c'est-à-dire la famille élargie aux ascendants et descendants, même mariés (seules les filles mariées quittent le groupe). Signalons notamment les phratries, associations de « frères » regroupant des individus qui se reconnaissent des ancêtres communs, partagent les mêmes cultes ; elles sont le lieu de reconnaissance par excellence. Le jeune homme utilise ses phratères comme témoins de son mariage ; il leur présente son fils nouveau-né, qui, adolescent, les rejoindra. À chaque étape de sa vie, le citoyen se trouve ainsi entouré de témoins qui pourront attester de sa qualité.

La loi de Périclès sur la citoyenneté parachève cette évolution politique. En 451 av. J.-C., Périclès fait adopter par l'Assemblée du peuple une loi qui limite l'accès à la citoyenneté aux seuls enfants mâles nés d'un père et d'une mère athéniens. Désormais, à défaut de posséder elles-mêmes la citoyenneté – elles ne bénéficient d'aucun droit politique –, les femmes d'Athènes la transmettent à leurs enfants.

On s'est beaucoup interrogé sur les raisons de cette loi ; nos contemporains ont parfois de la peine à comprendre comment le champion de la démocratie peut être en même temps le promoteur d'une loi d'exclusion. Il faut prendre en considération l'évolution de la cité d'Athènes. On estime que le nombre de citoyens a doublé entre 478 et 450 av. J.-C., passant, au bas mot, de 20 000 à 40 000 personnes (certains parlent même de 60 000). Au vu de ce que l'on sait de la démographie des sociétés préindustrielles, un tel accroissement en une génération ne saurait être naturel. En d'autres termes, l'augmentation du nombre de citoyens résulte de l'intégration – légale ou non, cela importe peu – d'étrangers domiciliés à Athènes.

Longtemps, les mariages hors du groupe civique (traditionnels dans l'aristocratie athénienne) ont permis de « fabriquer » de nouveaux citoyens. Or, dans cette société villageoise que reste Athènes, cette société du « face à face » où chacun n'existe que pour autant qu'il est connu et reconnu par les membres du groupe, il se trouvait de plus en plus de gens dont les vieux Athéniens de souche ne pouvaient dire d'où ils venaient, qui étaient leurs ancêtres, où étaient leurs tombeaux de famille et quels étaient leurs dieux ancestraux.

Ce serait donc en quelque sorte pour donner satisfaction à un *démos* jaloux de ses privilèges, mais plus encore soucieux de reconnaître les siens que Périclès aurait proposé la loi de 451 av. J.-C. : désormais, tous ceux qui n'ont pas leurs deux parents enracinés dans le sol de l'Attique ne peuvent être que des bâtards ! Des étrangers protégés par la loi, autorisés à résider, mais des étrangers tout de même. C'est peut-être à ce moment-là – et à ce moment-là seulement – que la notion de « métèque » prend son sens à Athènes.

Du même coup, le nombre de citoyens se stabilise ou n'augmente que lentement, en fonction du seul croît naturel. Mais que surviennent une guerre ou une épidémie, et le corps civique peut se rétrécir dangereusement. Les Athéniens en sont assez conscients pour ne plus appliquer la dure loi de 451 av. J.-C. pendant la guerre du Péloponnèse (431-405 av. J.-C.), marquée par de lourdes pertes sur les champs de bataille, aggravées par la « peste » de 429 av. J.-C. Dès 403 av. J.-C., la loi est remise en vigueur et on ne compte plus, au IVe siècle av. J.-C., les procès pour usurpation de citoyenneté.

Le modèle athénien que l'on vient de décrire n'a aucune portée universelle. D'une cité à l'autre, les conditions d'accès à la citoyenneté varient, de même que les avantages, les devoirs et les droits des citoyens. Mais, d'une manière ou d'une autre, ce qui distingue partout le citoyen, c'est sa capacité à intervenir dans la décision politique.

Les citoyens sont-ils égaux entre eux ?

Nulle part, pas même à Athènes, les citoyens ne sont rigoureusement égaux entre eux. Partout, des hiérarchies fondées sur la fortune ou le type d'activité subsistent. Ainsi à Thèbes, nous dit-on, ceux qui se livrent aux activités commerciales sont exclus de l'Assemblée populaire. Le plus souvent, un système censitaire réserve certains droits aux plus riches : à Marseille, le nom des principaux magistrats, les *timouques*, met l'accent sur la fortune. À Corinthe, dit Plutarque, le Conseil, très puissant, est réservé à quelques dizaines d'hommes riches, car, ajoute-t-il, on ne considère pas comme nécessaire que la foule se mêle de tout. À Sparte, si les *homoioi*, les « pairs » ou « semblables », possèdent tous les mêmes droits civiques et politiques, il existe une catégorie de déclassés, les « inférieurs », citoyens eux aussi, mais dépourvus de tout droit politique.

À Athènes enfin, la cité démocratique par excellence, Solon a réparti le corps civique en quatre classes censitaires, on l'a vu. Clisthène, puis Périclès fondent sur cette hiérarchie des fortunes les droits politiques de chacun, aussi bien l'accès aux fonctions politiques que le rang dans l'armée : il s'agit de l'isonomie, littéralement « égale répartition », ce qui n'a rien à voir avec une stricte égalité, mais signifie que chacun reçoit ce qu'il convient de pouvoir en fonction de son rang social – cette notion, quoique floue, ouvre l'accès de tous à au moins une parcelle d'autorité.

Mais, en dehors des règles écrites, il en est d'autres non moins efficaces. On sait que presque tous les hommes politiques d'Athènes au ve siècle av. J.-C. appartenaient aux vieilles familles aristocratiques (Clisthène était issu de la famille des Alcméonides, et Périclès et Alcibiade leur étaient apparentés). C'est dire quel prestige continue à s'attacher aux gens bien nés (et fortunés), les « Eupatrides », dans la cité !

C'est aussi que la politique coûte cher. Non seulement il faut disposer de tout son temps pour se consacrer aux affaires communes – ce qui implique que d'autres travaillent pour vous, esclaves, serviteurs salariés, etc. –, mais le peuple attend également des riches qu'ils contribuent à son bien-être. À défaut d'un système de prélèvement qui fasse entrer dans les caisses de la cité autant d'argent que nécessaire, c'est aux gens aisés qu'il revient de payer les frais d'un spectacle, de fournir le nécessaire pour une fête, d'équiper un navire de guerre ou d'aider à la réparation ou à l'entretien d'un édifice public. Ce mode de financement, ou liturgie, établit un lien direct entre le contribuable et la dépense, soulignant, à l'occasion, la pingrerie ou la générosité du citoyen sollicité.

On devine que le citoyen soucieux de solliciter les voix de ses concitoyens a tout intérêt à ne pas lésiner sur la dépense. À défaut d'un système de clientèle comme en connut Rome beaucoup plus tard, c'est toute la cité qui aurait pu se trouver dans une situation de clientélisme si le nombre des riches et les rivalités qui les opposaient n'avaient mis le *démos* à l'abri de cette dépendance. De fait, le peuple, à Athènes, exerça toujours un contrôle strict des dépenses faites par les plus fortunés, et exigea sans complaisance des magistrats qu'ils rendent des comptes. Mais qu'en était-il dans des cités minuscules où une ou deux familles pouvaient assurer seules ou presque le coût de la vie politique ?

Qui gouverne vraiment à Athènes ?

Partout, à Athènes comme ailleurs, trois institutions fondamentales se partagent tous les pouvoirs. L'Assemblée populaire ouverte à tous les citoyens de plein exercice, un Conseil restreint et plus ou moins représentatif, des magistrats (plus ou moins spécialisés) chargés d'appliquer les décisions votées par l'Assemblée et/ou le Conseil.

À Athènes, l'Assemblée du peuple (*Ecclésia**) est ouverte à tous les citoyens, sauf à ceux qui ont été privés partiellement ou complètement de leurs droits civiques, mais dans la pratique il n'en vient jamais plus de 6 000 puisque le lieu de réunion habituel, la Pnyx, au ve siècle av. J.-C., ne peut en abriter davantage. C'est dire qu'il ne devait bien souvent pas se trouver à l'Assemblée plus de 10 à 15 % des citoyens, principalement ceux qui vivaient à Athènes même ou dans les environs.

Tous les sujets peuvent être abordés à l'Assemblée, mais un ordre doit être respecté. Les questions religieuses sont prioritaires, puis les affaires extérieures (auditions des ambassadeurs étrangers ou rapports des ambassadeurs athéniens de retour de mission). Viennent ensuite toutes les autres questions, mais pour chacune il ne peut y avoir vote d'un décret (c'est-à-dire d'une loi) que si le texte en a été examiné auparavant par le Conseil afin d'éviter les effets de surprise et les décrets contraires aux lois de la cité. De plus, chaque citoyen peut entretenir l'Assemblée de questions privées.

Pour les interventions, l'orateur se place une couronne sur la tête (en signe d'inviolabilité) et fait serment de ne pas proposer de rétablir la tyrannie, ni de parler contre l'intérêt de la cité. Les gens les plus sages, les plus de cinquante ans, sont invités à parler les premiers. Lorsqu'un projet de décret est discuté, tout citoyen peut proposer des amendements.

Le Conseil (*Boulé**), quant à lui, regroupe 500 membres, 50 par tribu, tirés au sort parmi les hommes de plus de trente ans qui n'ont pas été membres du Conseil plus d'une fois et depuis au moins dix ans[1]. Le Conseil examine tous les projets avant de les soumettre à l'Assemblée, reçoit les ambassades, surveille l'entretien et la construction de la flotte de guerre, etc.

Les magistrats enfin, nombreux, se répartissent les tâches techniques (finances, surveillance des marchés, émissions de la monnaie, contrôle des poids et mesures, fonctionnement de la justice, etc.) ou politiques, en application des lois votées par l'Assemblée. Certains sont tirés au sort (comme les archontes*, depuis 487 av. J.-C.), mais beaucoup sont élus en fonction de leurs compétences (stratèges*, magistrats financiers). À la fin de leur mandat, ils doivent rendre des comptes et peuvent, le cas échéant, être condamnés à de lourdes peines : l'atimie, c'est-à-dire la privation partielle ou totale de droits politiques et civiques, la confiscation de leurs biens, l'exil ou la peine de mort.

La démocratie athénienne ignore la séparation des pouvoirs telle que l'ont définie les philosophes du XVIIIe siècle. Si les magistrats exercent essentiellement des tâches que nous qualifierions d'exécutives, le Conseil et l'Assemblée sont à la fois un pouvoir législatif et judiciaire. L'un et l'autre peuvent être amenés à juger des magistrats fautifs, ou des bouleutes, ou des citoyens auteurs de propositions de lois malencontreuses, soit qu'elles soient contraires

1. Issus de toute l'Attique, les bouleutes sont donc représentatifs de la cité tout entière. Chaque tribu assure une permanence, la prytanie*, pendant un dixième de l'année.

aux lois fondamentales de la cité, soit qu'elles se révèlent mauvaises pour la communauté ; dans tous les cas, on peut juger l'auteur du décret pour haute trahison. Mais il existe aussi d'autres tribunaux, l'un plus généraliste, l'Héliée, d'autres spécialisés dans les affaires criminelles ou les délits religieux (Delphinion, Palladion). Pendant longtemps, les magistrats avaient rendu leurs comptes devant le tribunal de l'Aréopage*, formé d'anciens magistrats comme eux.

En 462 av. J.-C., une réforme radicale, inspirée par un certain Éphialtès dont on ne sait rien et qui fut assassiné aussitôt après, transfère ce pouvoir à l'Héliée, tribunal populaire composé de 6 000 juges-citoyens tirés au sort chaque jour et siégeant par section de 501 (parfois 1 001). Les penseurs politiques, dès l'Antiquité, ont unanimement reconnu l'importance de cette réforme et y ont vu le début de la démocratie radicale, celle où le *démos* ne rencontre aucun frein dans l'expression de sa souveraineté. De fait, le peuple se trouve alors en mesure de vérifier que les magistrats ont bien agi conformément à sa volonté. À n'en pas douter, l'Héliée est l'un des rouages essentiels de la démocratie athénienne.

Quelle place pour les femmes, les esclaves et les étrangers ?

La communauté civique ne se limite pas au groupe des citoyens. Non seulement elle accorde une place à ceux qui, encore trop jeunes, s'y préparent, mais aussi à ceux qui n'ont pas vocation à s'y intégrer – femmes, étrangers, esclaves.

Les femmes, c'est-à-dire les femmes de citoyens, car les autres sont métèques ou esclaves bien avant que d'être femmes, jouissent d'un statut complexe et, d'une certaine manière, contradictoire. Mineures placées leur vie durant sous la tutelle d'un maître, leur père, leur mari, voire leurs enfants mâles, dépourvues de droits civiques, elles n'en transmettent pas moins la citoyenneté à leurs fils depuis la loi de 451 av. J.-C. L'idéal reste celui d'une femme largement recluse, effacée, qui ne se montre qu'aux membres de sa famille et ne sort que par devoir religieux. Les dures nécessités de la vie ne permettent qu'aux femmes aisées de s'y conformer tandis que le plus grand nombre sont obligées de travailler dans les champs, de vendre au marché, voire de se louer comme nourrice ! Toutes néanmoins jouissent de ce privilège de pouvoir transmettre ce bien précieux entre tous, la citoyenneté.

À Athènes, les étrangers, c'est-à-dire tous ceux qui, Grecs ou barbares, n'appartiennent pas à la communauté civique, ne jouissent *a priori* d'aucune protection. Ce n'est sans doute qu'assez tard que la notion d'étranger domicilié, de métèque, s'est imposée. Les métèques n'ont que peu de droits mais la protection d'un tuteur, représentant légal attestant de leur qualité, leur permet de résider dans la cité, d'exercer la plupart des activités et d'avoir accès à la justice en cas de besoin.

Les Athéniens, dont la prospérité a attiré de nombreux métèques dès le Ve siècle av. J.-C., éprouvent à leur égard des sentiments contradictoires, qui varient sans doute selon les milieux et avec le temps. Très méfiants envers ceux qu'ils soupçonnent d'usurper la citoyenneté, ils ne les considèrent pourtant pas comme totalement étrangers à leur communauté. Comme les citoyens, les métèques combattent pour la défense de la cité, comme eux ils paient les impôts dus par les citoyens de fortune équivalente, comme eux ils participent à certaines fêtes religieuses. Lors du renversement de la démocratie par les oligarques en 404 av. J.-C., nombre de métèques prirent les armes pour aider à restaurer la démocratie à Athènes. Les démocrates vainqueurs leur en furent peu reconnaissants puisqu'ils refusèrent de leur accorder en bloc la citoyenneté.

Il est beaucoup plus difficile de définir la place des esclaves au sein de la communauté. Même s'ils ont des mots d'une extrême dureté pour ces *outils animés*, les Grecs n'ont jamais perdu de vue qu'il s'agissait d'êtres humains et que leur condition pouvait devenir celle de n'importe lequel d'entre eux à la suite d'une guerre ou d'un rapt de pirates.

Néanmoins, en dehors des groupes d'esclaves collectifs du type hilote*, il ne semble pas que la cité les considère jamais comme un élément de la communauté, aussi inférieur soit-il. Propriété du maître qui en jouit à sa guise, ils n'ont d'autre existence que celle que celui-ci veut bien leur concéder. Mobilisés pour faire la guerre en cas d'extrême nécessité (ainsi à Marathon, ou durant la guerre du Péloponnèse), ils peuvent y gagner la liberté, ce qui leur donne le statut de métèques. Mais, pour ceux qui restent esclaves, on ne les voit participer à aucune activité collective officielle, y compris lors des fêtes.

Organisme vivant, la cite grecque telle qu'on la décrit *a posteriori* n'a sans doute jamais existé. Se constituant lentement autour du groupe des hommes libres qui se reconnaissent entre eux des droits politiques, elle n'exclut pas complètement ceux dont elle ne saurait se passer, les femmes, les artisans et commerçants étrangers, les esclaves même qui permettent au citoyen d'être disponible pour ses activités civiques. Aussi jaloux de leurs privilèges qu'aient été les citoyens, ils ont parfois accordé ce titre à quelques-uns qui leur avaient rendu service. Ce ne fut certes, à Athènes, que tardivement (guère avant la fin du ve siècle av. J.-C.), et au compte-gouttes. Mais du moins l'octroi de la citoyenneté montrait-il que la communauté n'était pas définitivement close sur elle-même.

Comment la démocratie est-elle morte ?

Sur le strict plan légal, on peut dresser l'acte de décès de la démocratie athénienne lors du rétablissement d'un cens civique en 322 av. J.-C., après une ultime défaite d'Athènes face aux Macédoniens. Plus de la moitié des citoyens furent alors privés de la plénitude des droits politiques ; mais sans doute dut-on prendre conscience des risques de troubles que cela entraînait car, dès 317 av. J.-C., le cens fut abaissé de moitié (1 000 drachmes). Athènes rejoignait le lot commun des cités à oligarchie* modérée.

La fin de la démocratie ne signifie toutefois pas absence de vie politique, encore moins disparition de la cité grecque. Celle-ci non seulement survécut comme un organisme extrêmement vivant jusque dans l'Antiquité tardive, mais elle parut suffisamment attractive pour que de nombreuses communautés indigènes hellénisées réclament de jouir de ce statut, aussi bien à l'époque hellénistique (à partir de la fin du IVe siècle av. J.-C.) que sous l'Empire romain (à partir du IIe siècle av. J.-C.).

Pour ce qui est des institutions, ce serait une trop longue histoire que d'en retracer l'évolution durant les six ou sept siècles qui suivent la mort d'Alexandre, en 323 av. J.-C., mais on doit cependant rappeler que l'élection et le contrôle des magistrats par le peuple (du moins les citoyens au sens plein) restèrent une réalité durant l'époque hellénistique et qu'un débat politique actif survécut dans les cités au moins jusqu'à la fin du IIe siècle av. J.-C., parfois plus tard. Certes, le poids des riches, qui assumèrent de plus en plus de charges financières au sein des cités à partir du milieu du IIe siècle av. J.-C., finit par se faire sentir sur le plan politique, mais jamais ne disparut l'expression des aspirations politiques de la masse des citoyens soit à l'Assemblée du peuple, soit dans la rue lorsque le pouvoir apparaissait abusivement confisqué par une minorité.

L'ostracisme, bon plaisir du citoyen : une mise au point

À Athènes, une fois par an, un vote de l'Assemblée permettait d'exiler un citoyen.

L'invention de l'ostracisme* est attribuée par les Anciens à Clisthène et le mieux est sans doute de s'en tenir à cette opinion. Mais il ne fut réellement appliqué pour la première fois qu'en 488 av. J.-C. L'ostracisme consiste à exiler pour dix ans un individu, sans privation de sa citoyenneté ni confiscation de ses biens.

L'ostracisme est voté par l'Assemblée – à condition qu'elle réunisse au moins 6 000 citoyens – qui se prononce d'abord sur l'opportunité de procéder à un ostracisme, avant de désigner le citoyen visé. Chaque votant inscrit sur un tesson de céramique (*ostrakon*) le nom de celui qu'il veut voir exiler. Si une majorité se dégage sur un nom, la personne est ostracisée. Mais les votes peuvent se disperser et l'ostracisme ne pas aboutir. L'institution avait été créée pour lutter contre les tyrans et éviter leur retour. Tout homme en vue qui prenait un ascendant excessif pouvait être soupçonné de nourrir des vues tyranniques : l'ostracisme permettait de l'exiler sans que l'on eût à prouver la réalité de la menace.

C'est en quelque sorte la version démocratique du « bon plaisir ». De fait, les premiers ostracisés, selon Aristote, furent des chefs réputés, des parents et amis des tyrans chassés en 510 av. J.-C., puis des Alcméonides (la famille de Clisthène). Mais on compte aussi parmi eux Aristide, l'un des vainqueurs de Marathon, Thémistocle, le vainqueur de Salamine, Cimon, le vrai créateur de la ligue de Délos, plus tard Thucydide fils de Mélésias, rival de Périclès. Cependant, l'ostracisme, qui fut beaucoup utilisé dans les années 480-460 av. J.-C., semble ensuite tomber en désuétude. Le dernier cas connu d'ostracisme frappa le démagogue Hyperbolos en 417 av. J.-C.

Des hommes politiques tirés au sort !

À Athènes, la conception égalitaire et démocratique de la citoyenneté trouve sa manifestation la plus éclatante dans le tirage au sort des magistrats.

À Athènes, l'instauration du tirage au sort pour certaines magistratures, et notamment pour la plus prestigieuse de toutes, l'archontat, procède de la volonté démocratique. On a parfois voulu associer cette disposition avec des pratiques religieuses : on s'en serait remis aux dieux pour choisir les meilleurs. Cette explication ne mérite pas d'être retenue, d'abord parce que le tirage au sort tient très peu de place dans les pratiques religieuses des Grecs, ensuite parce que la tradition antique unanime l'associe à la démocratie.

En réalité, le tirage au sort procède d'abord de la volonté de supprimer toute brigue électorale : il permet d'écarter le risque du clientélisme. Nul doute que là ait été la volonté de Clisthène et de ses successeurs. Le but ne fut sans doute que partiellement atteint car des magistratures importantes restèrent soumises à élection : lorsque l'archontat devint aléatoire (487 av. J.-C.), les aristocrates qui ambitionnaient de diriger la cité reportèrent leurs ambitions sur la stratégie et assurèrent leur autorité politique de cette manière.

Mais le principe d'un tirage au sort révèle une conception quasi idéale de la citoyenneté. C'est considérer comme acquis que tout citoyen en vaut un autre pour exercer n'importe quelle fonction. Ce faisant, on admet implicitement la compétence de chacun.

Profession de foi démocratique s'il en est, mais tempérée par les réalités. D'une part, les magistrats fonctionnent toujours en collège (souvent de dix membres, un par tribu) : s'il se trouvait tiré au sort un citoyen notoirement incapable, la présence des autres servirait de garde-fou.

D'autre part, les magistrats, comme les bouleutes, sont assistés dans leur tâche par des serviteurs de la cité, salariés ou esclaves[1] qui, restant en place d'année en année, finissent par acquérir les compétences techniques nécessaires, aussi bien en ce qui concerne la tenue des comptes que l'application des lois.

Enfin, la complexité des tâches est plutôt moindre que dans un État moderne, et, pour celles qui requièrent des aptitudes spécialisées (le commandement de l'armée ou la gestion du trésor public), on procède toujours à l'élection.

Chronologie

594-593 : archontat de Solon.
561-510 : tyrannie presque sans interruption de Pisistrate, puis, à sa mort (528-527), de ses fils. Essor économique d'Athènes.

[1. *Cf.* désormais P. Ismard, *La Démocratie contre les experts. Les esclaves publics en Grèce ancienne*, Paris, Le Seuil, 2015.]

508-507 : réformes de Clisthène.

490 : l'armée perse est battue par Athènes lors de la bataille de Marathon ; fin de la première guerre médique.

487 : introduction du tirage au sort pour la désignation des archontes.

481-479 : les Grecs, au cours de la deuxième guerre médique, battent les Perses à Salamine, puis à Platées et au cap Mycale ; les Perses évacuent la Grèce propre.

478 : fondation de la ligue de Délos.

462 : Ephialtès dépouille l'Aréopage du pouvoir de contrôle des magistrats, attribué directement au peuple.

461 : début de la carrière politique de Périclès. Il sera réélu stratège sans interruption de 443 à 429.

451 : une loi de Périclès limite la citoyenneté aux enfants nés d'un père et d'une mère athéniens.

447 : début des travaux du Parthénon.

431 : début de la guerre du Péloponnèse entre Athènes et ses alliés d'une part, Sparte et les siens de l'autre.

429 : peste à Athènes. Mort de Périclès.

405 : défaite des Athéniens face à Sparte à Aigos Potamos ; fin de la guerre du Péloponnèse.

404 : occupation d'Athènes par les Spartiates ; les adversaires de la démocratie en profitent pour imposer l'oligarchie des Trente.

403 : rétablissement de la démocratie à Athènes.

334 : début de l'expédition d'Alexandre de Macédoine en Asie.

323 : mort d'Alexandre le Grand.

322 : Athènes, ainsi que plusieurs cités, se soulève contre la domination macédonienne, en vain. Abolition de la démocratie à Athènes.

5

Démocratie, je te hais[1] !

La critique de la démocratie ne date pas d'aujourd'hui. À Athènes, au Ve siècle av. J.-C., on en dénonçait déjà les dérives : un gouvernement des médiocres, une tyrannie des démagogues qui vise à entretenir les pauvres aux frais des riches…

« Qu'elle était belle, la démocratie à Athènes ! » Cette idée si forte, qui a traversé le temps, omet que la démocratie athénienne n'a jamais été, comme on le dit souvent, le fruit d'un consensus. Elle faisait même l'objet d'oppositions farouches. Et ce, même si son caractère était limité : les magistratures essentielles y furent toujours réservées aux gens aisés.

Les fondateurs ne s'y trompèrent pas, qui multiplièrent les garde-fous : serment des membres du Conseil de ne jamais rétablir la tyrannie, ostracisme qui permettait d'exiler sans justification tout individu qui paraissait à une majorité de citoyens dangereux pour la démocratie (*cf.* p. 56), clauses d'interdiction de la révision des lois. Autant de preuves que l'on craignait la remise en cause du régime.

Largement privés de moyens légaux d'intervention, les opposants ne répugnaient pas, à l'occasion, à recourir à la

1. *L'Histoire*, n° 275, avril 2003, p. 42-43.

violence : en 462 av. J.-C., Éphialtès fut assassiné après qu'il eut imposé que le contrôle des magistrats lors de leur entrée et de leur sortie de charge soit confié directement au peuple alors qu'il relevait jusque-là du conseil aristocratique de l'Aréopage.

Même au milieu du Ve siècle av. J.-C., lorsque la démocratie eut triomphé et que Périclès assurait à la cité sa prospérité par une politique impérialiste vigoureuse, l'opposition ne désarma pas. Nombre d'intellectuels et de philosophes se montraient hostiles à la démocratie péricléenne, qu'ils jugeaient trop favorable au petit peuple inactif. Un opuscule d'une extrême virulence en porte témoignage, qui reflète sans doute l'opinion de ceux qui, un peu plus tard, passèrent par deux fois à l'action.

Longtemps on attribua à Xénophon, connu pour ses sentiments antidémocratiques, ce pamphlet intitulé *La Politeia des Athéniens* – *politeia* désigne à la fois la Constitution, le fonctionnement réel des institutions et la vie politique. Ce texte bref, écrit sans doute vers 430 av. J.-C., au début de la guerre du Péloponnèse (431-405 av. J.-C.), est en réalité l'œuvre d'un anonyme. Sur le ton d'une ironie cinglante, l'auteur du pamphlet se livre à une attaque en règle de tous les aspects de la démocratie athénienne. Dès le préambule, il prévient de son hostilité sans nuance envers ce régime « par lequel les Athéniens ont voulu favoriser les méchants au détriment des bons... » (§ 1). Les « méchants » désignent ici les ignorants, ceux qui ne savent pas distinguer le juste de l'injuste, se laissent gouverner par leurs désirs et ne se soucient donc, en réalité, que de leur propre intérêt.

Ce pseudo-Xénophon, donc, à qui on a donné le nom de « Vieil Oligarque », est révulsé par la place occupée par les plus pauvres ; place qu'il juge supérieure à celle des riches et des hoplites, pourtant plus qualifiés à ses yeux pour prendre de sages décisions. De plus, si la loi favorise les mauvais citoyens, ceux-ci se gardent bien, selon lui, de réclamer les charges coûteuses ou dangereuses : « Car le peuple sait qu'il a avantage à ne pas exercer ces charges lui-même et à les laisser à ceux qui sont les plus capables de les remplir. Les fonctions qu'on exerce en vue d'un salaire ou pour enrichir sa maison, voilà celles qui sont briguées par le peuple » (§ 3).

Cette critique fut amplifiée au siècle suivant par des philosophes comme Platon ou Aristote. Partisans d'un régime qui réserverait la plénitude des droits politiques aux seuls propriétaires fonciers, ils instruisirent sans relâche, au Ve siècle av. J.-C., le procès de la démocratie.

À leurs yeux, la démocratie viserait à faire entretenir le peuple aux frais des riches. De plus, elle donnerait le pouvoir à la frange la plus misérable de la population urbaine qui, à défaut de travail, passerait son temps aux assemblées du peuple et y imposerait ses choix.

Ce discours, à bien des égards excessif, n'était pas isolé. Avec plus de prudence et sous le couvert de l'humour le plus burlesque, Aristophane, dès la fin du Ve siècle av. J.-C., ne craignait pas de dénoncer lui aussi dans ses pièces les hommes politiques en vue, et de railler les Athéniens qui suivaient aveuglément des démagogues lorsqu'ils espéraient en tirer un profit personnel, mais qui pouvaient changer d'avis du jour au lendemain. Aristophane n'était pas seul à se méfier d'un régime qui, pour plaire au peuple, avait multiplié les dépenses somptuaires et entraîné la cité dans un conflit sans fin, la guerre du Péloponnèse, que les riches avaient l'impression d'être seuls à financer. D'ailleurs, des groupes d'opposants plus ou moins secrets (les hétairies*) se réunissaient régulièrement, avec pour objectif de renverser le régime. Ils y réussirent par deux fois.

En 411 av. J.-C., d'abord, à la suite du désastre militaire sans précédent de l'expédition de Sicile. Celle-ci avait été décidée par le peuple à l'instigation d'Alcibiade, chef du parti démocratique, en 415 av. J.-C. Des milliers d'Athéniens avaient été faits prisonniers et avaient péri dans les prisons-carrières de Syracuse. Alcibiade lui-même avait trouvé refuge chez l'adversaire, à Sparte, puis auprès du Perse Tissapherne. Des propositions de réforme des institutions se firent jour dès 413 av. J.-C., mais c'est en profitant de l'absence du gros de la flotte, en 411 av. J.-C., qu'un groupe d'aristocrates, conduit par Peisandros, Théramène et l'orateur Antiphon, abolit le régime démocratique. Ils instaurèrent alors ce qu'ils présentaient comme un retour à la « constitution ancestrale », celle de Solon[1]. Le nombre de citoyens jouissant des droits politiques fut ainsi défini sur une base censitaire et réduit à 5 000. Les citoyens modestes, rameurs de la flotte stationnée à Samos, se constituèrent alors en assemblée populaire et refusèrent le nouveau régime, allant jusqu'à destituer ceux de leurs chefs qu'ils jugeaient acquis au coup d'État. De longs mois de tensions firent craindre une guerre civile, jusqu'à ce que, au printemps 410 av. J.-C., vînt le temps de la réconciliation. La démocratie fut intégralement restaurée.

Elle chancela à nouveau en 405 av. J.-C. La défaite des Athéniens face à Sparte, à Aigos Potamos, suivie de l'occupation d'Athènes par les Spartiates en 404 av. J.-C., paraissait condamner définitivement le régime qui avait conduit la cité à une telle humiliation. Sparte, résistant aux pressions de ses alliés qui voulaient la destruction pure et simple d'Athènes, imposa aux Athéniens le retour à leur « constitution ancestrale ». Cette décision suscita de nombreux débats, chacun imaginant ladite constitu-

1. Réformateur athénien du début du VIe siècle.

tion ancestrale à sa façon. Lysandre, le chef spartiate, fit vite comprendre qu'il s'agissait de l'oligarchie : seul un nombre limité de citoyens pourraient, dès lors, bénéficier des droits politiques complets. On passerait de 20 000 ou 30 000 citoyens à 3 000 au plus.

En réalité, un groupe de 30 personnes, les « Trente Tyrans », s'arrogea tous les pouvoirs et abolit l'essentiel des règles démocratiques. « Ils mettaient à mort ceux qui se distinguaient par leur fortune, leur naissance ou leur réputation, afin de supprimer les sujets de crainte et par désir de piller les fortunes ; en peu de temps, ils n'avaient pas tué moins de quinze cents personnes », écrit Aristote (*Constitution d'Athènes*, § 35). L'exaspération fut vite à son comble : même les oligarques modérés prirent peur lorsque les Trente firent exécuter en pleine illégalité leur chef, Théramène. En tentant un retour à Athènes, les exilés réussirent à s'emparer du Pirée, et l'on vit ainsi, pendant quelques mois, deux Athènes coexister : l'une oligarchique, à Athènes même, et l'autre démocratique, au Pirée. Un accord fut finalement conclu qui prônait l'amnésie et la réconciliation – c'est l'origine de l'amnistie politique[1] –, sauf pour les chefs des Trente. Une fois de plus, la démocratie était sauvée.

Certes, si l'élite intellectuelle s'était toujours montrée en majorité opposée à l'idéal démocratique, la guerre seule avait permis que les opposants passent à l'action. Et lorsque la défaite, à nouveau, ruina Athènes au lendemain de la mort d'Alexandre le Grand, en 323 av. J.-C., il ne se trouva, tout naturellement, pratiquement personne pour s'opposer à l'instauration d'un régime censitaire qui excluait des droits politiques la moitié des citoyens. C'en était fait de la démocratie de Périclès !

1. *Cf.* dans ce volume le chapitre 9.

6

Démagogue et fier de l'être[1]

Démagogue ! Le mot claque aujourd'hui comme une gifle aux oreilles de l'homme politique à qui s'adresse l'insulte. Mystère de la sémantique : l'un des vocables les plus dignes de qualifier l'homme politique, du grec dêmagôgos, *« qui conduit le peuple », est devenu presque aussitôt que mis en circulation une injure.*

Lorsqu'il apparaît dans les textes grecs, à la fin du ve siècle av. J.-C., le terme « démagogue » et ses dérivés est ambivalent. Dans l'*Anabase*, Xénophon emploie le verbe *dêmagôgein* pour désigner l'action du chef qui sait se rendre populaire auprès de ses hommes, et Isocrate ne craint pas, dans l'*Éloge d'Hélène*, de louer Thésée de se comporter « en maître du pouvoir par sa puissance, mais en démagogue par ses bienfaits » (37). Mais le mot prend un sens péjoratif chez Thucydide et chez Aristophane. Ce dernier, avec la verve qu'on lui connaît, donne dans *Les Cavaliers* cette définition du « chef du peuple » lequel est personnifié sous le nom de Lepeuple de son temps : « Mener Lepeuple, ce n'est plus l'affaire d'un homme bien éduqué et de mœurs

1. *L'Histoire*, n° 324, octobre 2007, p. 20-21.

honorables. Il en faut un qui soit ignare et crapuleux » (v. 191-193).

C'est sans doute avec Aristote et son école, donc dès la deuxième moitié du IVe siècle av. J.-C., que le démagogue est définitivement disqualifié, pour être ramené à l'espèce des parasites de la cité. Dans la *Politique*, qualifié de flatteur du peuple, le démagogue est assimilé au courtisan dans un régime tyrannique (V, 11, 12). Tandis que l'auteur de la *Constitution d'Athènes*, un élève d'Aristote, explique que les successeurs de Périclès furent « sans interruption ceux qui voulaient le plus montrer de l'audace et de la complaisance pour la foule en ne regardant que le moment présent » (28, 4). C'est à eux que resta attaché le terme de démagogue, avec toute la connotation péjorative qui lui est désormais associée.

Comment expliquer que ce sens l'ait si définitivement emporté, et ce dès l'Antiquité ? Deux raisons peuvent être invoquées. La première est un changement radical dans le milieu d'origine des hommes politiques à la mort de Périclès, en 429 av. J.-C. Jusqu'alors, les chefs de ce que l'on appelle le « parti populaire », les hommes qui jouissaient de la confiance de la majorité du petit peuple, étaient les membres les plus en vue des plus grandes familles athéniennes. Rien de tel avec Cléon, fils de Cléainétos, qui succède à Périclès comme « leader du peuple ». Aristophane ne cesse de le railler en raison de ses origines modestes, de son appétit du gain et de son métier manuel décrié (il a hérité d'un atelier de tannerie). Et la *Constitution d'Athènes* rapporte que « le premier [il] cria à la tribune, y employa des injures et parla tout en se débraillant » (28, 3). Succède à Cléon, en 422 av. J.-C., Hyperbolos, qui possédait une fabrique de lampes, puis Cléophon, fabricant de lyres, capable de se présenter ivre devant l'Assemblée (34, 1), et Callicratès de Paiania.

L'ascension de ces « hommes nouveaux » fut sans doute facilitée par le désarroi dans lequel se trouva le peuple lors de la grande peste de 430-429 av. J.-C. et de la destruction d'une partie des villages de l'Attique au moment de la guerre du Péloponnèse contre Sparte. Ce qui est sûr, c'est qu'ils n'étaient pas issus de l'aristocratie athénienne et qu'ils possédaient pourtant un rôle éminent dans la cité.

Mais si « démagogue » est devenu un terme péjoratif, c'est aussi parce que les penseurs politiques influents de la fin du Vᵉ siècle et du IVᵉ av. J.-C. se méfiaient de la démocratie. Platon, Xénophon, Isocrate, Aristote et Aristophane : tous y étaient opposés, et ils ne cessèrent de vouloir révéler son caractère dévoyé et excessif. Mais, comme il était difficile de s'en prendre directement à Périclès, à qui Athènes devait ses plus glorieuses années, il restait à dénigrer les « gens de peu » qui lui avaient succédé et à leur faire porter la responsabilité des échecs de la cité.

Le démagogue, prompt à flatter les plus bas instincts populaires, à l'affût de ce qui pourrait nourrir sa popularité sans risque, naissait ainsi sous la plume conjuguée de l'impitoyable satiriste que fut Aristophane et des théoriciens d'une démocratie idéale, celle, mythique, de l'époque de Solon au VIᵉ siècle av. J.-C.

Peu scrupuleux peut-être, ambitieux sans aucun doute, les démagogues ne se réduisent toutefois pas à la caricature qu'en firent les auteurs grecs. Cléon, par exemple, s'impose comme chef des milieux populaires en 429 av. J.-C., grâce à son éloquence, en défendant une politique sans concession : il fait adopter la décision de raser Mytilène et d'en massacrer tous les habitants en 427 av. J.-C. Mais on ne peut oublier ni ses succès ni son engagement personnel. En 424 av. J.-C., il propose de porter l'indemnité journalière des citoyens-juges de 2 à 3 oboles. À un moment où le nombre des Athéniens sans ressources ne cesse de croître du fait de la guerre, on peut comprendre cette décision comme une mesure d'assistance aux plus pauvres. Tout comme le sera, autour de 410 av. J.-C., la création de la « diobélie » des spectacles par Cléophon : chaque citoyen pauvre reçut 2 oboles pour assister aux spectacles publics.

Comme Cléon et Cléophon, Hyperbolos ou Callicratès ont fait carrière en proposant une politique très favorable au petit peuple : la poursuite de la guerre fournissait à la masse des désœuvrés des emplois de rameurs, le butin alimentait les caisses publiques en vue des distributions d'argent ou de blé, et l'on n'hésitait pas à installer des citoyens sans terre comme clérouques* dans les îles de l'Égée. Cela leur valut la haine des milieux aisés, persuadés de financer une guerre qui ne leur apportait rien.

Les deux révolutions oligarchiques qui secouèrent la cité en 411 av. J.-C. puis en 404 av. J.-C. et abolirent temporairement la démocratie, le désastre final de 405-404 av. J.-C face à Sparte laissèrent la cité exsangue : comment la responsabilité n'aurait-elle pas été rejetée sur les « chefs du peuple » ? Cléophon et Callicratès le payèrent de leur vie. Et, le beau titre de « conducteur du peuple » se voyait accolé un sens péjoratif qu'il a gardé jusqu'à aujourd'hui.

Post-scriptum. On dispose désormais d'une excellente étude du plus célèbre et du plus décrié des démagogues, successeur de Périclès : Philippe Lafargue, *Cléon. Le guerrier d'Athéna,* Bordeaux, Ausonius, 2013. Cela permet de restaurer l'image d'un homme que l'on ne voit le plus souvent que par les insultes que lui lance Aristophane, alors qu'il fut un défenseur courageux et habile de sa cité.

7

Pas de tabou pour Aristophane[1]

Depuis 2 500 ans, la satire est un puissant stimulant pour la démocratie.

Imaginons un pays en guerre. L'homme politique le plus en vue vient de l'emporter sur l'adversaire qu'on croyait invincible ; sa popularité est immense. Pourtant, lors d'une fête officielle, une comédie met en scène les citoyens, symbolisés par un personnage nommé *Demos* (Lepeuple), et le héros du jour, sous les traits d'un esclave barbare de Lepeuple, escorté de deux sous-fifres, en qui tout spectateur peut reconnaître deux des généraux les plus en vue… Tout au long de 1 300 vers et plus, le récent vainqueur est traîné dans la boue, accusé de toutes les corruptions, et Lepeuple lui-même est accusé d'aveuglement et d'un appétit de jouissance immodéré.

Nous sommes à Athènes, en 425 av. J.-C. La guerre dure depuis six ans et ses ravages sont immenses. Cléon, qui a succédé à Périclès dans la confiance du peuple, vient de remporter une brillante victoire sur les Spartiates assiégés dans l'île de Sphactérie. Son prestige

1. *L'Histoire*, n° 410, avril 2015, p. 52, dans un dossier sur la liberté de la presse.

est au plus haut. Les généraux Nicias et Démosthène ont l'un commencé et l'autre terminé le siège. C'est alors qu'Aristophane lance un brûlot d'une violence inouïe, *Les Cavaliers*, qui n'épargne personne. Le peuple est « un petit vieux acariâtre et dur d'oreille », la grossièreté du langage (« Et moi je te traînerai dehors par le croupion, la tête en bas », répond Cléon à un marchand) ajoute à l'irrévérence envers les puissants et les accusations les plus sordides fleurissent.

Certes, Aristophane change de terrain lorsqu'il caricature Socrate et les sophistes dans *Les Nuées* ou Euripide dans *Les Thesmophories*, mais remet bien toujours en cause un pouvoir, une autorité, fût-elle intellectuelle – on me pardonnera cet anachronisme. Rien ni personne n'échappe à la satire la plus féroce, avec Aristophane : les hommes politiques les plus populaires d'Athènes en premier lieu, les stratèges chargés des opérations militaires, les femmes qui n'auraient d'autre préoccupation que de picoler et de baiser… Le peuple est accablé de sarcasmes pour sa sottise, sa lâcheté, sa naïveté, son appétit de jouissance, son aveuglement devant les manigances des magistrats.

Même les dieux n'échappent pas à la satire. En 414, dans *Les Oiseaux*, les dieux jeûnent et, affamés, viennent négocier la paix avec les Oiseaux leurs voisins. Poséidon et Héraclès viennent en grotesque ambassade : Héraclès est prêt à signer n'importe quel accord pour profiter du banquet qui suivra.

Est-ce à dire que l'on peut, à Athènes, rire de tout et à tout moment ? Sans doute pas, mais les limites paraissent lointaines. Quelques passages où l'auteur se met sur le devant de la scène et justifie son propos montrent qu'il y avait débat sur ce sujet, à Athènes. Dans *Les Acharniens*, l'auteur se justifie par la voix de Justinet : « Ah ! ne nourrissez pas d'aigreur à mon endroit, si, pauvre besacier, je me mêle pourtant, devant les Athéniens, d'opiner sur les affaires de la cité, dans cette farce que je trousse : s'il s'agit de parler juste, elle a son mot à dire elle aussi, la farce ! Mes propos seront sévères, mais justes. En tout cas, cette fois, Cléon n'aura pas à m'incriminer pour avoir diffamé la cité devant des étrangers : car nous sommes entre nous, en ce concours des Lénéennes, les étrangers ne sont pas encore là : les tributs qu'ils nous doivent, ni en argent ni en hommes, nos alliés ne sont venus les fournir. Oui, nous voici entre nous, pur froment civique, rien que fine fleur et son (les métèques, pour moi, c'est le son) » (*Les Acharniens*, 497-508).

Cette dernière remarque importe : on reprochait donc à Aristophane d'avoir moqué les magistrats élus devant des étrangers, les alliés d'Athènes venus négocier le montant de leur contribution à la ligue de Délos. Or, aux Lénéennes, ils sont absents, et n'assistent au spectacle que les citoyens et les étrangers résidents, les métèques, considérés comme partie prenante de la cité – même si Aristophane établit une claire hiérarchie entre la fine fleur des citoyens et les métèques. En tout cas, Aristophane se montre prudent : poursuivi en justice par Cléon pour sa pièce (perdue) *Les Babyloniens* en 427, il préféra concourir sous le nom de Callistratos en 426 avec *Les Acharniens*. Mais sa conviction reste intacte : dans la cité démocratique, la farce, c'est-à-dire la satire, la dérision, la moquerie la plus débridée, a sa place.

8

Au théâtre, à Athènes[1]…

On a longtemps cru que les Tragiques grecs, comme Eschyle ou Euripide, parlaient avant tout de politique. C'est faux, nous dit Nicole Loraux dans son livre.

Que la tragédie grecque ait trouvé son terrain d'élection dans l'Athènes classique, qui oserait le contester ? De *La Prise de Milet* de Phrynichos aux ultimes tragédies d'Euripide, le ve siècle est ponctué à la fois par les progrès de la souveraineté du peuple et par la représentation chaque année, lors des grandes fêtes religieuses, de plusieurs tragédies dont une poignée seulement nous sont parvenues. Pour autant, doit-on faire de la tragédie un genre politique ?

Faire résonner la lamentation du deuil

Toute une tradition historiographique, de Roger Goossens, dont le monumental *Euripide et Athènes*[2] connut une célébrité et une influence justifiées, jusqu'à

1. *L'Histoire*, n° 231, avril 1999, p. 23.
2. Bruxelles, Palais des Académies, 1962.

Christian Meier[1], y invite, avec prudence certes, mais aussi avec insistance. Et lorsque Jean-Paul Sartre donne en 1965 une adaptation modernisée des *Troyennes* d'Euripide que Georges Wilson monte au TNP, il s'inscrit dans une telle tradition, quitte à trahir l'original allègrement et en toute connaissance de cause, transformant ce long oratorio lyrique en un réquisitoire anticolonialiste et tiers-mondiste.

Dans son livre, issu d'un cycle de conférences données aux États-Unis en 1993, Nicole Loraux revient avec vigueur sur la tentation constante de tout évaluer à l'aune du politique dans la cité grecque, et à Athènes en particulier[2]. Elle récuse à juste titre la lecture politique de la totalité des comportements et des activités des citoyens. Notamment en ce qui concerne la représentation théâtrale.

Car, à bien des égards, le théâtre est la négation même du politique et la tragédie se fait entendre comme une voix antipolitique : là où la cité ordonne l'oubli, la tragédie fait résonner la lamentation du deuil. C'est qu'elle s'adresse à un public plus vaste, non seulement les citoyens mais aussi des étrangers à la cité, les métèques et peut-être des femmes. C'est-à-dire, tout simplement, des êtres humains.

La tragédie grecque vise donc d'abord à émouvoir, à « bouleverser le spectateur, [à l'inciter] à dépasser son appartenance à la communauté civique pour saisir son appartenance, plus essentielle, à la race des mortels ». Ce qui implique qu'on se laisse aussi bercer par le plaisir des mots qui chantent par eux-mêmes et qui

1. *De la tragédie grecque comme art politique*, Paris, Les Belles Lettres, 1991.

2. N. Loraux, *La Voix endeuillée. Essai sur la tragédie grecque*, Paris, Gallimard, 1999.

se situent, parfois, au-delà ou en deçà du langage. Ainsi, *aei*, ce « toujours » qui est à la fois éternité et recommencement, rappelant *Aias*, le nom d'Ajax, ou l'onomatopée plaintive *aiai*, souvent traduite par « hélas », mais que Nicole Loraux invite à écouter, comme le faisaient les Grecs, pour sa seule mélodie du malheur.

Et il fallait bien que le spectateur, oubliant qu'il était citoyen, soit sensible à cette simple voix du deuil pour que *Les Perses* d'Eschyle restât une tragédie : comment, si peu de temps après la victoire de Salamine (la pièce date de 472 av. J.-C., la bataille de 480), aurait-on pu compatir au malheur des Perses si l'on n'avait d'abord reconnu dans les héros de la pièce non pas les adversaires d'hier, mais l'image du semblable, pour lequel on peut éprouver de la pitié ?

L'un et l'autre également mortels

Là où la cite oppose, là où le politique affirme les différences (Grecs-Barbares, citoyens-non-citoyens, libres-non-libres), la tragédie proclame l'identité de l'Un et de l'Autre, également mortels. Certes, il devait être difficile pour le spectateur-citoyen d'oublier la dimension politique des *Perses*, et peut-être est-ce l'une des raisons qui ont fait renoncer les auteurs tragiques aux sujets trop contemporains. Phrynichos fut condamné, parce que sa *Prise de Milet* avait ému au-delà de ce que la cité pouvait admettre : « Lorsque Phrynichos fit jouer sa tragédie *La Prise de Milet*, l'auditoire tout entier fondit en larmes et le peuple frappa le poète d'une amende de mille drachmes pour avoir évoqué un malheur national, et défendit à l'avenir toute représentation de cette pièce », raconte Hérodote. Eschyle, quant à lui, esquiva la difficulté en s'emparant d'un sujet de fierté pour Athènes, mais il fallait son talent exceptionnel pour en faire une tragédie humaine à portée universelle.

Y eut-il d'autres tentatives ? Peut-être, mais ce n'est sans doute pas l'effet du hasard si aucune de ces pièces n'a paru digne aux Anciens de traverser les siècles. En se repliant sur des sujets mythiques, en retravaillant inlassablement le deuil d'Électre ou le drame d'Œdipe, les auteurs ne prétendaient pas renouveler les thèmes eux-mêmes, mais, sur un thème connu, émouvoir avec des mots nouveaux.

On ne peut qu'inviter le lecteur, après avoir lu ou relu quelques-unes des plus belles tragédies d'Eschyle, de Sophocle ou d'Euripide, à s'y immerger, puis à revenir au livre de Nicole Loraux. Un livre qui nous aide à mieux comprendre pourquoi les Tragiques grecs restent nos contemporains.

9

Comment les Grecs ont inventé l'amnistie[1]

Parce qu'un avenir stable est impensable là où des citoyens vivent séparés comme des étrangers, parce que la survivance des rancœurs menace la sécurité de la cité… Archinos, chef démocrate vainqueur à Athènes des Trente Tyrans, inventa l'amnistie.

Parmi les maux dont souffrent les cités grecques, les penseurs politiques de l'Antiquité désignent la *stasis** comme le plus redoutable. Dérivé du verbe *histèmi*, qui signifie « établir, dresser », ce terme désigne aussi bien le fait d'établir quelque chose ou quelqu'un que celui de se dresser contre l'ordre établi. En matière politique, la *stasis*, la révolte, le soulèvement contre le pouvoir en place, un mot qui désigne la discorde civique tout autant que la guerre civile ouverte.

On peut repérer de vraies guerres civiles dans les cités grecques dès l'époque archaïque, notamment à Athènes, à la suite des coups d'État orchestrés par Pisistrate[2] dans

1. *L'Histoire*, n° 311, juillet 2006, p. 88-91, dans un dossier sur « la guerre civile ».

2. Pisistrate (v. 600 av. J.-C.-v. 527 av. J.-C.), était le chef d'une des trois factions aristocratiques d'Athènes.

le courant du VIe siècle. Après avoir été chassé à deux reprises, Pisistrate rassembla une armée à Érétrie, face à la côte nord de l'Attique, avec des hommes recrutés dans toute l'Égée. Grâce à elle, il parvint à reconquérir le pouvoir. Mais, lorsque ses adversaires, exilés à leur tour, cherchèrent à le renverser, ils agirent de même.

Chaque guerre civile se soldait par des massacres, des exils, des mesures vexatoires humiliantes pour les vaincus. Mais, plus que la guerre civile, ce sont les moyens utilisés pour sortir de la crise qui retiennent l'attention. Car la Grèce était pleine de ces bannis, exilés qui complotaient pour revenir dans leur patrie. Et pour peu qu'ils sachent mobiliser des amitiés extérieures, ils espéraient toujours un renversement de la situation qui entraînerait une nouvelle guerre civile. Les cités tentèrent donc de trouver des solutions gages d'une future stabilité.

Il y eut d'abord le recours à ce que l'on aurait nommé, sous d'autres cieux, un homme providentiel, mais que les Grecs considéraient seulement comme un sage capable de se comporter en arbitre. Athènes en fit l'expérience au lendemain du coup d'État manqué de Cylon et de la guerre civile larvée qui l'accompagnait. Cette affaire remonte au tout début des années 590 av. J.-C. Cylon, jeune aristocrate fort du prestige que lui avait procuré une victoire aux concours olympiques, tenta de s'emparer du pouvoir. Son coup d'État échoua, et ses complices et lui se réfugièrent sur l'Acropole où l'ensemble du peuple, accouru des campagnes de l'Attique, les assiégea.

La désignation de Solon comme archonte 594-593 av. J.-C., c'est-à-dire comme principal magistrat, en même temps qu'arbitre et législateur à titre exceptionnel, apparaît désormais comme directement liée à la solution de cette grave crise où Aristote précise qu'on en était arrivé à une lutte ouverte (*Constitution d'Athènes*, V, 2).

« Alors les Athéniens les plus sensés jetèrent les yeux sur Solon : c'était le seul qui fût vraiment irréprochable, ne partageant pas l'injustice des riches, sans être pour autant soumis au sort nécessiteux des pauvres », écrit Plutarque (*Solon*, XIV, 1).

Solon prit en effet des mesures propres à satisfaire les diverses composantes de la société athénienne, mais, de l'avis unanime, il mécontenta tout le monde ! Comme l'écrit encore Plutarque, « il n'avait satisfait aucun des deux partis : il avait irrité les riches en supprimant les reconnaissances de dettes, et plus encore les pauvres, parce qu'il n'avait pas opéré le nouveau partage de terres qu'ils espéraient » (XVI, 1)[1].

Comme l'écrivait le philosophe et historien Phanias de Lesbos, cité par Plutarque, « Solon trompa les deux partis pour sauver la cité ». Peu importe ici le détail des mesures – dont le sens est d'ailleurs controversé –, mais Phanias de Lesbos a vu juste : quand les deux partis en sont arrivés à ne vouloir céder sur rien, seule la ruse politique, c'est-à-dire la tromperie, peut permettre une issue. Les promesses secrètes, d'après Plutarque, faites à chacun ne furent tenues qu'en partie, mais, une fois l'accord réalisé, il était trop tard pour se dédire.

Beaucoup de cités préférèrent recourir à l'arbitrage extérieur. Déjà, à l'époque archaïque, des cités en crise firent appel à des législateurs étrangers capables de réformer les lois : Charondas de Catane dans plusieurs cités d'Italie du Sud en plus de sa propre cité, Philolaos de Corinthe à Thèbes, Démonax de Mantinée à Cyrène. Et, à défaut de personnalité marquante, on demandait à une cité d'envoyer une délégation d'arbitres.

1. Plutarque, *Solon*, dans *Vies parallèles*, trad. A.-M. Ozanam, Paris, Gallimard, 2001.

En 525 av. J.-C., les Milésiens demandèrent aux Pariens d'agir comme arbitres au sortir de la désastreuse guerre civile qui laissait le pays ravagé et en ruine. Après examen, les Pariens décidèrent de remettre le pouvoir aux propriétaires des rares champs encore cultivés. Le recours à des juges étrangers devint fréquent à l'époque hellénistique (IVe-Ier siècle av. J.-C.) pour dénouer les crises. Mais l'exemple le plus original reste la paix négociée à Athènes entre les partisans des Trente Tyrans et leurs adversaires, les démocrates. Rappelons les faits. En 405 av. J.-C., Athènes fut vaincue sur mer : la guerre qui l'opposait à Sparte depuis plus d'un quart de siècle se termina par l'occupation de la ville par les troupes ennemies. Terrible humiliation qui paraissait condamner les institutions démocratiques.

S'appuyant sur une réforme des oligarques qui ne laissait des droits politiques qu'à 3 000 citoyens, une étroite coterie extrémiste – les Trente – se livra à une épuration sanglante couvrant les pires exactions. Même les modérés qui les avaient d'abord soutenus en furent victimes. L'exécution par les Trente de leur chef, Théramène, en accentuant encore la répression, révéla le vrai visage de la tyrannie : « Les Trente, avec l'idée qu'ils pourraient désormais exercer leur tyrannie sans crainte, interdirent par proclamation à ceux qui n'étaient pas sur la liste [des 3 000] d'entrer en ville, cependant qu'ils en faisaient saisir beaucoup sur leurs domaines, pour s'emparer de leurs propriétés et les partager avec leurs amis. On se réfugia au Pirée où il y eut encore beaucoup d'arrestations, ce qui remplit Mégare et Thèbes de fugitifs » (Xénophon, *Helléniques*, II, III, 23).

En effet, exilés en nombre dans les cités voisines, des Athéniens entreprirent la reconquête de leur cité. Une troupe commandée par les chefs démocrates, mais qui comprenait aussi des métèques, et même des esclaves, se lança avec succès à l'assaut de l'Attique. Une véritable guerre civile se déroula ainsi durant plusieurs semaines en 404 av. J.-C. sous les yeux de l'occupant spartiate. Mais les forces étaient relativement équilibrées, et, au bout de quelques mois, il fallut admettre qu'aucun des deux camps n'était en mesure de prendre le dessus sur l'autre. Les Trente tenaient la cité, les démocrates dominaient Phylé, importante forteresse de l'Attique, et Le Pirée. Athènes était comme dédoublée. Après un nouveau revers face aux démocrates, les Trente furent renversés en 403, mais les dix citoyens désignés pour négocier la paix poursuivirent leur politique de terreur. Face à de nouveaux succès des démocrates, ils furent remplacés par dix autres citoyens. Mais c'est finalement l'intervention du roi de Sparte, Pausanias, qui permit de trouver un accord.

Accord surprenant, puisqu'il consacrait la partition de la cité en deux. D'un côté, les vainqueurs, c'est-à-dire les gens du Pirée, auxquels se rallia l'écrasante majorité du peuple, se réinstallèrent à Athènes. De l'autre, les vaincus, « les gens de la ville », qui souhaitaient échapper à la tutelle des premiers, obtinrent le droit de s'installer à Éleusis, une petite bourgade située à une vingtaine de kilomètres à l'ouest d'Athènes, « en gardant leurs droits de citoyens, en se gouvernant librement eux-mêmes et en jouissant de leurs revenus ». Il n'était pas question, bien sûr, de priver les citoyens d'Athènes de l'accès au sanctuaire d'Éleusis où se tenaient les très célèbres « mystères », organisés en l'honneur de Déméter et de Coré-Perséphone. Mais, en dehors de ces fêtes, les gens d'Éleusis n'avaient plus le droit de venir à Athènes, ni ceux d'Athènes à Éleusis. Les autres clauses du traité de paix étaient plus habituelles : chaque camp paierait ses propres dettes de guerre.

Restait qu'organiser deux communautés sur le même territoire, c'était avouer l'échec de la réconciliation. Et cela obligeait à d'importants déplacements de population et à de lourdes procédures de contrôle : tout exilé qui souhaitait revenir à Athènes devait se faire réinscrire sur les registres civiques. Les craintes des vaincus devaient être réelles puisque, si l'on en croit Xénophon, les candidats à l'émigration à Éleusis étaient nombreux. Mais un délai avait été fixé : il fallait s'inscrire dans les dix jours qui suivraient la prestation du serment ratifiant l'accord, et chacun aurait alors vingt jours pour quitter la ville. D'après Xénophon, beaucoup de ceux qui souhaitaient partir attendaient néanmoins le dernier moment, peut-être pour régler leurs affaires en profitant du délai maximum. C'est alors qu'un certain Archinos, l'un des chefs démocrates, effrayé par le nombre de ceux qui voulaient partir, et peut-être conscient du risque que cela faisait courir à la cité, fit brusquement raccourcir le délai.

Certains candidats à l'exil se trouvèrent ainsi obligés de rester en ville. Ce qui permit de faire la démonstration que les anciens partisans des Trente, s'ils ne s'étaient pas rendus coupables de crimes, n'avaient rien à craindre du retour des démocrates au pouvoir. De fait, la communauté d'exilés d'Éleusis, devenue inutile, disparut dès 401 av. J.-C. Ce coup de génie politique d'Archinos s'accompagnait de deux mesures complémentaires. D'une part, il avait été décrété une amnistie* complète qui interdisait à tous de faire des reproches à quiconque, « sauf aux Trente, aux Dix, aux Onze[1] et aux anciens magistrats

1. Ces magistrats chargés des prisons et des exécutions capitales avaient eu une responsabilité particulière au temps des Trente.

chargés du Pirée, ni même à ceux-ci après leur reddition des comptes ». Amnistie qui s'apparenta à une véritable amnésie collective puisqu'il n'était pas même permis de faire mention des crimes passés. Archinos alla en effet jusqu'à faire condamner à mort et exécuter un citoyen revenu du Pirée qui faisait des reproches à d'anciens adversaires. D'autre part, le même Archinos, décidément fin politique, obligea les vainqueurs à modérer leur triomphe en déclarant illégal « le décret de Thrasybule qui donnait le droit de cité à tous les gens rentrés avec lui du Pirée, dont certains étaient bien connus pour esclaves ».

Métèques et esclaves qui avaient combattu aux côtés des démocrates durent donc se contenter de récompenses plus modestes : le droit de posséder des terres et des maisons pour les premiers, l'affranchissement pour les seconds. Seuls de très rares combattants non citoyens obtinrent la pleine citoyenneté athénienne. Archinos avait compris que les vainqueurs devaient rassurer les vaincus. Et il faut croire que sa détermination fut payante puisque, selon Aristote, « non seulement [les Athéniens] effacèrent les accusations portant sur le passé, mais ils rendirent en commun aux Lacédémoniens l'argent que les Trente avaient emprunté pour la guerre, alors que les conventions ordonnaient aux deux partis, celui de la ville et celui du Pirée, de payer leurs dettes séparément ; car les Athéniens jugèrent que c'était par là qu'il fallait commencer à pratiquer l'union. Dans les autres cités, le peuple, lorsqu'il est vainqueur, bien loin de contribuer de son propre argent, va jusqu'à faire un nouveau partage des terres[1] ».

Pour reprendre les termes de Phanias de Lesbos à propos de Solon, Archinos avait trompé les deux camps pour

1. Aristote, dans la *Constitution d'Athènes*, 38-40, donne un récit très complet et le texte intégral de l'accord.

sauver la patrie. Est-ce à dire que toute trace de la guerre civile était effacée ? On ne peut le savoir, mais l'amnésie collective décrétée à Athènes contribua à la réunification de la communauté après l'une des pires épreuves vécues par la cité, une guerre civile sous l'œil de l'ennemi spartiate, installé en vainqueur au cœur de la cité.

Néanmoins, toutes les cités ne pouvaient trouver la paix par un accord amiable et Athènes fait figure de réelle exception. Durant tout le IVe siècle av. J.-C., les *staseis* se multiplièrent en Grèce, avec comme toile de fond une crise sociale et politique d'une rare violence. On manque singulièrement de renseignements sur la forme de chaque révolution, mais un fait est sûr : au début du règne d'Alexandre, le monde grec croule sous le nombre des exilés et des bannis qui constituent une menace évidente pour la stabilité des cités.

Engagé depuis dix ans dans sa grande expédition à travers l'Empire perse et sur le point de revenir, Alexandre ne voulut pas laisser subsister un tel foyer d'agitation potentiel. En 324 av. J.-C., il imposa à tous les Grecs le retour des bannis avec restitution à chacun des droits et des biens qui lui revenaient. On devine que cela n'alla pas sans de nouveaux troubles, mais la surveillance étroite qu'exerçaient désormais les troupes macédoniennes devait éviter qu'on en arrivât à des affrontements armés.

Dans les cités soumises au roi, il n'y avait plus place pour la guerre civile. Officiellement, du moins, car la célébration insistante du culte de Concorde divinisée (*Homonoia*) ne put masquer combien restaient vives les tensions entre les diverses composantes des sociétés grecques.

10

Et Platon inventa l'Atlantide[1]

L'Atlantide est née de l'imagination d'un homme, Platon. Le philosophe s'est servi du mythe, qu'il a présenté comme une histoire du temps passé, à des fins purement morales et politiques.

Si l'origine de quelques grands mythes grecs, comme la création du monde ou la naissance des dieux, se perd dans la nuit des temps, il en est d'autres dont nous connaissons avec précision l'auteur ou, au moins, l'époque où ils furent imaginés. Parmi ceux-ci se trouve le plus célèbre de tous sans doute : l'Atlantide. Pas moins de 40 000 ouvrages lui ont été consacrés. N'en déplaise à ceux qui continuent à chercher à la surface du globe les traces de ce continent imaginaire, l'Atlantide n'a jamais eu ni réalité, ni fondement historique. Elle sort tout entière de l'imagination d'un homme, Platon.

Dans deux de ses dialogues, *Timée* et *Critias*, écrits vers 358-356 av. J.-C., Platon élabore un récit qu'il présente comme une chronique du temps passé (« il y a 9 000 ans », précise-t-il dans le *Timée*), et auquel il

1. *L'Histoire*, n° 389, juin 2013, p. 76-78, dans un dossier sur les mythes grecs.

donne l'apparence de l'histoire. Dans le *Timée* (23-26), il raconte comment Athènes parvint à vaincre une « puissance insolente qui envahissait à la fois toute l'Europe et toute l'Asie », l'Atlantide. Celle-ci occupait une île « aussi grande que la Libye et l'Asie réunies » – c'est-à-dire l'Afrique et l'Asie – et qui se serait située au-delà des Colonnes d'Hercule (le détroit de Gibraltar), dans l'Atlantique.

Athènes, donc, faisant preuve d'autant de vertu que d'héroïsme, « vainquit les envahisseurs, dressa le trophée, préserva de l'esclavage ceux qui n'avaient jamais été esclaves, et, sans rancune, libéra tous les autres peuples et nous-mêmes qui habitons en deçà des Colonnes d'Hercule ». Ainsi, Athènes mit un terme à l'impérialisme forcené des Atlantes. Mais dans les temps qui suivirent, un séisme terrible engloutit à la fois l'armée d'Athènes et l'île d'Atlantide tout entière, qui disparut à jamais au fond de l'océan.

L'allure d'une histoire vraie

Le récit du *Timée*, on le voit, reste sobre et relativement vague, sauf en ce qui concerne l'époque et la localisation de l'île. Dans le *Critias* (112b-121c), la description se précise, et l'auteur accumule les détails sur l'histoire de l'Atlantide, ses rois, ses ressources (abondantes), ses remarquables monuments (temples, palais, remparts), sa mise en valeur exceptionnelle et la prospérité qu'elle connut aussi longtemps qu'y régnèrent la modération et la vertu.

Mais voilà qu'un jour l'*hybris* – la démesure – s'empare de l'esprit des Atlantes, « tout gonflés qu'ils étaient d'injuste avidité et de puissance ». Ce qui incite Zeus à

« leur appliquer un châtiment, afin de les faire réfléchir et de les ramener à plus de modération ». Le récit s'arrête là, mais on comprend que le texte du *Timée* se greffe sans peine sur ce long préambule et constitue la chute de l'histoire.

La description du *Critias* contribue à donner une allure d'historicité au récit platonicien, et l'accumulation des détails vise sans nul doute à « faire vrai ». En réalité, comme l'a bien montré Bernard Sergent[1], Platon a largement puisé dans les images et les récits à sa disposition. Cela témoigne de son habileté d'auteur, et celle-ci fut immense puisqu'il réussit à laisser croire, dès le IVe siècle av. J.-C., qu'il racontait une histoire vraie.

Il faut dire que le récit du *Timée* s'insère dans une histoire d'Athènes telle que Solon (v. 640-v. 558 av. J.-C.) l'aurait découverte en Égypte. En se prévalant de Solon, qui avait visité l'Égypte où il aurait vu et traduit d'anciens récits à ce sujet, Platon se parait d'une caution scientifique à laquelle peu de Grecs pouvaient rester insensibles, tant l'Égypte paraissait au plus grand nombre comme la source même de la connaissance.

Un avertissement destiné aux Athéniens

Dès l'Antiquité, les auteurs les plus proches de Platon, tels Théopompe de Chios (né vers 376) et Aristote, avaient parfaitement compris que le maître avait créé de toutes pièces un mythe destiné à délivrer aux Athéniens une vérité qui lui tenait à cœur.

1. B. Sergent, *L'Atlantide et la mythologie grecque*, Paris, L'Harmattan, 2006.

Les divagations auxquelles se livrèrent les savants de la Renaissance et auxquelles se livrent toujours les amateurs d'ésotérisme ne changent rien au fait qu'avait déjà si bien souligné Giuseppe Bartoli en 1780[1] : dans le mythe de l'Atlantide, il n'est question que « des Athéniens, des Athéniens, des Athéniens toujours, des Athéniens de tous côtés ». Car il était clair pour lui, comme ce le fut bien plus tard pour Thomas-Henri Martin en 1841[2] ou Pierre Vidal-Naquet en 2006[3] – et avec eux la totalité des historiens –, que dans le mythe platonicien il n'est question que d'Athènes, sous ses deux faces, celle vertueuse qui conduit à la prospérité et à la victoire, celle de l'*hybris*, de la démesure, qui conduit à la défaite et à la ruine.

Platon a en mémoire la fin désastreuse de la guerre du Péloponnèse où l'impérialisme athénien a provoqué en 404 la prise de la cité par les Spartiates. Or, au moment où il écrit le *Timée* et le *Critias*, voilà qu'Athènes, après avoir reconstitué une alliance militaire, est à nouveau en guerre contre ses propres alliés (guerre des alliés, 357-355). Le mythe de l'Atlantide autorise au philosophe une ferme mise en garde contre la tentation impérialiste : le recours à la fable, à l'allégorie, permettait de transmettre le message en termes voilés, sans heurter le peuple de front. Platon, disciple si proche de Socrate, ne pouvait oublier ce qu'il en coûtait de déplaire au peuple d'Athènes.

1. *Essai sur l'explication historique que Platon a donnée de sa République et de son Atlantide*, Paris, Couturier, 1780.

2. *Dissertation sur l'Atlantide*, dans *Études sur le* Timée *de Platon*, Paris, Ladrange, 1841.

3. P. Vidal-Naquet, *L'Atlantide : petite histoire d'un mythe platonicien*, Paris, Les Belles Lettres, 2005 ; rééd. poche « Points Histoire », 2007.

Le mythe ainsi fabriqué à des fins politiques et démonstratives n'a pas plus de consistance, en lui-même, que les autres mythes platoniciens, tels le mythe de la caverne (*La République*, VII) ou le mythe d'Er le Pamphylien (*La République*, X, 614b-621d). On peut d'ailleurs s'interroger sur la qualification de « mythe » qui est donnée à chacun de ces épisodes.

Un modèle de vertu

L'histoire des hommes enchaînés dans la caverne et qui ne voient que l'ombre de la réalité appartient plutôt au genre de l'allégorie – une description métaphorique. Au contraire, le voyage d'Er dans l'au-delà se donne l'allure d'un récit historique, comme celui de l'Atlantide. Malgré leur finalité très différente, ces deux mythes témoignent de la plasticité du genre. Alors que le mythe d'Er délivre une vision de l'au-delà, l'Atlantide permet de décrire une situation très contemporaine. Mais l'un et l'autre partagent la même préoccupation morale et philosophique : inviter à la vertu et à la pratique du bien, que ce soit à titre individuel (Er) ou collectif (l'Atlantide).

Or le mythe de l'Atlantide pourrait aussi bien s'adresser à tout État saisi par le démon de l'*hybris* : n'est-ce pas pour cela que le compositeur tchèque Viktor Ullmann écrivit, en 1943-1944 au camp de concentration de Theresienstadt, son opéra *Der Kaiser von Atlantis* ? Si ce mythe a connu une fortune retentissante, c'est pourtant moins pour le caractère universel de son message que parce qu'il nourrit le goût des individus pour le mystère, les mondes disparus ou enfouis.

11

Cités grecques : le pouvoir aux riches[1] !

On se plaint souvent de ce que le pouvoir enrichirait les hommes politiques. Quelles sont, dans ce domaine, les leçons de la démocratie grecque ? Paradoxales. Dans la cité grecque, en effet, les riches citoyens, accablés d'obligations financières pour le profit du plus grand nombre, n'ont qu'un souci : échapper aux responsabilités politiques, qui ruineraient définitivement leur fortune.

Évoquant les débuts politiques de Périclès, à la fin des années 460 av. J.-C., Aristote raconte que, pour capter la bienveillance des citoyens, celui-ci aurait eu l'idée de faire rétribuer sur fonds publics certaines fonctions civiques : l'appartenance au conseil et au tribunal populaire*. Ce que l'on peut retenir de cette anecdote malveillante, c'est que, dans la cité grecque, la fortune constitue un élément essentiel du combat politique : moins riche que Cimon, son adversaire, Périclès n'aurait eu aucune chance de parvenir au pouvoir. Ainsi, dès les années 460 av. J.-C., l'argent aurait été indispensable à la conquête des plus hautes fonctions, que les hommes en vue dépensent leurs propres revenus ou ceux de l'État.

1. *L'Histoire*, n° 189, juin 1995, p. 62-65.

Pourtant, le récit d'Aristote constitue une exception : on ne connaît aucune autre attestation de ce genre de pratique. En fait, lorsque les Grecs évoquent les relations entre argent et pouvoir, entre richesse et cité, c'est en général sur un tout autre mode. Même lorsqu'ils ne recherchent pas le pouvoir, les riches sont tenus de contribuer aux dépenses de la cité. Écoutons Socrate décrivant à la fin du Ve siècle av. J.-C. le comportement qu'impose sa fortune au riche Critobule : « Tout d'abord, je te vois contraint à sacrifier souvent et largement, sinon tu ne serais bien accueilli ni par les dieux ni par les hommes, je pense ; de plus, il te sied de recevoir nombre d'étrangers* et de le faire avec grandeur ; enfin, il te faut inviter à dîner tes concitoyens et les bien traiter, faute de quoi tu n'auras aucun allié. De plus, j'ai le sentiment que la cité t'impose lourdement : élever des chevaux, être chorège*, exercer la gymnasiarchie* ou une présidence, et s'il survient une guerre, je sais qu'on t'imposera la triérarchie*, de verser la paie aux hommes et de fournir des contributions telles que tu auras du mal à y faire face. Que tu paraisses être en deçà de ces obligations et, je le sais, les Athéniens te châtieront comme s'ils te prenaient à voler leurs propres biens[1]. »

Critobule ne cherche pas le pouvoir ; cependant, la cité ne transigera pas sur ce qu'elle exige de lui : financer les représentations dramatiques, diriger et entretenir un gymnase, présider une fête ou un concours qu'il aura contribué à payer, équiper un bateau à ses frais, etc. – charges si lourdes qu'il risque d'y laisser sa fortune.

Comme le dit un héros de comédie à la fin du IVe siècle av. J.-C. : « Tout être humain qui s'imagine détenir pour la vie une chose qu'il possède, se trompe fort. Un impôt

1. Xénophon, *Économique*, II, 5-6, Paris, Flammarion, 1967.

extraordinaire viendra lui arracher toute sa fortune. Ou bien il sera choisi pour financer une pièce de théâtre, et devra porter des haillons après avoir payé des costumes dorés au chœur. Ou encore, il sera nommé triérarque. [...] Non, rien n'est sûr[1]... » Plainte classique des riches écrasés par le fisc ? Sans doute, mais la réflexion finale de Socrate propose une explication qui va plus loin : le riche qui se déroberait à ses obligations se verrait reprocher, en quelque sorte, de voler l'argent du peuple. L'idée que quiconque en a les moyens doit participer financièrement au fonctionnement de la cité est sans doute aussi vieille que la cité elle-même, et anticipe la notion d'impôt. Mais la cité grecque en a fait une application telle qu'elle a institué des comportements bien différents de ceux du contribuable moderne.

Premièrement, les ressources publiques ordinaires proviennent principalement de la fiscalité indirecte (taxes douanières ou commerciales), de rentes (locations de biens publics) ou de ressources irrégulières (amendes, legs). Aucune cité n'exige d'impôt régulier sur la fortune ou le revenu, ni même de capitation. Sans que le trésor public soit démuni, il se trouve donc loin de pouvoir faire face à l'ensemble des dépenses qu'exige le fonctionnement des institutions. En plus de l'emprunt et des souscriptions plus ou moins volontaires, on a donc recours au système des liturgies*, c'est-à-dire à l'obligation légale faite à chaque citoyen riche de prendre en charge directement le financement d'une dépense publique.

1. Antiphane, *Le Soldat ou Tychôn*, s.l., éd. Kock, *Comicorum Atticorum Fragmenta*, II, p. 98, n° 204.

Riches, puissants et honorés

Or ce système établit entre le riche qui finance et l'ensemble des citoyens qui bénéficient de la dépense un lien d'une tout autre nature que le versement d'une somme d'argent se mêlant aux autres dans une caisse publique : la personnalisation du financement public attire l'attention de chacun sur le généreux ou l'avare, sur le fastueux ou le pingre. Une certaine émulation s'établit ainsi entre des individus qui tiennent à éblouir non pas tant dans l'espoir d'obtenir le pouvoir (encore que cet objectif ne soit pas exclu) que dans le souci d'affirmer un rang social.

En second lieu, même dans la cité démocratique que fut Athènes entre les années 460 et 330-320 av. J.-C. environ, ce sont les riches qui ont occupé les postes de pouvoir. L'absence de rétribution de la plupart des fonctions publiques, le prestige d'une éducation et d'une tradition familiale tournées vers l'exercice des plus hautes charges sont en effet autant de raisons qui conduisent au gouvernement les membres en vue des riches familles athéniennes. Certes, le peuple exerce sur eux un contrôle pointilleux, parfois tyrannique, et les luttes des factions pour gagner la faveur populaire n'excluent pas le recours à la corruption, donc à l'argent. Mais, encore une fois, même au plus fort des combats politiques du VIe siècle av. J.-C. dont les discours de Démosthène et d'Eschine conservent la trace, jamais personne ne songe à accuser son adversaire d'avoir payé les citoyens pour gagner leurs suffrages. Au contraire, on reproche plutôt à l'adversaire de n'avoir pas assez dépensé au profit de la cité. Aussi Démosthène s'exclame-t-il en accusant Eschine : « Quel secours en argent as-tu, en bon citoyen, avec solidarité, apporté aux riches et aux pauvres[1] ? »

S'établit ainsi l'idée que la richesse des uns doit profiter à la communauté tout entière. Et peu à peu, il sembla normal non seulement que chacun donne ce que la cité lui réclame, mais qu'il fasse un peu plus. Lorsque, dans le courant du IIe siècle, l'appauvrissement des rois (leur avarice, dit Polybe) priva les cités du secours de ces bienfaiteurs exceptionnels, on en vint à récompenser par des éloges, des privilèges ou des titres honorifiques les générosités supplémentaires des citoyens. Ce que l'on considérait comme normal dans la cité classique et qui ne procurait d'honneurs particuliers qu'aux étrangers que rien n'obligeait à se montrer généreux envers la cité vaut désormais aux citoyens des remerciements publics – le plus souvent, il est vrai, exprimés à propos d'interventions politiques ou d'un dévouement militaire. Cependant, dès le IIe siècle av. J.-C., des citoyens riches furent honorés de décrets publics pour avoir fait des cadeaux en argent, même si les sommes en jeu sont encore modestes.

À Samos par exemple, en 243-242 av. J.-C., lors d'une crise d'approvisionnement en blé, un certain Boulagoras a avancé à la cité l'argent dont elle avait besoin, a remboursé une créance dont elle ne parvenait pas à se libérer et a financé une ambassade à Alexandrie qui lui a coûté

1. L'orateur grec Eschine avait épousé la cause macédonienne en négociant en 346 av. J.-C. la paix de Philocrate avec Philippe II. Il fut accusé par Démosthène, orateur et homme politique hostile à toute concession faite aux Macédoniens, de duplicité et de corruption. [Du moins est-ce la vision que Démosthène essaie d'imposer à la postérité ; on consultera désormais la biographie critique de P. Brun, *Démosthène. Rhétorique, pouvoir et corruption*, Paris, Armand-Colin, 2015.]

un talent. Près d'un siècle plus tard, un notable d'une petite cité lycienne, Orthagoras d'Araxa, est honoré par sa cité pour l'ensemble des services rendus, notamment de multiples expéditions militaires et ambassades. Mais on souligne aussi qu'il a refusé de toucher sa solde de cavalier et qu'il a accompli ses ambassades sans demander de frais de voyage.

Dans tous les cas, les sommes en jeu sont encore modestes – quelques centaines ou quelques milliers de drachmes –, et il s'agit plus souvent d'avances de trésorerie ou de renonciations à des indemnités légales que de dons importants. Mais on voit poindre un comportement appelé à un bel avenir : celui qui remplit des charges civiques le fait, au moins en partie, à ses frais.

Dix talents pour financer une école

Les malheurs qui s'abattent sur une bonne partie du monde égéen à la fin du IIIe et au début du IIe siècle av. J.-C. (guerre de Macédoine, guerre antiochique, révolte de l'Achaïe, etc.), l'épuisement consécutif des finances publiques et peut-être aussi un accroissement considérable dans les écarts de fortune, accélèrent ce processus. Ainsi, les inscriptions en faveur des généreux bienfaiteurs font état de sommes de plus en plus importantes. À Milet par exemple, au début du IIe siècle av. J.-C., Eudémos promet de donner une somme de dix talents pour financer une école publique. Les fonds (60 000 drachmes) seront gérés par la cité, et Eudémos n'a aucun pouvoir d'agir à sa guise dans le recrutement des maîtres ou le règlement de l'école en question. Mais, à la différence des liturges classiques, il a choisi lui-même la destination de sa générosité ; le riche peut ainsi s'élever au-dessus de la masse de ses semblables en décidant lui-même de largesses imprévues dont il reste le maître. Un tel comportement ne pouvait manquer de séduire ceux qui en bénéficiaient. Ce qui n'était au départ qu'un choix individuel et volontaire finit donc par devenir un comportement attendu de tous les riches et, en particulier, de tous ceux qui exerçaient des charges publiques.

Les conséquences d'une telle évolution sont multiples. D'une part, ce qui n'était autrefois considéré que comme une charge financière inévitable, les liturgies, devient pour ceux qui les remplissent un nouveau titre de gloire. La distinction traditionnelle que font les Grecs entre les magistratures qui confèrent l'autorité, et les liturgies, qui ne sont que des contraintes, si elle conserve sa valeur juridique, n'est plus efficiente dans la pratique. Les décrets honorifiques qui se multiplient pour remercier les généreux donateurs – les évergètes* – mettent sur le même plan les fonctions politiques les plus prestigieuses et les liturgies les plus coûteuses.

D'autre part, le rôle croissant de la fortune finit par atténuer les pratiques d'exclusion sur lesquelles est fondée la cité grecque. À l'origine, seuls les citoyens, c'est-à-dire les hommes, avaient accès au pouvoir. Or la richesse peut se trouver entre les mains de femmes, d'enfants ou d'étrangers qui acquièrent un rôle nouveau dans la cité. On voit des femmes devenir évergètes, sans qu'apparaisse à aucun moment la tutelle d'un père ou d'un mari. Un cas célèbre est fourni par Archippè, sans doute dans les années 130-120 av. J.-C., à Kymè d'Éolide[1] : alors que la cité avait décidé de reconstruire le bouleutérion, sans en

[1. Dossier complet des textes par I. Savalli-Lestrade dans N. Loraux, *La Grèce au féminin*, Paris, Les Belles Lettres, 2003, p. 249-295.]

avoir les moyens, Archippè a fourni les fonds nécessaires à son achèvement. Rien n'indique qu'elle ait influé sur le choix architectural, mais c'est elle qui décide de l'inscription qui sera gravée sur la façade ainsi que du déroulement des cérémonies d'inauguration, elle qui finance le sacrifice et le banquet, distribue des mesures de vin vieux et offre un vin d'honneur. On pourrait fournir de nombreux exemples où le même rôle est tenu par des étrangers, notamment des résidents romains.

Le passage progressif de la Grèce (v.148-146 av. J.-C.) puis de l'Asie Mineure (133 av. J.-C.) sous la domination de Rome ne change pas fondamentalement la situation. La cité grecque continue à constituer la cellule administrative et politique de base. Mais les ravages que subit le monde grec – invasion de Mithridate VI du Pont (88-85 av. J.-C.), guerres entre les généraux romains (les combats ont souvent lieu en Grèce), pillage des provinces par les publicains[1] – aggravent la dépendance des cités à l'égard des riches. Parallèlement, on observe le surgissement de fortunes considérables, telles qu'on n'en avait jamais vues auparavant. Au plus noir de la crise, alors que les cités en sont réduites à hypothéquer les bâtiments publics ou à vendre la citoyenneté, les prêtrises* et les œuvres d'art pour faire face aux exactions des publicains et des généraux romains, un simple particulier comme Pythodôros de Nysa est capable de payer une indemnité de deux mille talents à César sans s'en trouver ruiné. Des hommes seuls parviennent ainsi à faire survivre leur cité, à s'acquitter en son nom d'un tribut écrasant ou de réquisitions imprévues. Qui refuserait alors de leur accorder le titre de sauveur ?

1. Les publicains étaient les agents des sociétés romaines qui prenaient à ferme le recouvrement des impôts.

Un bel exemple de cette omnipotence de quelques riches, voire d'un seul, est fourni par une longue inscription honorifique d'une petite ville de Béotie, Akraiphiai, datant du début du Ier siècle apr. J.-C., en l'honneur d'un certain Épaminondas. La paix est alors revenue en Grèce depuis plus d'un demi-siècle mais, de toute évidence, les traces des malheurs passés sont loin d'être effacées. Les bienfaits – extrêmement variés – prodigués par Épaminondas montrent à la fois sa richesse exceptionnelle et sa capacité à prendre l'initiative. Ainsi, « il fit une distribution d'huile parfumée, ce qu'aucun des gymnasiarques précédents n'avait fait chez nous ». Observe-t-il que la digue qui protège le territoire de la cité est en mauvais état et n'empêche pas les inondations ? Il en dresse lui-même les plans et fait faire à ses frais la réparation sur plus de deux kilomètres. Lorsque tous refusent de partir en ambassade auprès de l'empereur à Rome, non seulement il accepte, mais il promet qu'il le fera à ses frais.

Mais là où Épaminondas se surpasse, c'est en restaurant les fêtes les plus vénérées de Béotie, les *Ptoia*, que l'on n'était plus en mesure de célébrer depuis trente ans faute d'argent. Nommé agonothète* du concours, il en apparaît en réalité comme le nouveau fondateur puisqu'il y ajoute une fête en l'honneur de l'empereur. Et pour marquer dignement le renouveau des *Ptoia*, il accumule banquets et distributions, régalant non seulement les citoyens, mais aussi les étrangers attirés par la fête, les forains, les esclaves, hommes et femmes. On est pris de vertige devant une telle accumulation de générosités. Pourtant, si on loue Épaminondas de n'agir ainsi que par amour de la gloire et souci de se conduire en bon citoyen, il est clair que la cité dépend financièrement de lui et ne peut rien lui refuser. Les cités voisines ébahies, qui ont eu vent de ses exploits, s'empressent d'ailleurs de lui accorder leur propre citoyenneté, dans l'espoir d'attirer sur elles-mêmes une part des générosités à venir.

L'argent est donc devenu indispensable à l'exercice du pouvoir : celui qui le détient doit dépenser toujours plus. Les textes qui vont dans ce sens abondent dans toutes les cités grecques à l'époque impériale, du IIe siècle av. J.-C. au IVe siècle après, attestant que le phénomène relève désormais du banal. Mais désormais le volontariat, qui avait caractérisé l'évergétisme à ses débuts et que l'on observe encore en de nombreuses occasions, n'est parfois qu'une façade convenue : il serait malséant d'honorer un riche bienfaiteur en rappelant qu'il a fallu lui forcer la main ou qu'il a seulement agi conformément aux textes réglementaires !

Des bienfaiteurs redoutables

Car Rome n'a pas tardé à mettre en place une législation précisant les obligations financières des hommes qui dirigent les cités[1]. Une coutume romaine jusque-là inconnue des cités grecques fait alors son apparition : le versement de la *summa honoraria*, c'est-à-dire l'obligation faite à quiconque obtient une charge publique, ou entre au conseil, de verser une somme convenue ou de faire un cadeau à la cité, sans que cela le dispense de payer les charges liées à sa nouvelle fonction. De plus, les riches n'ont plus le choix d'appartenir ou non au conseil, ni de briguer ou non les charges publiques. Depuis l'époque d'Auguste (27 av. J.-C.-14 apr. J.-C.) en effet, les conseils

1. On en a les traces à partir du règne d'Hadrien (117-138), mais des mesures de contrainte sont attestées dès le Ier siècle.

sont formés de membres nommés à vie, parmi lesquels sont choisis les magistrats, en fonction de leur niveau de fortune : l'argent contraint désormais à l'exercice des responsabilités publiques.

Cette relation inédite entre argent et pouvoir n'est pas sans danger, et les autorités ont parfois craint qu'un individu, fort de sa richesse, ne devienne le maître trop puissant d'une cité. Le risque est limité dans les grandes cités où de nombreux riches entrent en concurrence. Mais dans les petites, un seul homme fortuné peut créer une situation de dépendance dangereuse. Que penser d'un citoyen comme Opramoas de Rhodiapolis, une petite cité de Lycie, qui couvre de bienfaits non seulement sa propre cité mais aussi toutes celles de la région (milieu du IIe siècle) ?

Déjà Pline le Jeune, gouverneur de Bithynie au début du IIe siècle, s'était inquiété de ces bienfaits excessifs en attirant l'attention de l'empereur Trajan (98-117) : « Quand on prend la toge virile, quand on se marie, quand on entre en fonction comme magistrat, quand on dédie un ouvrage public, la coutume veut que l'on invite le conseil tout entier ainsi qu'un assez grand nombre de personnes du peuple et que l'on donne deux deniers ou un denier à chacun. Je te demande de m'écrire si tu trouves bon que cet usage se répande et dans quelle limite. Pour moi, si j'admets, surtout quand il s'agit d'occasions solennelles, ce droit d'invitation, je crains que ceux qui invitent mille personnes, et parfois même davantage, ne paraissent dépasser la mesure et se rendre coupables d'une espèce de distribution illicite. » Ce en quoi Trajan lui donne raison, d'autant plus que les évergètes invitent « en réunissant pour des distributions solennelles des gens comme par corps constitués et non pas personnellement des amis connus ». N'est-ce pas en effet humilier la cité, la placer en position d'infériorité face à un homme riche qui l'entretient ? Les accusations de tyrannie portées contre certaines personnalités très riches, comme l'Athénien Hérode Atticus, jugé par Marc Aurèle en 170, témoignent de ce risque.

On discerne mal, faute de documentation, comment pouvait s'exercer cette « tyrannie », mais quelques allusions du rhéteur Dion de Pruse peuvent nous y aider. Dion, qui est lui-même un grand notable dans sa cité et y exerce des responsabilités importantes, est obligé de se défendre dans une opération de rénovation urbaine qui a suscité la colère de ses concitoyens. Comme nous n'avons à notre disposition que le point de vue de Dion, il est difficile de débrouiller l'affaire. Celui-ci feint de croire qu'on lui reproche d'avoir fait raser des taudis, « de viles et ridicules masures, bien plus basses que les huttes dans lesquelles se terrent les bestiaux et où il n'est pas de berger qui pourrait entrer ni même un chien d'un peu de race » : il n'aurait voulu que rénover un ensemble disgracieux menaçant ruine. Mais, incidemment, on apprend qu'il allait construire à la place des ateliers. Comme un autre discours nous indique qu'il tire une partie de ses revenus de la location d'ateliers et de boutiques, on peut se demander si, sous couvert d'embellissement de la ville, Dion n'en profite pas pour réaliser une juteuse opération immobilière… L'exercice du pouvoir peut donc être l'occasion de s'enrichir, de reconstituer ou d'accroître un patrimoine que les générosités obligatoires finissent par entamer.

Car le passage du volontariat à la contrainte, sociale ou légale, a profondément modifié l'attitude d'un certain nombre de gens aisés. Certes, il reste toujours des riches généreux, prêts à donner plus que ce qui est prévu par la loi et soucieux de faire mieux que leurs ancêtres ou que leurs compatriotes : ce sont eux que l'on trouve mentionnés dans les innombrables décrets honorant les évergètes. Cependant, vers la fin du IIe siècle et surtout après les années 220-230, ces textes se raréfient, comme si la générosité s'épuisait. En réalité, le mouvement de fuite des notables devant le coût du pouvoir a commencé bien plus tôt.

Fuir les charges publiques

Quelques catégories privilégiées (philosophes, rhéteurs, médecins publics, en nombre limité dans chaque cité) et quelques individus isolés ont, certes, obtenu par faveur spéciale de l'empereur des exemptions générales de toute fonction municipale et de toute liturgie. Mais, pour tous ceux qui ne bénéficient pas d'une telle exemption, la contrainte est de règle, et les gouverneurs de province veillent ainsi à ce que toutes les charges soient assurées – on élit même les magistrats avec une ou deux années d'avance pour éviter toute vacance. Enfin, pour alléger la charge, on partage la fonction entre plusieurs individus, ou on en réduit la durée. Autant de signes qui ne trompent pas : l'argent fuit le pouvoir. Et l'on devine dans les réunions des conseils d'âpres négociations pour savoir à qui revient le tour d'assumer telle ou telle charge.

On possède par chance les minutes d'une assemblée de ce type dans une métropole de nome (district) en Égypte, en 192 apr. J.-C., qui fonctionne sur ce point comme n'importe quelle cité grecque. Sont présents les principaux magistrats d'Hermopolis la Grande et quelques citoyens (aisés sans doute) pour désigner un cosmète*. Il semble que la majorité se soit mise d'accord, avant la séance, sur le nom d'un certain Achilleus. Mais celui-ci se récuse, acceptant en revanche une autre fonction, l'exégétie*, pour laquelle il fixe par avance qu'il ne dépensera pas plus de deux talents. Une nouvelle discussion s'engage, où l'on apprend qu'avant la séance Achilleus s'est battu avec un adversaire à qui sans doute il voulait faire accepter la charge à sa place.

Au terme de la discussion, on s'aperçoit que l'on a déjà désigné les exégètes pour les trois années suivantes et que l'on n'a donc pas besoin d'en désigner un de plus. Achilleus ne semble pas pouvoir échapper à la cosmétie. Mais sera-t-il capable d'en payer les frais ? C'est alors qu'un ancien magistrat s'offre comme garant : qu'Achilleus devienne cosmète et si, par malheur, il ne pouvait dépenser les sommes nécessaires, lui y pourvoirait.

Nul doute que les comptes rendus des débats dans les conseils des cités, si nous les avions conservés, fourmilleraient d'histoires comme celle-ci. Quoi qu'il en soit, la mésaventure d'Achilleus atteste qu'à cette époque les citoyens fortunés tentent d'échapper à l'exercice du pouvoir municipal, ne concevant plus l'aisance comme une chance, mais comme un fléau. Loin de prétendre au gouvernement en arguant de leur fortune, les plus nombreux se demandent désormais comment y échapper. Serait-ce en devenant pauvre ? Ou en tentant de se faire passer pour tel, comme ce banquier béotien qui s'habille de haillons pour donner le change ?

L'hérédité de fait des charges municipales dès le IIIe siècle (devenue légale au début du IVe siècle) mit bientôt un terme à cette espérance : riche réel ou supposé, riche actuel ou fils de riche, il ne restait plus qu'à s'acquitter de fonctions désormais inévitables.

12

Alexandre et ses successeurs[1]

Vingt ans après la mort d'Alexandre, les conquêtes du Macédonien sont partagées entre ses compagnons qui ne cessent dès lors de se combattre. Cette fragmentation politique de l'empire n'a cependant pas empêché la pérennité de la présence gréco-macédonienne jusqu'à l'Indus.

La fulgurance de la conquête suivie aussitôt de la mort prématurée du conquérant crée trop souvent l'illusion de l'éphémère, alors que, bien au contraire, l'aventure d'Alexandre bouleverse le monde pour longtemps. La disparition d'Alexandre lui-même en juin 323 av. J.-C. à Babylone porte un coup fatal à la structure politique dont il s'est proclamé l'héritier, l'empire des Achéménides. Pourtant, en dépit des difficultés, l'essentiel de la conquête se trouve sauvegardé grâce aux partages qui surviennent dans la période d'équilibre instable qu'ouvre la mort d'Alexandre. Entre 323 à 276 av. J.-C., pendant près d'un demi-siècle, compromis et guerres ouvertes se succèdent entre les prétendants jusqu'à ce que s'impose l'évidence : l'œuvre

1. *Collections*, n° 48, juillet 2010, p. 46-51, *cf.* aussi *Le Partage de l'Empire* en *Collections*, n° 53, octobre-décembre 2011, p. 60-61.

d'Alexandre survivra dans le cadre d'un partage de l'empire entre des royaumes qui, tous, peuvent se réclamer de lui.

Âgé de 33 ans, Alexandre meurt sans héritier susceptible de le remplacer : ne lui survit qu'un demi-frère, Arrhidaios, jugé incapable par l'ensemble des compagnons ; il est vrai que Roxane, son épouse iranienne, porte un enfant à naître : ce sera de fait un garçon. Ce n'est que pour gagner du temps que les principaux chefs macédoniens s'accordent pour proclamer Arrhidaios roi sous le nom de Philippe [III] puis, peu après, le fils de Roxane, Alexandre [IV]. Le pouvoir est naturellement ailleurs.

Le partage des responsabilités qui intervient à Babylone dès juin 323 se fait comme si chacun pariait sur la survie de l'empire. Trois hommes y jouent un rôle majeur : Antipatros, vieux compagnon de Philippe II qui a géré la Macédoine et la Grèce durant l'expédition, y conserve la haute main sur l'Europe ; Perdiccas, le second d'Alexandre, qui porte le titre de chiliarque*, aura la responsabilité de gouverner les territoires conquis, autant dire presque tout ; et Cratère, figure la plus respectée des compagnons, assurera la tutelle des rois, ce qui lui donne la haute main sur l'armée et les finances. Un nouveau partage des satrapies met en évidence les hommes qui vont jouer un rôle déterminant dans les années qui suivent, Lysimaque, Ptolémée, Antigone le Borgne, tout en permettant d'écarter du jeu la plupart des Grecs et la totalité des Perses qu'Alexandre avait installés dans ces hautes fonctions provinciales.

Ainsi, au lendemain de la mort d'Alexandre, personne ne remet en cause, en apparence, l'unité de l'empire. Mais, devant la vacance *de facto* du pouvoir, les compagnons se répartissent les pouvoirs de manière à ce qu'aucun d'entre eux ne puisse se substituer au souverain légitime. En réalité, il apparaît plus ou moins clairement trois tendances chez les compagnons.

Quelle légitimité ?

Quelques-uns, les plus âgés, comme Antipatros et Cratère, jouent le jeu de la légitimité royale macédonienne, souhaitant préserver l'empire pour les héritiers légitimes jusqu'à ce qu'ils soient en mesure d'exercer le pouvoir. D'autres prétendent plus ou moins ouvertement à la totalité de l'héritage pour eux-mêmes, sans pour autant être prêts déjà à usurper le titre royal : Perdiccas peut-être, Antigone le Borgne sûrement, qui durant vingt ans, entre 321 et 301 av. J.-C., essaie sans relâche de contrôler l'ensemble de l'empire sans jamais y parvenir. Enfin, une minorité sans doute, dont sûrement Ptolémée dès 323 av. J.-C., estime inévitable le morcellement de cet immense ensemble et tente d'en recueillir la meilleure part : le choix de Ptolémée de se faire attribuer la satrapie d'Égypte, riche mais décentrée par rapport à l'empire, relève à coup sûr d'une stratégie séparatiste à court terme.

L'illusion de l'unité ne survécut pas à l'assassinat de Perdiccas (321 av. J.-C.) et à la mort au combat de Cratère quelques jours plus tard, ce qui nécessita un nouveau partage des responsabilités, à Triparadisos (Phénicie) en 321 av. J.-C. Le refus de Ptolémée d'assurer la régence montrait sans doute qu'il ne tenait pas à être érigé en gardien de l'unité que symbolisait le maintien des rois. L'octroi de la Macédoine à Cassandre, de la Thrace à Lysimaque, de l'Asie Mineure à Antigone le Borgne, de la Babylonie à Séleucos et la confirmation de Ptolémée en Égypte mettent définitivement en place les acteurs majeurs de la partie qui se joue alors.

Il serait fastidieux d'exposer ici par le menu les luttes qui opposent les Diadoques, littéralement les « Héritiers » pendant près d'un demi-siècle ; il suffira d'en marquer les grands axes et les principales articulations avant d'en tirer le bilan.

Deux points paraissent essentiels. En premier lieu, la disparition de la dynastie argéade, dont était issu Alexandre, laissa assez vite le champ libre à ceux qui se voyaient en successeurs de Philippe et d'Alexandre. L'assassinat d'Arrhidaios en 317 av. J.-C., à l'initiative d'Olympias, mère d'Alexandre, puis la condamnation à mort de celle-ci pour ce crime quelques mois plus tard ne laissaient plus en place que le petit Alexandre IV, assassiné avec sa mère en 310 av. J.-C. Après quelques hésitations, Antigone le Borgne prit l'initiative de se proclamer roi en y associant son fils Démétrios Poliorcète en 306 av. J.-C., affichant ses prétentions de façon manifeste. Presque aussitôt (305-304 av. J.-C.), Ptolémée puis Lysimaque, Cassandre et Séleucos s'autoproclamèrent *basileus* pour contester à Antigone sa prétention à être le seul héritier. La proclamation de cinq rois sanctionnait le partage de l'empire en autant d'États potentiels.

Trois royaumes

À partir de là, et jusqu'en 276 av. J.-C., se joue une partie d'une extrême complexité entre les nouveaux rois. Peu importe le détail des opérations, il suffit de comprendre – et c'est la deuxième idée essentielle – que chaque roi essaie de construire un État territorial aussi vaste que possible, mais dont les limites varient sans cesse au gré des succès et des échecs des uns et des autres. Aucun des Diadoques n'est « roi de tel ou tel pays », tous sont seulement « le roi Untel » dont le pouvoir varie en fonction de sa puissance militaire. On assiste alors à des changements d'alliances spectaculaires, à des défaites cinglantes et à des retournements de fortune inattendus. Trois royaumes majeurs finissent par se dessiner autour de Ptolémée, Séleucos et Antigone Gonatas, fils de Démétrios et petit-fils d'Antigone le Borgne.

Ptolémée a clairement centré son royaume sur l'Égypte, dont les ressources immenses lui donnent les moyens d'intervenir hors de la vallée du Nil. Il a pris possession de la Cyrénaïque dès 320 av. J.-C., de la Syrie du Sud dès les années 310, de Chypre après la défaite d'Antigone à Ipsos de Phrygie en 301 av. J.-C., établissant une sorte de glacis protecteur du coeur du royaume. Il a choisi d'installer sa capitale à Alexandrie, fondation d'Alexandre où il a fait détourner son cortège funèbre : la présence du corps du Conquérant donne une sorte de légitimité à cette royauté usurpée.

Séleucos, qui avait reçu la Babylonie dès 321 av. J.-C., n'a réussi à s'y installer qu'en 312, mais il en a profité pour mettre la main sur l'ensemble des « satrapies supérieures », c'est-à-dire jusqu'à l'Indus. C'est là qu'il a acquis les éléphants de guerre qui assurèrent la victoire des coalisés sur Antigone et Démétrios à Ispos 301 av. J.-C. Principal vainqueur sur le plan militaire, il y gagne la Syrie et s'installe de fait dès 300 av. J.-C. à Séleucie de Piérie puis à Antioche, dont il fait sa capitale. Sa victoire sur Lysimaque à Couroupédion (Lydie) en février 281 av. J.-C. le rend maître de fait de l'Asie entière, de l'Égée à l'Indus : il pourrait apparaître comme le souverain qui est le plus près d'avoir reconstitué l'empire d'Alexandre. Il y manque néanmoins la Macédoine où, après de multiples péripéties, Antigone Gonatas, fils de Démétrios, parvient à s'établir 276 av. J.-C. et à consolider son pouvoir, maîtrisant aussi bien les Thraces au nord que les Grecs au sud.

Mais avec lui commence le règne des « épigones », les « successeurs » : Ptolémée Ier a abdiqué en 285 av. J.-C. et a disparu en 283 av. J.-C., Lysimaque est tué à Couroupédion début 281 av. J.-C. et son vainqueur, Séleucos, ne lui survit que sept mois jusqu'à l'été 281 av. J.-C. Mais Ptolémée a préparé sa succession en associant son fils dès 285 av. J.-C. Séleucos a nommé roi son fils aîné, Antiochos, bien avant sa mort et l'a envoyé à Bactres gouverner les « satrapies supérieures » ; grâce à son expérience, malgré des difficultés, Antiochos Ier parvint à recueillir l'essentiel de l'héritage paternel.

On assiste ainsi à une relative stabilisation des royaumes issus de la conquête d'Alexandre, malgré bien des péripéties. La plus importante de celles-ci est sans doute l'émergence en Asie Mineure d'un quatrième royaume, celui de Pergame, qui, malgré les tentatives séleucides de le faire disparaître, finit par couvrir la plus grande partie de l'Asie Mineure occidentale à compter du début du IIe siècle av. J.-C.

Héritage

Qu'on le veuille ou non, si l'empire comme structure politique ne survit pas à Alexandre, les effets de la conquête ne sont pas annulés, loin de là. Sans parler des anciennes régions de culture grecque comme la péninsule Balkanique et l'ensemble du bassin de l'Égée, la création des royaumes séleucide et lagide eut pour effet d'installer un pouvoir macédonien et une culture grecque pour plusieurs siècles en Égypte, en Syrie, en Mésopotamie, voire dans des régions bien plus lointaines, comme l'Asie centrale et l'Iran oriental. Dans ces dernières régions, le pouvoir issu de la conquête fut fragilisé par l'irruption au milieu du IIIe siècle av. J.-C. d'un peuple de nomades en Iran, les Parthes, qui coupèrent en quelque sorte l'Extrême-Orient grec de ses racines méditerranéennes, mais cela n'empêcha ni certains États grecs de se maintenir, ni la culture grecque de prospérer longtemps encore. Ce n'est que dans le courant du Ier siècle av. J.-C. que disparaissent les derniers États indo-grecs.

La fragmentation de l'empire d'Alexandre en royaumes suscita l'apparition de royaumes indigènes qui s'employèrent à imiter, avec plus ou moins de bonheur, les grands royaumes hellénistiques. La Bithynie, la Cappadoce, le Pont, la Commagène, plus tard à leur manière les royaumes hasmonéen en Judée et nabatéen en Arabie empruntèrent nombre de traits aux grands royaumes, et contribuèrent à diffuser la culture grecque ou des éléments de celle-ci dans des régions dont Alexandre n'avait pas eu le temps de faire la conquête.

Quitte à paraître manier le paradoxe, on pourrait dire que la fragmentation politique de l'empire d'Alexandre s'est accompagnée de sa survie culturelle au-delà même des limites de la conquête. Nul ne peut dire ce qu'aurait été l'empire à la mort d'Alexandre si celui-ci avait eu le temps de régner tel un Auguste ou un Charlemagne. On se gardera donc d'affirmer que la dislocation de l'empire fut une condition de la pérennité de la présence gréco-macédonienne jusqu'à l'Indus, mais on doit constater qu'elle ne l'a pas empêchée.

De plus, les royaumes hellénistiques sont clairement les héritiers directs d'Alexandre. Alexandre a commencé son règne comme « roi des Macédoniens », mais il a su apparaître très vite comme « le roi Alexandre », donnant à la royauté un caractère personnel marqué. Tous ses successeurs reprirent cette formulation, et les fondateurs des dynasties hellénistiques appuyèrent leur légitimité sur la victoire militaire. Cela ne signifie pas qu'ils ne se préoccupèrent que d'accroître leur domaine par la conquête, et il n'est pas difficile de constater combien Ptolémée comme Séleucos furent soucieux de faire fonctionner au mieux une machine administrative largement héritée des maîtres précédents. Les rois hellénistiques reprirent aussi dans l'héritage d'Alexandre la divinisation du souverain, dont les Grecs avaient pris l'initiative dès 334 av. J.-C. et qu'Alexandre avait reprise à son compte et généralisée en 324 av. J.-C. Le culte des souverains fut l'un des éléments essentiels de la monarchie hellénistique avant de passer, sous des formes modifiées, dans l'Empire romain.

Les formes grecques d'organisation ont été répandues partout par les héritiers d'Alexandre : le conquérant avait lui-même fondé quelques Alexandrie en Égypte et en Asie centrale notamment, Séleucos multiplia les fondations urbaines en Syrie du Nord, en Mésopotamie, en Iran même, et Ptolémée agit de même en Syrie du Sud. D'autres traits que l'on devine, à l'état d'ébauche, dans la politique mise en place par Alexandre dans son empire furent repris et amplifiés par les rois hellénistiques, comme la diffusion de la monnaie - des ateliers monétaires furent créés jusqu'en Asie centrale –, l'installation de colons grecs, l'intégration des élites indigènes dans les cadres civiques nouveaux, voire la transformation des villes indigènes en *poleis*, en « cités grecques », le respect manifesté aux grands sanctuaires indigènes dont les dieux sont volontiers assimilés à des dieux grecs majeurs.

Le signe le plus éclatant de la survie de l'œuvre d'Alexandre, notamment au Proche-Orient, fut l'hellénisation d'une partie des populations indigènes, hellénisation si puissante que, lorsque Rome prit en charge l'administration de ces régions elle, ne songea aucunement à imposer sa propre langue et sa propre culture. Lorsqu'elle s'imposa en Macédoine dès 167, en Asie Mineure en 133, en Syrie en 64, en Égypte en 30 av. J.-C., le grec s'est répandu depuis deux ou trois siècles et a gagné des cercles de plus en plus étendus de la population, faisant disparaître plusieurs langues locales, par exemple le phénicien, au tournant de l'ère ; seul l'araméen et l'égyptien lui résistent fermement. En tout cas, c'est devenu une langue majeure de la culture des élites, et son usage est répandu jusque dans les milieux intermédiaires de la société : le grec reste la langue de la culture, devient celle des églises et donc des Pères de l'Église, jusqu'à la conquête islamique. Une autre conquête foudroyante seule parvint à faire disparaître, lentement, l'héritage de la précédente ; mais les effets de celle-ci s'étaient fait sentir pendant près de mille ans, malgré la disparition prématurée du Conquérant et la dislocation politique de son empire.

Post-scriptum. La bibliographie, immense, doit être utilisée avec prudence, tant le personnage a été utilisé à toutes les fins possibles. Pour s'y retrouver, on peut lire Pierre Briant, *Alexandre. Exégèse des lieux communs*, Paris, Gallimard, coll. « Folio Histoire », n° 259, 2016.

13

Les Maccabées et la mémoire d'Israël[1]

Pendant longtemps, le mot « Maccabée » n'a éveillé que des fantasmes, dont certains sont imprégnés de lecture biblique. Redonnons-lui son sens originel en tirant de l'oubli et de la disgrâce l'un des épisodes les plus violents de l'histoire juive : la révolte des Maccabées.

Le mot aurait pu figurer dans la dictée monstrueuse imaginée par Prosper Mérimée : faut-il un c ou deux c, faut-il un h, faut-il une majuscule à maccabée ? Le Larousse, tolérant, consent quatre orthographes : Maccabée ou Machabée au singulier, Maccabées ou Machabées au pluriel ! Passé la barrière de l'orthographe, surgit l'obstacle sémantique : qu'est-ce qu'un Maccabée ? D'inquiétants fantasmes s'éveillent : cadavres décharnés, dépouilles terrifiantes, squelettes grinçants et ricanants... Nous les devons à des carabins du siècle dernier qui exerçaient leur scalpel sur les cadavres de noyés anonymes. Une tâche bien macabre pour des jeunes gens qui s'en défendaient par l'humour noir. Peut-être certains d'entre eux étaient-ils imprégnés de lecture biblique. Toujours est-il que de macabres qu'ils étaient incontestablement, leurs

1. *L'Histoire*, n° 87, mars 1986, p. 36-42.

malheureux noyés devinrent dans le jargon estudiantin des maccabées. L'expression fit florès.

Lancé comme un bon mot, le rapprochement macabre/maccabée[1] ne manque néanmoins pas de justesse. L'étymologie de macabre est qualifiée d'incertaine par le Larousse qui propose cependant : *Peut-être de danse macabre, altération de danse Macabre* (Maccabée). Or les danses Macabre, ou danses de morts – thème fréquent dans l'iconographie du Moyen Âge et qui figure des personnages de toutes conditions, entraînés dans une ronde par des squelettes – s'inspiraient à l'origine des *Livres des Maccabées*. Le deuxième livre raconte entre autres le martyre de sept frères juifs et de leur mère qui résistèrent aux injonctions d'Antiochos IV, roi de Syrie, et subirent pour cela une véritable vivisection (II *Macc*, VII, 1-42). N'est-ce pas là l'origine des propos de carabins ?

Mais, pour le croyant juif ou chrétien, le nom Maccabée demeure indissolublement lié à un épisode douloureux de l'histoire juive, la crise la plus violente qu'ait connue le judaïsme entre l'exil à Babylone (586 av. J.-C.) et la destruction du second Temple de Jérusalem* (70 apr. J.-C.). Persécutions et combats durèrent plus d'une génération, de 175 à 142 av. J.-C. On se contente le plus souvent d'y reconnaître sous une forme pieusement schématisée la lutte du peuple juif contre un roi étranger qui, non content d'ériger dans le Temple, sur l'autel des sacrifices, « l'abomination de la désolation » – l'effigie du Zeus olympien –, interdit toute pratique du judaïsme et persécuta les Juifs qui bravèrent l'interdit.

Pour comprendre l'enjeu véritable du combat des Maccabées et de leurs partisans, il est nécessaire de

1. L'hébreu *maqqebaï*, original probable de Maccabée, signifierait « désignation de Yahwé ».

remonter un peu dans le temps pour en exposer le contexte.

Depuis la conquête d'Alexandre le Grand en 332, la Judée était sous la domination grecque. Dès la mort de ce dernier, les rois grecs d'Alexandrie (les Lagides) régnèrent sur l'Égypte, la Phénicie et la Palestine. Mais au début du IIe siècle, après bien des tentatives infructueuses, les rois grecs d'Antioche (les Séleucides) réussirent à réunifier la Syrie sous leur autorité. Les relations entre les Juifs d'une part, les Lagides puis les Séleucides de l'autre, furent aussi bonnes que pouvaient l'être les relations entre des sujets et leur roi.

En échange du tribut qu'ils payaient désormais au roi grec, les Juifs conservèrent une large autonomie interne sous la direction de leur grand prêtre (*cf.* annexe 1, p. 132) et sauvegardèrent l'essentiel : la possibilité de respecter scrupuleusement la Torah, la Loi mosaïque, codifiée et solennellement promulguée par Esdras au début du IVe siècle. Le pays semble prospère à en juger par le montant du tribut payé au roi, mais les fruits de la prospérité étaient très inégalement répartis. La population s'accrut rapidement et, pour cette raison, de nombreux Juifs s'exilèrent hors de Judée. La riche et nombreuse communauté d'Alexandrie est la plus célèbre, mais l'installation de nombreux Juifs en Galilée, en Idumée, en Transjordanie et dans les cités hellénisées de la région fut à court terme plus importante.

Cependant, le principal foyer du judaïsme restait la Judée, autour de Jérusalem où se dressait le Temple, agrandi et embelli vers 200, en particulier grâce aux dons du roi séleucide Antiochos III. Dès cette époque, le peuple de Judée était secoué par une grave crise sociale. Au début du siècle, Jésus ben Sira, dans l'*Ecclésiastique*, mettait en garde les riches contre l'arrogance et l'impiété ;

il dénonçait l'aggravation des conditions de vie du plus grand nombre et s'inquiétait du fossé qui se creusait entre riches et pauvres. Face à l'aristocratie sacerdotale et aux puissants, le peuple s'appuyait sur les scribes, interprètes oraux de la Loi et guides spirituels de la nation.

À la division sociale, somme toute assez banale dans le monde antique, s'ajoutait un autre facteur de tension : l'attitude qu'il convenait d'adopter face à l'hellénisme. En un siècle et demi d'occupation gréco-macédonienne, de nombreux Juifs avaient subi l'influence de l'hellénisme. Il est difficile d'évaluer l'importance du phénomène et surtout sa profondeur, mais de nombreux Juifs portaient des noms grecs, parlaient le grec et quelques-uns avaient acquis une connaissance certaine de la littérature grecque. Dans la littérature juive du IIIe siècle, qui témoigne des sentiments des scribes et des milieux religieux, aucune hostilité n'apparaît à l'égard de l'hellénisme en soi, et certains ouvrages, tels que celui de *Qohéleth* (*Ecclésiaste*), s'inspirent des idées stoïciennes du temps ou en sont au moins imprégnés.

L'hostilité qu'on y décèle par endroits à l'égard des Grecs concerne exclusivement leur domination politique : on rappelle avec insistance qu'il n'y a pas d'autre roi que Yahwé, que lui seul est Dieu et roi d'Israël. C'est une dénonciation implicite de la monarchie hellénistique et du culte royal, mais elle n'a rien de nouveau : de telles dénonciations émaillent la littérature juive des périodes d'occupation étrangère. Ce n'est qu'au début du IIe siècle qu'apparut dans l'*Ecclésiastique* une mise en garde, adressée aux Juifs, contre la tentation d'appliquer au judaïsme les méthodes de la philosophie grecque. Mais la pénétration culturelle de l'hellénisme ne semble guère préoccuper les Juifs dans leur ensemble.

De nombreux notables furent touchés par une hellénisation au moins superficielle : ceux qui étaient au service des occupants ou en relations étroites avec eux, comme les Tobiades, grande famille juive dont la puissance reposait à la fois sur leurs vastes domaines en Transjordanie et sur leur rôle d'agents royaux dans cette région.

Mais de nombreux Juifs qui portaient des noms grecs se révélèrent des adversaires déclarés de l'hellénisme. En fait, l'adoption du grec n'impliquait pas un renoncement aux coutumes juives ancestrales, et il n'avait pour beaucoup d'autre fonction que de faciliter les relations avec les non-Juifs ou Gentils. Sur ce point, l'exemple venait de haut et de loin : avant leur retour de l'exil à Babylone, les pieux réformateurs Néhémie (milieu du Vᵉ siècle av. J.-C.) et Esdras (début du IVᵉ siècle av. J.-C.) n'avaient pas craint de se mettre au service des rois perses achéménides et d'apprendre leur langue. Il n'y a là rien que de très banal : les notables locaux adoptent les coutumes des maîtres du pays, phénomène colonial bien connu.

« Ceux du gymnase »

En 175, le nouveau grand prêtre Jason, nommé par Antiochos IV, était l'un de ces notables. À sa demande et contre une forte somme, le roi l'autorisa à « fonder une cité grecque » à Jérusalem. N'allons pas imaginer quelque vaste entreprise d'urbanisme ! Il s'agissait simplement de dresser le registre des habitants de Jérusalem qui seraient désormais citoyens de cette nouvelle cité grecque, autrement dit des Juifs assez hellénisés pour s'adapter au cadre institutionnel caractéristique de l'hellénisme. Ce changement de statut fut consacré par un changement de nom : Jérusalem fut appelée Antioche, en l'honneur d'Antiochos IV. Outre l'établissement du registre civique, on construisit un *éphébeion* destiné à l'instruction des fils de citoyens, ainsi qu'un gymnase, lieu d'entraînement sportif et de réunion pour les citoyens, comme il en existe dans toute cité grecque. En Égypte, l'expression « ceux du gymnase » servait à désigner les Grecs, tant cette institution paraissait désormais liée au mode de vie grec.

Ces innovations étaient d'importance. Établir une liste civique, c'était diviser les Juifs en accordant un statut à part aux notables, du moins aux milieux hellénisés qui l'acceptaient. L'*éphébeion* et le gymnase pouvaient surprendre, voire choquer : avait-on jamais vu des hommes courir nus sous les murs du Temple ? Pour les Juifs pieux, l'introduction de ces mœurs grecques prouvait à l'évidence que Jason reniait le judaïsme de ses pères et cherchait à abolir la Torah.

Cependant, à y regarder de plus près, il n'est pas évident que le zèle de Jason soit dirigé contre la Loi. La création d'une cité grecque à Jérusalem ne semble pas s'accompagner de la suppression des institutions juives traditionnelles (*cf.* annexe 1, p. 132). Quant au gymnase, si la pratique du sport n'est pas habituelle en Judée, la Loi ne l'interdit pas. Seule la nudité risquait de choquer, mais Jason et ses partisans estimèrent peut-être que, passé la première émotion suscitée par cette innovation, tout le monde s'y habituerait. Il n'y avait aucune raison d'assimiler nudité et débauche, sport et impiété. En adoptant ces coutumes nouvelles, Jason ne visait qu'à gommer un peu le particularisme juif et à mieux insérer ses coreligionnaires dans leur environnement proche-oriental. C'est une vieille tentation juive dont la Bible fournit maints exemples : « Ne plus rester séparés » des autres, c'est le but affirmé des Hellénistes (I *Macc*, I, 10-11), (*cf.* annexe 2, p. 133).

Bien des Juifs, y compris des prêtres, le comprirent ainsi : « La vogue de l'hellénisme et la montée du paganisme grâce à l'extrême impudence de Jason, impie et non grand prêtre ! furent telles que les prêtres, n'ayant plus aucun zèle pour le service de l'autel, dédaignaient le Sanctuaire, négligeaient les sacrifices et s'empressaient de participer dans la palestre aux jeux contraires à la Loi, sitôt donné le signal par le gong[1] » (II *Macc*, IV, 13-15). Contrairement à ce que prétend l'auteur des *Maccabées,* il est peu vraisemblable que tous les prêtres aient été dès cette époque prêts à abandonner le judaïsme. Leur assiduité au gymnase prouve seulement qu'à leurs yeux il n'y avait pas d'impiété à pratiquer le sport. D'ailleurs, des Juifs envoyés à Tyr pour représenter leur cité aux concours célébrés en l'honneur de Melqart se gardent bien de sacrifier à ce grand dieu tyrien et préfèrent dépenser l'argent prévu à cet effet pour se procurer des équipements de bateaux (II *Macc*, IV, 18-20). Aussi le peuple, durant les deux ou trois premières années qui suivirent la réforme hellénique de Jason, ne semble-t-il pas s'être ému de la situation ainsi créée.

Pourtant, le peuple avait de quoi être troublé par les innovations des Hellénistes. La Loi n'interdit pas le sport, mais lorsque la nudité athlétique oblige les Juifs « à se faire des prépuces » (I *Macc,* I, 15) et à renoncer à la circoncision pour leurs enfants, elle les condamne à violer une coutume essentielle et à rompre l'alliance avec Yahwé que ce rite symbolise.

[1. Il s'agit d'un signal donné en frappant un disque pour annoncer le début de la distribution d'huile.]

La crise éclata réellement en 171 lorsque Ménélas, parent de Jason, obtint d'Antiochos IV le grand-pontificat contre la promesse d'augmenter de trois cents talents le tribut payé par les Juifs. L'alourdissement de la pression fiscale pour le peuple et les exactions qu'entraînait une telle promesse attisèrent le mécontentement et s'ajoutèrent aux troubles causés par la lutte entre les partisans de Jason et ceux de Ménélas. Les tentatives d'Antiochos IV pour remettre de l'ordre en Judée et piller au passage le trésor du Temple exacerbèrent le malheur du peuple juif. L'élimination politique de Jason, contraint à l'exil, ne calma pas l'agitation. Excédés par les pillages de Ménélas et des siens, molestés par les troupes séleucides cantonnées sur place pour réprimer les troubles, scandalisés enfin par les excès des Hellénistes extrémistes, les Juifs mesurèrent les conséquences des transformations introduites par Jason. La Loi dans ce qu'elle a d'essentiel – les règles de pureté, par exemple – était réellement menacée.

Les malheurs survenus depuis 171 donnaient raison aux Pieux, aux *Hassidim*, qui y voyaient une punition divine, le châtiment de l'impiété des Juifs. Les excès de Ménélas condamnaient après coup les efforts de modernisation de Jason dont ils apparaissaient comme l'ultime et inévitable développement.

Face à ce qui semblait une menace mortelle pour le judaïsme, le peuple abattu réagit par la fuite. Selon l'auteur du *Ier livre des Maccabées*, les Juifs pieux cherchèrent le salut en allant se cacher dans le désert et dans les collines de Judée : c'est l'énergie des Maccabées et elle seule qui leur aurait enfin insufflé la force de résister. Peu soucieux de plaire aux Hasmonéens (nom dynastique des Maccabées), l'auteur du *IIe livre des Maccabées* est aussi plus précis. Selon lui, des actions de guérilla contre les troupes séleucides, seul soutien des Hellénistes, éclatèrent spontanément. Le mot d'ordre de la résistance était simple : « Montrer du zèle en faveur de la Loi », puisque celle-ci était menacée. Cet enjeu, apparemment religieux, explique la mesure inouïe prise en 167 par Antiochos IV : l'édit de persécution.

Devant la persistance de l'agitation en Judée, où il souhaitait que le calme régnât pendant la grande expédition qu'il projetait en Iran, Antiochos IV interdit par un édit toute pratique du judaïsme en Judée ; bientôt, les cités grecques de la région suivirent son exemple. Plus que la consécration du Temple à Zeus Olympien qui l'accompagna, cet édit retient l'attention car l'intolérance religieuse est généralement inconnue des Grecs. Pour justifier cette mesure, on ne peut invoquer ni la folie du roi ni son zèle pour l'hellénisme et encore moins la volonté d'uniformiser les cultes dans son royaume ou celle d'imposer les dieux grecs. Malgré les apparences et les affirmations des auteurs des *Livres des Maccabées* (*cf.* annexe 2, p. 133), l'édit de persécution n'était en fait que la réponse politique à l'agitation provoquée par le combat autour de la Loi. Puisque la Loi était la cause des troubles, Antiochos IV s'efforçait de la supprimer. Ce n'était pas l'intolérance qui l'animait mais le souci de l'ordre. Cette mesure négligeait la profondeur de l'attachement des Juifs à leur religion et se révéla une magistrale erreur d'appréciation. Mais il serait faux de l'imputer à un quelconque fanatisme religieux d'Antiochos IV.

L'édit fut rigoureusement appliqué. Les deux *Livres des Maccabées* rapportent de nombreux exemples de martyres, aussi épouvantables qu'édifiants : des femmes furent précipitées du haut des remparts pour avoir fait circoncire leurs enfants, un vieillard massacré pour avoir refusé de sacrifier aux idoles, des fidèles brûlés vifs dans les grottes où ils étaient réfugiés pour célébrer le Sabbat, des jeunes gens écorchés vifs pour avoir refusé de consommer du porc (II *Macc*, VI, 10-31 et VII, 1-42). Mais la résistance ne fut pas générale : « Beaucoup parmi le peuple se rallièrent à eux [les Hellénistes], tous gens qui abandonnaient la Loi » (I *Macc*, I, 52). Seule une minorité prit le maquis dans l'attente de jours meilleurs : « Ils obligèrent Israël à vivre dans des cachettes, en toutes sortes de refuges » (I *Macc*, I, 53 ; II, 29-31). Une telle accumulation de malheurs paraissait annoncer la fin des temps. Au plus fort de la persécution, l'auteur du livre de *Daniel* tenta de rendre courage au peuple en annonçant l'imminence du châtiment des impurs et du triomphe des Juifs.

L'intervention des Maccabées

C'est alors qu'intervinrent les Maccabées. Ce nom, qui n'est à l'origine que le surnom de Judas, désigne par extension les cinq fils de Mattathias, prêtre réfugié à Modiin, village situé à mi-chemin entre Jérusalem et Jaffa. Mattathias s'était distingué en égorgeant sur l'autel un Juif qui s'apprêtait à sacrifier « selon le décret du roi » (I *Macc*, II, 23). Désormais pourchassés, Mattathias et ses fils décidèrent d'opposer une résistance active aux agents royaux : s'il le fallait, on se battrait même le jour du Sabbat pour éviter que se renouvellent les massacres de résistants qui auraient préféré mourir plutôt que de violer le Sabbat. Les Grecs, qui connaissaient cette disposition de la Loi juive, attaquaient de préférence ce jour-là... (I *Macc*, II, 32-38). Le ralliement de certains groupes de *Hassidim* aux Maccabées servait de caution spirituelle et garantissait une interprétation exacte de la Loi.

L'action des Maccabées, que Judas dirigea comme chef de l'armée après la mort de Mattathias (166), se développa dans trois directions. Premier objectif : rendre confiance aux Juifs et les inciter à résister à l'édit de persécution. Les Maccabées s'en prirent systématiquement à ceux qui avaient cédé : « Ils renversèrent les autels, circoncirent de force les enfants incirconcis qu'ils trouvèrent sur le territoire d'Israël. » Et ainsi, « ils ressaisirent la loi de la main des Gentils et des rois » (I *Macc*, II, 45-46 et 48). Cette action de type terroriste contre les apostats visait clairement à radicaliser le combat, à mobiliser les tièdes et les indécis contre les Hellénistes en les compromettant irrémédiablement aux yeux de l'occupant. Manœuvre parfaitement classique d'une résistance minoritaire dont le combat nécessite la solidarité au moins tacite de la majorité du peuple.

Second objectif, libérer le Temple et restaurer le culte, après la profanation de 167 : « Le roi fit construire l'abomination de la désolation sur l'autel des Sacrifices » ; « le Temple était empli de débauche et d'orgies par les Gentils qui s'amusaient avec des courtisanes, qui couchaient avec des femmes à l'intérieur des parvis sacrés et qui, en outre, introduisaient des choses prohibées » (I *Macc*, I, 54 ; II, 6,4). La reconquête prouverait que tout n'était pas perdu et que Yahwé se tenait aux côtés des Maccabées et des Juifs pieux.

L'entreprise était risquée face aux troupes séleucides, nombreuses et bien entraînées. Pas question cette fois de les affronter au cours d'opérations nocturnes de guérilla (II *Macc*, VIII, 6-7), il fallait combattre en rase campagne et les déloger d'une citadelle. Malgré les récits enthousiastes des *Livres des Maccabées*, on devine bien des échecs militaires. Cependant, profitant de l'absence du roi Antiochos IV – il venait d'être tué en Iran, ce qu'on ignorait peut-être encore en Judée – et de la désunion des généraux séleucides, les Maccabées s'emparèrent du Temple ; le 14 décembre 164, eut lieu la dédicace, ou consécration, grâce à laquelle le Temple profané pouvait être rendu au culte[1]. La fête de *Hannoukhah*, que les Juifs célèbrent chaque année, en conserve le souvenir.

Cette victoire, essentielle pour le moral de la nation, ne mettait pas les Juifs à l'abri des persécutions. Il restait un troisième objectif urgent : libérer la Judée des troupes séleucides, ou du moins obtenir l'annulation de l'édit de persécution, et protéger les communautés juives isolées des massacres perpétrés par leurs voisins. Au cours du premier semestre 163, les troupes de Judas et de ses frères multiplièrent les expéditions et sauvèrent du massacre les Juifs de Transjordanie, de Syrie du Sud, de Galilée, de Jaffa, de Iamnia et d'Idumée.

Parallèlement, des négociations s'ouvrirent avec le nouveau roi, Antiochos V, qui, la même année ou au début de 162, annula l'édit promulgué par son père et confirma le droit des Juifs à vivre selon la Loi : « Notre père nous ayant quitté pour aller chez les dieux, nous voulons que les gens de notre royaume s'occupent, sans être troublés, de leurs propres affaires. Or nous avons appris que les Juifs ne consentaient pas à passer, comme le voulait notre père, aux usages grecs, mais que, préférant leur propre genre de vie, ils demandaient que leurs coutumes leur fussent laissées : désireux donc que cette nation ne connaisse aucun trouble, nous décidons que le Temple leur soit restitué et qu'ils vivent selon les mœurs de leurs ancêtres » (II *Macc*, XI, 23-25).

1. Cette chronologie est à juste titre contestée ; il est probable que le Temple fut repris dès décembre 165, alors que le roi était encore vivant (il est tué en octobre 164).

Toujours dirigés par Ménélas, le grand prêtre en titre, les Hellénistes extrémistes n'avaient jusque-là joué aucun rôle apparent dans la tourmente. Au printemps 164, Antiochos IV semblait encore considérer Ménélas comme un interlocuteur crédible. L'année suivante cependant, Lysias, tuteur du nouveau roi, s'adressa « aux Juifs » sans passer par l'intermédiaire des notables hellénisés. Puis, convaincu que Ménélas était responsable de tous les malheurs, Antiochos V le fit exécuter à Alep. Le grand prêtre était au moins coupable d'avoir caché au roi l'attachement de la masse du peuple à sa religion et sa Loi. Antiochos V ne renonça pas pour autant à soutenir les milieux hellénistes modérés. Pour cette raison sans doute, la guerre se poursuivit malgré l'abrogation de l'édit. En 162, l'armée séleucide intervint à Jérusalem pour secourir les Hellénistes, assiégés dans la citadelle, et les Maccabées subirent là une sérieuse défaite. La même année, le roi nomma un nouveau grand prêtre, Alkimos, un Hellémiste modéré. Ce choix parut satisfaire les scribes et les Juifs pieux. Pour bien des Juifs qui avaient soutenu les Maccabées, la guerre était finie : un grand prêtre acceptable, le Temple restauré, la Loi reconnue : pourquoi continuer à se battre ? Pour la masse du peuple, l'indépendance n'était pas un objectif immédiat.

Du Temple à l'État

Mais pour les Maccabées et leurs partisans, quelle déconvenue ! Cinq ans de combats pour voir un Helléniste nommé à la tête du Temple et du peuple... Malgré la caution des scribes, il y avait de quoi décourager les troupes. D'ailleurs, l'intérêt de bien des soldats ayant perdu l'habitude du travail de la terre pendant ces cinq ou six ans de guerre et n'ayant peut-être pas d'autre source de revenus était de poursuivre le combat pour éviter de retrouver une situation semblable à celle qui régnait sous Jason, à ceci près que la réforme hellénique était liquidée. Faut-il admettre que, dès ce moment, les Maccabées envisagèrent de reconstituer un État juif en Palestine ? C'est une hypothèse que rien ne confirme absolument. En revanche, il est probable qu'ils poursuivirent leur lutte afin de conserver le pouvoir acquis dans les combats.

La mort d'Antiochos V en 162 déclencha chez les Séleucides une longue querelle dynastique dont les Maccabées tirèrent profit. Les prétendants rivaux furent trop occupés à briser les efforts de leurs adversaires pour s'occuper de façon suivie des affaires de Judée. Tous cherchaient des alliés, des troupes et de l'argent. Une telle aide se paye.

Il serait fastidieux de résumer ici les épisodes complexes des combats, entrecoupés de négociations et de marchandages, entre les chefs hasmonéens – ce nom dynastique leur convient mieux désormais que celui de Maccabées – et les prétendants séleucides. On lira par exemple comment Jonathan, frère et successeur de Judas Maccabée, fit monter les enchères entre Démétrios Ier et Alexandre Balas (I *Macc*, X, 1-47). En octobre 152, il obtint le grand pontificat, première reconnaissance officielle du rôle dirigeant des Hasmonéens à la tête du peuple juif. En 142, l'évacuation totale des troupes séleucides hors de Judée fut enfin acquise. À cette occasion, les Juifs inaugurèrent une ère nouvelle : « Le peuple commença à écrire sur les actes et les contrats : "En la première année de Simon [Simon Maccabée a succédé à Jonathan, assassiné fin 143], grand prêtre insigne, stratège et chef du peuple des Juifs" » (I *Macc*, XIII, 32).

Le peuple bénéficiait enfin de la liberté. Malgré le refus des Séleucides de reconnaître le fait accompli – ils acceptèrent les Hasmonéens comme grands prêtres mais n'admirent jamais en droit l'indépendance de la Judée –, l'indépendance de fait ne sera plus réellement remise en question jusqu'à l'intervention romaine de 63 av. J.-C. En 104-103, le grand prêtre juif Aristoboulos se donna le titre de roi et l'État hasmonéen apparut à tous comme un nouvel État hellénistique du Proche-Orient. Étrange retournement : la lutte des prêtres de Modiin contre l'hellénisation aboutissait à la création d'un État semblable à bien des égards aux autres royaumes de la région.

Les Pharisiens, héritiers spirituels des *Hassidim*, s'en aperçurent rapidement. Le renforcement du pouvoir monarchique des Hasmonéens provoqua peu après 135 la rupture brutale entre les milieux religieux et le grand prêtre. Les Pharisiens auraient préféré que Simon ne cumulât pas tous les pouvoirs et que le grand prêtre fût choisi en dehors de la famille hasmonéenne. Le souvenir de cette rupture et des épisodes dramatiques qui l'accompagnèrent est largement responsable de l'« oubli » où tombèrent pour un temps les exploits de Judas et de ses frères. On préféra ne pas compter au nombre des livres saints ceux qui chantaient les louanges des Hasmonéens désormais abhorrés.

C'est pourquoi les textes bibliques qui racontent les prouesses guerrières de Judas Maccabée et de ses frères n'appartiennent pas au canon de la Bible hébraïque. Sans ignorer les Maccabées, les Juifs ne reconnurent pas le caractère sacré des livres qu'ils ont inspirés. Si les *Livres des Maccabées* ont subsisté, ils le doivent aux Pères de l'Église qui, dès le IIe siècle de notre ère, les appréciaient beaucoup : ces textes racontent des persécutions, une lutte pour la foi et pour la Loi qu'ils pouvaient comparer à la situation des chrétiens face au pouvoir romain dont les dieux étaient les mêmes que ceux d'Antiochos. Au IVe siècle, les Pères de l'Église firent entrer deux de ces livres dans le canon chrétien des livres inspirés.

Bien plus tard, l'épopée des Maccabées, dans sa dimension politique, fut récupérée par les Israéliens : les fondateurs de l'État hasmonéen devinrent un modèle pour les fondateurs du nouvel État juif. Ainsi, l'ouvrage de Moishé Pearlman (*cf.* « Pour en savoir plus ») met en parallèle les héros de la lutte contre Antiochos IV et les soldats de Tsahal (l'armée israélienne) combattant les Anglais et les Arabes. Aujourd'hui, dans les écoles juives, les concours sportifs s'appellent non pas Olympiades mais Maccabiades. Et bien des clubs sportifs portent le nom des Maccabées !

Annexe 1 : *L'organisation juive*

À l'intérieur des royaumes grecs, le peuple juif bénéficie, au IIe siècle av. J.-C., d'un statut l'*ethnos*, c'est-à-dire de peuple reconnu jouissant d'une large autonomie interne. Ainsi, la Torah (la Loi mosaïque) reste la seule loi applicable aux Juifs de Judée. Le grand prêtre est ainsi à la fois maître du Temple (unique lieu de culte et symbole de la communauté) et chef du peuple ; il est l'interlocuteur quasi unique du roi. La justice, la répartition du tribut et le prélèvement de celui-ci restent aux mains des Juifs et les agents royaux ont dû être rares en Judée.

La société juive reste fortement hiérarchisée. Au sommet se trouvent le grand prêtre et l'aristocratie sacerdotale des principaux desservants du Temple. Une foule de desservants de moindre rang vit dans l'ombre de ces puissants. De riches laïcs, grands propriétaires fonciers en Judée ou dans les régions voisines (les Tobiades en Transjordanie) sont liés aux prêtres par une communauté d'intérêts.

Les scribes sont les interprètes oraux de la Loi et dirigent la lecture et la prière en dehors du Temple. Proches du peuple, ils sont ses guides spirituels quotidiens. Le peuple (« les Juifs » disent les textes) est essentiellement constitué de paysans et de petits artisans. La surpopulation croissante a entraîné un endettement des propriétés et un endettement accru du plus grand nombre (le tribut ne repose-t-il pas essentiellement sur eux ?).

Annexe 2 : *Les livres des Maccabées*

Le *Ier livre des Maccabées* (I *Macc*) fut écrit en hébreu vers l'extrême fin du IIe siècle av. J.-C. par un partisan convaincu des Hasmonéens. L'auteur cherche à justifier le rôle dirigeant de ceux-ci par les exploits accomplis au temps de la persécution. Aussi Judas, qui a été le véritable chef des armées juives et l'animateur de la résistance mais qui est mort dès 160, ne l'intéresse pas plus que ses frères Jonathan et Simon, vrais fondateurs de l'État hasmonéen. De même, il minimise la responsabilité des Hellénistes dans l'origine de la crise (qu'il résume en quelques phrases), alors qu'il développe longuement les exploits militaires des Maccabées contre les Séleucides. Le récit s'arrête en 135, à l'avènement de Jean Hyrcan.

Le *IIe livre des Maccabées* (II *Macc*), tel qu'il nous est connu aujourd'hui, n'est qu'un résumé d'un ouvrage en cinq livres de Jason de Cyrène, un Juif de la Diaspora inconnu par ailleurs. Ce résumé date des alentours de 124 av. J.-C., mais l'ouvrage original fut sans doute écrit peu après la mort de Judas, soit à partir de 160.

L'auteur cherche surtout à édifier ses lecteurs et à tirer les leçons de la guerre. Il insiste donc sur les responsabilités des Hellénistes : leur impiété est cause des malheurs du peuple. Les combats successifs des Maccabées l'intéressent moins que la piété de Judas ou les actes d'héroïsme des martyrs.

Pour en savoir plus

Les sources :

I Maccabées et *II Maccabées*, comme *Daniel*, peuvent être lus dans toutes les bonnes traductions de la Bible chrétienne. Mais, pour les premiers, on a intérêt à consulter l'important commentaire qui accompagne la traduction de F.-M. Abel et J. Starcky, *Les Livres des Maccabées*, 3e éd., Paris, Le Cerf, 1961. Sur *Daniel*, on peut retenir M. Delcor, *Le Livre de Daniel*, Paris, Gabalda, 1971.

Les quatre « piliers » des études modernes :

E. Bickerman, *Der Gott der Makkabäer*, Berlin, Schoken Verlag-Jüdischer Buchverlag, 1937, enfin traduit en anglais : *The God of the Maccabees*, Leyde, Brill, 1979.

V. Tcherikover, *Hellenistic Civilization and the Jews*, Philadelphie-Jérusalem, The Magnes Press, 1959.

M. Hengel, *Judentum und Hellenismus,* 2e éd., Tübingen, Mohr Siebeck, 1973, trad. anglaise : *Judaism and Hellenism*, Londres, SCM Press, 1974.

E. Schurer, *The History of the Jewish People in the Age of Jesus-Christ*, édition révisée et augmentée par Geza Vermes, Fergus Millar et Matthew Black, Edinbourg, T. et T. Clark, 1973 (t. I), 1979 (t. II) et 1986 (t. III/1 et 2). Malgré le titre, cet ouvrage embrasse aussi le IIe siècle av. J.-C.

En français :

P. Vidal-Naquet, « Les Juifs entre l'État et l'Apocalypse », dans C. Nicolet, *Rome et la conquête du monde méditerranéen*, t. II : *Genèse d'un empire*, Paris, PUF, 1978, p. 846-882.

M. Noth, *Histoire d'Israël*, Paris, Payot, 1954 (rééd. 1985).

F. Castel, *Histoire d'Israël et de Juda. Des origines au IIe siècle apr. J.-C.*, Paris, 1983.

Les Maccabées et la mémoire Juive :

M. Pearlman, *The Maccabees*, Londres-Jérusalem, Weidenfeld and Nicolson, 1973.

Post-scriptum. J'ai choisi de laisser reparaître cet article, écrit il y a plus de trente ans, bien que les découvertes récentes et des analyses nouvelles des textes le rendent largement obsolète. Il reflète pour l'essentiel les conclusions auxquelles étaient parvenus de nombreux savants sur la base des travaux d'Elias Bikerman, Victor Tcherikover et Martin Hengel, notamment, au milieu des années 1980. Conclusions très éloignées de la *vulgate* des Églises pour qui l'initiative de la persécution revient au roi sans qu'on en connaisse les raisons : Antiochos IV incarnait par anticipation l'Antéchrist. Mais ce type d'affirmation se trouve aussi bien dans des ouvrages produits par des Juifs ; ainsi S. Schama, *L'Histoire des Juifs*, Paris, Fayard, 2016. Les travaux de ces savants établissaient clairement que l'initiative de la réforme incombait aux Juifs et que l'édit de persécution n'était qu'une manière de réprimer, par une violence d'État inouïe, la révolte d'un peuple. Cela demeure, même si l'on peut s'interroger sur le rôle du roi dans l'initiative prêtée à Jason.

Sans réécrire ce texte, il me faut signaler deux découvertes récentes qui modifient en profondeur ma façon de comprendre la révolte des Maccabées, bien que l'on n'en mesure peut-être pas encore toutes les conséquences.

En premier lieu, on a découvert il y a quelques années à Maresha (antique Marisa), dans le sud de la Judée, la copie d'une lettre royale de Séleucos IV, datée exactement de 178, annonçant la création d'un préposé aux affaires sacrées (sans doute un grand prêtre, mais le texte est mutilé de sorte que le titre n'apparaît pas), responsable pour l'ensemble de la Syrie-Phénicie. La découverte d'une seconde copie du même texte à Byblos (2013) garantit que la réforme s'appliquait bien à toute la région, et donc probablement à la Judée. Or, ce préposé – dont on connaît l'exacte réplique en Asie Mineure au IIIe siècle – n'a pas de compétences proprement religieuses, mais surveille la gestion des sanctuaires. La visite du principal ministre de Séleucos IV à Jérusalem dans cette même année 178, Héliodore, présentée par *I Maccabées* comme une tentative de piller le trésor du Temple, prend du même coup une coloration bien différente : Héliodore vient probablement surveiller la mise en place de la réforme royale, que semble contester le grand prêtre Onias III. C'est ainsi qu'il faut sans doute comprendre le différend qui l'oppose à l'agent royal chargé de la gestion du Temple. Cette réforme visait sans doute à améliorer les rentrées fiscales du roi, grâce à une meilleure connaissance de l'état des trésors sacrés, ce qui ne pouvait que déplaire à ceux qui les géraient. La hausse brutale du tribut des Judéens en 175 puis en 171 s'inscrit dans la continuité d'une politique royale toujours à la recherche de moyens financiers. La conclusion, solidement argumentée à laquelle parvient Sylvie Honigman dans un livre paru en 2014, *Tales of High Priests and Taxes. The Books of Maccabees and the Judean Rebellion against Antiochus IV*, Oakland, University of California Press, est que la cause première de la révolte est fiscale, non religieuse. Les accusations d'impiété lancées rétrospectivement contre Jason par ses adversaires ne visent qu'à le délégitimer, à justifier le combat des Hasmonéens contre lui et contre sa famille. Car nul ne peut ignorer que les Hasmonéens occupent de façon irrégulière le grand pontificat. Cela ne signifie pas que tout le monde approuvait les réformes (qui restent d'ailleurs à réévaluer avec précision) de Jason, mais en présentant le grand prêtre comme impie et principal violateur de la Loi qu'il est chargé de préserver, on justifiait plus sûrement sa déposition qu'en invoquant de banales raisons fiscales.

Par ailleurs, Sylvie Honigman, « The Religious Persecution as a Narrative Elaboration of a Military Suppression », dans M.-F. Baslez et O. Munnich éd., *La Mémoire des persécutions. Autour des livres des Maccabées*, Paris, 2014, par une analyse serrée des textes des deux livres des *Maccabées*, parvient à la conclusion que ce que les textes présentent comme un « édit de persécution », c'est-à-dire un ensemble cohérent de mesures de répression, n'est que la réunion *a posteriori* de l'ensemble des mesures répressives prises par le roi et ses agents pour combattre la révolte. L'accent y est mis volontairement sur tout ce qui pouvait être compris comme le signe d'une volonté d'éradiquer le judaïsme, et donc sur les aspects religieux. Or, il est très probable que le Temple n'a jamais été consacré à d'autres dieux (on n'a aucun exemple d'une telle pratique dans le monde antique), et que les auteurs des deux livres ont simplement monté en épingle le fait que les soldats du roi rendaient un culte à leurs dieux ; cette manifestation de polythéisme à Jérusalem était en soi un sacrilège, mais ne prouve évidemment pas l'interdiction du culte juif. De même, lorsque les auteurs prétendent que le roi interdit la Torah, ils ne font qu'énoncer une banalité : en cas de révolte, chaque peuple soumis se voit privé des libertés accordées par le roi. L'édit de persécution est donc une pure composition littéraire à partir des divers éléments de la répression d'État – sans aucun doute très violente – d'Antiochos IV. J'ai publié dans le même volume un texte arrivant à des conclusions très voisines.

Dans ces conditions, les aspects religieux de la révolte des Maccabées deviennent secondaires, et ont sans doute été grossis après coup pour donner une base religieuse à la conquête du pouvoir en Judée par les Hasmonéens. On voit quelles perspectives ouvrent de telles conclusions, et quelles réserves j'éprouve face au texte rédigé en 1986. Mais ainsi va la science : même en histoire ancienne, on peut assister à des renversements de perspective.

14

Apocalypse et révoltes juives[1]

Entre le II*e siècle avant notre ère et le* II*e siècle après notre ère se développe chez les Juifs, autant en Judée que dans la diaspora (notamment à Alexandrie), un genre de textes appelé à un grand succès, l'apocalypse*[2]*. Le mot grec qui le désigne signifie « révélation, dévoilement » : il ne s'agit pas de prophétiser selon le mode ancien des grandes voix inspirées qui transmettaient au peuple élu les directives de son Dieu, mais bien de dévoiler un avenir imminent à un peuple dérouté par les malheurs du temps.*

La période où triomphe ce genre nouveau correspond en effet à un âge d'angoisse et de tensions extrêmes, allant de la révolte dite « des Maccabées » vers 170-150 av. J.-C. à celle de Bar Kokhba en 132-135 apr. J.-C. Ponctuée par les trois grandes révoltes juives de l'époque gréco-romaine – aux deux que l'on vient de mentionner s'ajoute le soulèvement contre Rome en 66-70 –, l'époque ne connaît guère de répit entre les protestations violentes des juifs

1. *L'Histoire*, n° 422, avril 2016, p. 41-43, dossier « Les fanatiques de l'Apocalypse ».

2. En découle une apocalypse chrétienne qui n'est pas prise en compte ici ; *cf.* l'article de P. Gibert dans le même numéro.

pieux contre les pouvoirs juifs jugés impies (notamment Alexandre Jannée et Hérode le Grand) ou contre l'occupant romain. Le soulèvement général de 66 est précédé d'une nuée d'émeutes locales qui se soldent généralement par une féroce répression des autorités. Il faudrait ajouter à cela les émeutes d'Alexandrie sous Caligula et Claude, la révolte des juifs de Cyrène et d'Égypte sous Trajan, celle des juifs de Chypre et de Mésopotamie à la même époque. Sans que s'établisse un lien direct, mécanique, entre apocalypse et révolte, l'une et l'autre traduisent les attentes et les espérances d'un peuple qui doute.

Les révoltes juives varient dans leur déroulement et dans leurs causes, et l'on a sans doute tort de privilégier la dimension religieuse qui n'est que l'un des éléments du mécontentement. Ainsi, la crise maccabéenne a largement été réévaluée depuis peu, et l'on considère que les raisons fiscales priment sur les raisons religieuses qu'ont mises en avant les auteurs des deux *Livres des Maccabées*. De même, la crise sociale et politique qui sévit dans la Judée romaine au milieu du Ier siècle explique autant l'embrasement de 66 que l'exaspération des juifs devant les sacrilèges supposés de l'occupant. Mais, quelles que soient les causes profondes et les prétextes immédiats, on ne peut douter que ces révoltes accompagnent un bouleversement profond de la société juive. Ainsi, au temps des Maccabées, non seulement une partie des élites de la nation semble avoir adopté le parti du roi, mais la répression d'État mise en place par le pouvoir royal parut menacer le judaïsme lui-même, au point que, rétrospectivement, les chroniqueurs firent des conséquences de la révolte (la répression) la cause du soulèvement, inventant un « édit de persécution » visant à abolir le judaïsme. Il n'en était rien, naturellement, mais la violence de la répression, l'irruption brutale dans le paysage quotidien des pratiques des païens pouvaient conduire les juifs à s'interroger sur la solidité de l'alliance avec Yahwé : Dieu n'avait-il pas abandonné son peuple ? S'il permettait que des juifs impies souillent son Temple, que les Gentils triomphent, n'était-ce pas le signe que le pacte d'alliance était rompu ? C'est dans cette ambiance de grave crise morale et religieuse que se développent les apocalypses.

Le contexte politique, économique, intellectuel et religieux n'explique pas tout, mais il aide à comprendre la violence des réactions et la radicalisation d'une partie de l'opinion, si on nous permet cet anachronisme apparent. La littérature juive intertestamentaire[1], d'une grande richesse, manifeste des préoccupations qui, sans être entièrement nouvelles, occupent désormais le cœur du discours. S'impose la certitude que la fin des temps est proche, que surviendra bientôt le Jugement final et qu'il convient donc de s'y préparer. Cette attente eschatologique prend des formes diverses, mais elle ne cesse de croître jusqu'au Ier siècle de notre ère, et imprègne la littérature intertestamentaire, même celle qui n'est pas spécifiquement de type apocalyptique.

Une partie des œuvres appartient à la catégorie de ce que l'on nomme les « pseudépigraphes », c'est-à-dire des ouvrages attribués à des personnages légendaires jouissant d'un immense prestige et donc d'une autorité supérieure : le patriarche antédiluvien Hénoch, père de Melchisédech, Noé, Abraham, Moïse. La datation de tels ouvrages pose des problèmes complexes, car rares sont ceux qui sont l'œuvre d'un seul auteur (comme le *Livre des*

1. On nomme littérature « intertestamentaire » les ouvrages rédigés entre l'Ancien et le Nouveau Testament, soit globalement entre le IIe siècle av. J.-C. et le début du IIe siècle apr. J.-C., et qui n'appartiennent pas au canon biblique.

Jubilés) et beaucoup semblent la mise par écrit à plusieurs mains d'une tradition sans cesse remaniée, à partir du IIe siècle av. notre ère, moment où l'imminence de la fin des temps commande de fixer la révélation du sens de l'histoire. Sans doute ne faut-il pas lier trop étroitement tel ou tel livre à un mouvement de révolte précis, mais la contemporanéité entre les révoltes et le développement de cette littérature ne fait aucun doute et l'on saisit quelquefois des allusions. Ainsi « l'apocalypse du bestiaire », un passage de l'Hénoch éthiopien (*Hénoch I*), connaît Judas Maccabée mais pas la purification du Temple, et a donc dû être rédigé entre 169 et 165. De même, *Daniel* ignore la mort de Judas, et doit donc être antérieur à 160.

L'accord des spécialistes semble acquis sur l'origine essénienne de plusieurs de ces ouvrages, notamment le livre d'*Hénoch I* (nommé aussi Hénoch éthiopien car conservé en entier dans cette langue), le *Livre des Jubilés*, l'*Oracle Sibyllin IV* et *IV Esdras*, livres où l'on retrouve des thèmes chers à la littérature propre aux gens de Qoumran, sur la pureté, la résurrection ou le Messie.

L'un des plus anciens témoignages est constitué par le livre de *Daniel*, rédigé sans doute au plus fort de la révolte des Maccabées. Sa puissance visionnaire en fait le modèle du genre apocalyptique même s'il n'est pas le premier. Écrit avant décembre 165, c'est-à-dire avant la délivrance du Temple et l'annonce de la mort d'Antiochos IV (automne 164), l'ouvrage se compose de douze chapitres formant deux ensembles nettement distincts. À partir du chapitre VII commence le récit des visions de Daniel, jeune juif supposé membre d'une cour mésopotamienne mal définie. Ses visions dévoilent de façon cryptée les événements qui vont conduire à la fin des temps, annoncée comme proche. L'apocalypse se place en effet dans une perspective de bouleversement cosmique à court terme, inscrit dans une trame historique où le temps est soigneusement compté.

Malgré des variantes, toutes les apocalypses comportent l'annonce imminente de la fin des temps et font une place déterminante à l'Histoire dont elles réinterprètent le sens et mesurent les années. Ce peut être allusif, comme chez *Daniel*, où la succession des quatre empires puis des dix royaumes laisse place à toutes les interprétations possibles. Au contraire, le *Livre des Jubilés* donne le décompte précis : l'histoire du monde doit compter 4 900 ans, soit cent jubilés de 49 ans ; le milieu de l'Histoire se situe lors de l'entrée des Hébreux en Terre Sainte, l'an 2450, et chaque événement trouve une place précise, parfois au jour près. Parfois l'on procède par grandes périodisations, dix (*Apocalypse d'Abraham, Oracles Sibyllins IV*) ou douze cycles (*IV Esdras*). Dans l'*Apocalypse syriaque de Baruch* (après 70), le temps de l'histoire est divisé en douze périodes marquées chacune par un type de calamités, sauf la septième période, dont le malheur reste secret (peut-être est-ce la destruction du Temple de Jérusalem ?). Toute l'histoire du monde est réinterprétée dans une perspective eschatologique : les épreuves ne font que préparer le rachat du peuple par Yahwé. L'apocalypse redonne confiance en révélant le véritable plan de Dieu pour les hommes : la violence des temps est annonciatrice du Jugement et de la rédemption du peuple élu.

Ces traits essentiels se retrouvent peu ou prou dans toutes les apocalypses juives de ce temps. Le *Livre d'Hénoch (Hénoch I)*, qui en comporte plusieurs, fait le décompte du temps dans l'*Apocalypse des semaines*, invite chacun à se préparer pour le Jugement final rendu par le Fils d'homme, juge eschatologique, et développe le thème du Juste martyr, « fontaine de justice qui ne tarit pas ».

De même, le *Livre des Jubilés* (dernier tiers du IIe siècle av. notre ère) réécrit toute l'histoire du monde dans une perspective eschatologique, et annonce que l'apparition de calamités inédites (les enfants naissent vieux avec les cheveux blancs) est le signe même de l'imminence du Jugement. Il en déduit l'urgence d'un respect strict de la Loi, dont il renforce et étend les prescriptions selon une conception répandue chez les Esséniens.

Bien qu'elles désignent leurs adversaires de façon plus ou moins cryptée, ces œuvres se laissent plus ou moins bien dater. Aux pionniers que l'on a déjà cités peuvent ainsi s'ajouter les *Psaumes de Salomon* vers le milieu du Ier siècle av. (après la prise de Jérusalem par Pompée), le *Testament de Moïse* entre 7 et 30 apr. J.-C., trois des *Oracles Sibyllins* d'origine juive – III, IV et V, de dates et d'origines différentes (III d'Alexandrie, sans doute Ier siècle apr. J.-C. ; IV sûrement essénien, rédigé dans les années quatre-vingts en Syrie ou en Asie Mineure ; V rédigé en Égypte sous Hadrien mais avant 132) –, le quatrième livre d'Esdras vers 90, l'*Apocalypse de Baruch* sous Trajan (à ne pas confondre avec l'*Apocalypse syriaque de Baruch*), sans être exhaustif.

Malgré son aspect en apparence désincarné, l'apocalypse se définit donc comme une littérature de combat, tout entière destinée à soutenir le peuple dans sa lutte, et en même temps profondément enracinée dans l'histoire qu'elle réinterprète et à laquelle elle donne un sens. Son message est aussi chargé de résonances nouvelles sur le plan religieux, témoignant de la profonde évolution du judaïsme hellénistique. Le trait principal semble être la croyance en la résurrection des morts (exprimée pour la première fois en *Isaïe*, 26.19, au IIIe siècle) bien que l'auteur ne conçoive pas cette résurrection comme résurgence des corps mais comme immortalité astrale.

L'apocalypse juive s'enrichit d'un trait souvent présent, le messianisme. La venue du Messie de la fin des temps, qui viendra préparer le Jugement dernier et présider à la résurrection et au triomphe d'Israël, apparaît clairement dans l'*Apocalypse des semaines*, composée vers 150 : sur les dix semaines de l'histoire du monde, huit sont déjà passées et les deux dernières verront la conversion du monde au judaïsme et le Jugement dernier. Ce « oint » de Dieu (*meschiya, christos*) vaincra la coalition dirigée par l'Antéchrist et régnera à Jérusalem. Les juifs dispersés se rassembleront, Jérusalem sera purifiée et reconstruite, l'âge d'or commencera. À la fin de son règne millénaire surviendront la fin des temps, la résurrection des morts (ou des Justes) et la récompense ou le châtiment de chacun.

Si le triomphe des Justes se situe dans un avenir plus ou moins proche, le messianisme s'inscrit comme une revendication politique terrestre quasi immédiate. Beaucoup de Juifs en sont venus, surtout au Iᵉʳ siècle av. J.-C., à compléter leur vision de la fin des temps par la double idée du rétablissement d'un royaume terrestre et la venue d'un Messie précurseur : on comprend la déception des fidèles de Jésus lorsque sa mort signe l'évidence de son échec.

Toutes les révoltes qui secouent le monde juif ne possèdent pas un caractère eschatologique marqué. Mais on sait, notamment par Flavius Josèphe et par les Évangiles, que la Palestine compte de nombreux prédicateurs qui agitent les foules durant le Iᵉʳ siècle. Jésus peut appartenir à ce groupe, encore que l'on ne connaisse son enseignement que par des ouvrages écrits assez longtemps après son échec. Josèphe signale de nombreux révoltés ou prédicateurs pour lesquels il donne quelquefois des indices. Ainsi, Judas fils d'Ézéchias, dont le père avait été un redoutable adversaire d'Hérode, se soulève à la mort du roi (4 av. J.-C.), rassemble des milliers d'hommes qu'il arme en pillant le palais de Sepphoris (Galilée) avec l'ambition, dit Josèphe, d'être roi lui-même, ce qui peut trahir un projet messianique (*AJ* XVII, 271-272). À la même époque, il en va de même pour Simon, ancien esclave royal qui joue de sa haute taille et de sa force pour impressionner (XVII, 273-277), ou encore le berger Athrongès, lui aussi de grande taille et qui se proclame roi (XVII, 278-284). Plus explicite sans doute, ce passage de Josèphe décrivant les « faux prophètes » qui sévissent au temps de Néron : « Ces imposteurs et trompeurs persuadèrent la foule de les suivre au désert où ils leur montreraient, disaient-ils, des merveilles et des signes manifestes de la providence divine. Et beaucoup de ceux qui les crurent payèrent le prix de leur folie car Félix[1] les poursuivit et les punit. Il vint aussi d'Égypte à cette époque quelqu'un qui se prétendit prophète, et persuada la foule des petites gens de le suivre sur le mont des Oliviers, comme on l'appelle, qui se situe près de la ville, à la distance de cinq stades. Là, disait-il, il voulait leur montrer comment, à son commandement, les murailles de Jérusalem tomberaient, et il leur promettait d'entrer en ville par la brèche dans le rempart écroulé » (XX, 167-170). Il est difficile de ne pas voir dans cette annonce de la réédition des exploits de Josué sous les murs de Jéricho un élément d'un discours eschatologique : la réalisation de miracles, le début du châtiment des païens et de leurs fidèles sont les signes constants du discours apocalyptique.

L'apocalyptique juive cesse assez rapidement après l'échec de la révolte de Bar Kokhba (132-135). Le Jugement dernier attendu avec tant d'impatience n'est

1. Procurateur romain administrant la Judée en 52-60.

pas arrivé, et les rabbins dissuadent les fidèles de compter le temps qui reste : « Celui qui calcule la fin [des temps] n'aura pas de part au monde à venir », proclame un rabbi peu après 135. L'espérance demeure, mais sa réalisation est repoussée dans un avenir lointain. Le rêve d'un État, voire de la reconstruction du Temple, demeure, mais il faut affronter une autre menace, autrement plus grave : que les juifs deviennent minoritaires en Palestine même. Plutôt que de préparer une improbable fin des temps, il y a urgence à inciter les juifs de la dispersion à revenir vivre en Palestine. Le temps des apocalypses est bien révolu.

Pour en savoir plus

La plupart des textes se trouvent dans André Dupont-Sommer et Marc Philonenko éd., *La Bible. Écrits intertestamentaires*, Paris, Gallimard, coll. « La Pléiade », 1987.

Louis Monloubou et Henri Cazelles éd., *Apocalypses et théologie de l'espérance*, Paris, Le Cerf, 1977.

Ernest-Marie Laperrousaz, *L'Attente du Messie en Palestine à la veille et au début de l'ère chrétienne*, Paris, A. et J. Picard, 1982.

André Dupont-Sommer, *Les Écrits esséniens découverts près de la mer Morte*, 5e éd., Paris, Payot et Rivages, 1996.

15

Le grand massacre des marchands romains[1]

L'épisode a fait 80 000 morts : les victimes romaines des populations grecques d'Asie Mineure. Jamais le rejet de la domination romaine ne s'était exprimé avec une telle férocité.

Automne 88 avant notre ère : en l'espace d'une seule nuit, 80 000 Romains sont massacrés à travers toute l'Asie Mineure. Hommes, femmes, enfants, affranchis, tous ceux qui sont de naissance italienne sont impitoyablement pourchassés et exécutés. Aucune échappatoire, même pas ces refuges inviolables que constituent les temples. Les ordres sont stricts : on ne doit épargner personne, et quiconque enterrera les morts ou cachera un vivant sera puni de mort ; au contraire, l'esclave qui tuera ses maîtres romains sera émancipé, le débiteur se verra remettre la moitié de sa dette.

À Éphèse, les Romains agrippés aux statues de l'Artémision sont massacrés. À Pergame, on tire des flèches sur ceux qui serrent dans leurs bras les statues du temple

1. *L'Histoire*, n° 268, septembre 2002, p. 40-41, dossier « Dix jours qui ébranlèrent le monde ».

d'Asclépios. À Adramyttion, on poursuit jusque dans la mer ceux qui cherchent à s'échapper à la nage. À Caunos, on les arrache à la statue d'Hestia dressée dans la salle du conseil, et on exécute les enfants sous les yeux des mères, les femmes devant les maris, les hommes enfin sans rémission. Quelques semaines plus tard, un nouveau massacre de Romains à Délos et dans les îles fait 20 000 morts[1].

Le récit de telles atrocités, bien pires que les horreurs habituelles de la guerre, sema la stupeur à Rome et dans l'ensemble du monde grec. On ne possède pas de réaction « à chaud », mais tous les auteurs anciens ont conservé le souvenir du massacre, preuve qu'ils lui accordèrent une grande importance. Et bien des cités d'Asie Mineure refusèrent de suivre les ordres d'exécution : elles en tirèrent gloire et avantage dès le retour des Romains dans la région.

La surprise, pour Rome, fut totale. Jamais jusque-là et jamais par la suite la haine de la domination romaine ne s'était exprimée avec une telle férocité. Et les auteurs n'en étaient pas quelque peuple barbare, mais les Grecs ! Pourquoi ?

Pour comprendre les raisons du drame, il faut remonter un demi-siècle plus tôt. En 133 av. J.-C., le roi de Pergame, Attale III, mourut inopinément en laissant un testament qui faisait de Rome l'héritière de son royaume : un vaste territoire situé à l'ouest de la péninsule Anatolienne, comprenant notamment les principaux ports de la rive orientale de l'Égée. Rome accepta le legs et créa, en 129 av. J.-C., la province romaine d'Asie. Aussitôt, la fiscalité romaine s'y appliqua : le tribut fixé

1. Les chiffres varient selon les sources et peut-être le nombre de 80 000 englobe-t-il l'ensemble.

au dixième des ressources de la province, des péages, des droits de pâturage, etc. Surtout, ces impôts ne furent pas prélevés par l'administration romaine, mais affermés à des sociétés de publicains : liées aux riches Romains, celles-ci avançaient l'argent à l'État, puis se remboursaient sur le terrain, ajoutant à la somme initiale les frais généraux et les bénéfices des actionnaires.

Très vite, les provinciaux se plaignirent d'abus. Et les cités étaient obligées de s'endetter à des taux exorbitants auprès de ceux qui avaient des liquidités, c'est-à-dire les publicains eux-mêmes, ou des hommes d'affaires romains dont la riche province regorgeait.

Pendant ce temps, un nouveau roi du Pont, Mithridate VI, qui commença à régner seul vers 112 av. J.-C. sur les rives méridionales et orientales de la mer Noire, engagea une politique d'expansion territoriale, notamment vers l'ouest. La tradition veut qu'au cours d'un voyage incognito en Asie Mineure il ait pris conscience de la haine que les Grecs portaient à Rome. Au printemps 88 av. J.-C., Mithridate envahit sans difficulté la province d'Asie où les défenses romaines craquèrent de toutes parts. Le gouverneur romain prit la fuite.

Partout, les cités accueillirent le roi du Pont en libérateur. À Laodicée du Lycos, la population lui livra un général romain qui y avait trouvé refuge. Un autre prisonnier romain, Manius Aquilius, fut promené sur un âne avant d'être exécuté à Pergame : on lui coula de l'or fondu dans la bouche ! À Éphèse, la population déboulonna les statues que les Romains avaient érigées à leur propre gloire depuis un demi-siècle. L'agitation populaire était à son comble. Mais de là à massacrer les Romains, dont beaucoup avaient fait souche dans le pays…

Mithridate se méfiait de la versatilité des foules : leur enthousiasme pour l'envahisseur pouvait être de courte durée. Sans doute avait-il également conscience des réticences des classes dirigeantes, souvent liées aux milieux romains. Aussi prépara-t-il une opération diabolique destinée à compromettre de façon irréversible les Grecs d'Asie aux yeux des Romains – et à les lier en retour au roi du Pont.

C'est le roi lui-même qui, par un courrier adressé à tous les gouverneurs de district et de cité, donna l'ordre d'un massacre général des Romains, le trentième jour après l'envoi de sa lettre. La réussite de l'opération fut totale. La population ne semble avoir attendu que cet ordre pour agir. Pourtant, à y regarder de plus près, l'historien peut percevoir des réticences. Les habitants de Tralles eurent recours aux services d'un mercenaire, Théophilos le Paphlagonien, pour ne pas avoir de sang sur les mains. Ailleurs, Mithridate rencontra l'opposition résolue de grands notables amis de Rome. Il offrit de fortes sommes pour se les faire livrer, sans succès : un décret gravé après la guerre en faveur du Grec Chairémon de Nysa rappelle que le roi promit 40 talents pour sa capture ou celle de ses fils, 20 talents pour chacune de leurs têtes ! Il est vrai que l'homme était soupçonné d'avoir aidé des Romains à gagner Rhodes, et d'animer la résistance dans toute la province.

Une fois les premiers moments d'euphorie passés, le réveil fut brutal. Les exigences financières de Mithridate ne se révélaient pas moindres que celles des précédents occupants, et ses méthodes plus brutales encore : il n'hésita pas à déporter l'ensemble de la population de Chios pour la punir d'avoir tenté de changer de camp. De plus, les Romains ne tardèrent pas à réagir, sous l'autorité de Sylla, et les succès de ce brillant général en Grèce firent bientôt comprendre que l'heure des comptes allait sonner.

Certaines cités prirent les devants : Éphèse se révolta contre Mithridate, espérant ainsi faire oublier les horreurs passées. D'autres suivirent, provoquant partout de sanglantes représailles de la part du roi du Pont. Dans la paix bâclée qu'il signa avec Sylla à Dardanos, en août 85 av. J.-C., Mithridate chercha à protéger des représailles romaines les cités qui l'avaient aidé. Cela n'empêcha pas les habitants d'Asie Mineure d'attendre avec angoisse les décisions du nouveau maître.

Elles ne tardèrent pas. Dans un discours prononcé à Éphèse, Sylla, ignorant délibérément les raisons que les Grecs pouvaient avoir de haïr Rome, rappela au contraire les bienfaits de la présence romaine ! Comme punition, il exigea d'un seul coup le tribut de cinq ans ce qui représentait les arriérés depuis 88 av. J.-C., augmentés d'une indemnité du montant du coût de la guerre : il recréait très exactement les conditions qui prévalaient avant la guerre…

Mais Sylla ne s'arrêta pas là. L'attitude lors du massacre permettait de répartir les cités en deux groupes : celles qui y avaient participé perdaient toute indépendance, alors que les autres conservaient ou gagnaient le statut de cités libres, parfois exemptes d'impôts, « amies et alliées de Rome ». La domination romaine retrouvait sa logique. Les 80 000 morts de 88 semblaient n'avoir servi à rien.

Pour en savoir plus

Ph. Gauthier, *Les Cités grecques et leurs bienfaiteurs*, Paris, 1985.

Stephen Mitchell, *Anatolia*, 2 vol., Oxford, Clarendon Press, 1993.

Maurice Sartre, *L'Anatolie hellénistique de l'Égée au Caucase (334-31 av. J.-C.)*, Paris, Armand Colin, 2e éd., 2004.

16

Alésia : la dernière bataille[1]

Alésia appartient à la légende nationale. La défaite finale de Vercingétorix face aux troupes de Jules César, en 52 av. J.-C., n'a cessé toutefois d'alimenter les débats : le site de la bataille est-il bien en Bourgogne où les archéologues le situent depuis Napoléon III ? C'est ce que démontrent les dernières fouilles.

En 52 av. J.-C., Jules César défait les Gaulois rassemblés autour de Vercingétorix à Alésia. Les faits sont connus et précisément racontés par le chef romain. Il a néanmoins fallu attendre le Second Empire pour qu'historiens et archéologues cherchent à retrouver le site de la bataille et lancent des fouilles à l'endroit présumé du combat : Alise-Sainte-Reine, en Bourgogne. Leurs découvertes et leurs conclusions, confirmées par les rapports de fouilles les plus récents, n'ont pourtant cessé d'être remises en cause. Si Napoléon III n'avait pas apporté aux premières fouilles d'Alésia ses moyens et sa caution, s'il n'en avait pas lui-même publié anonymement les principaux résultats, il est probable que de telles polémiques n'auraient jamais eu lieu. Car, comme l'observe Christian

1. *L'Histoire*, n° 260, décembre 2001, p. 58-61.

Goudineau, du patronage impérial à la vérité « officielle », nécessairement trafiquée et donc suspecte, il n'y a qu'un pas, vite franchi par ceux qui, en s'opposant à cette localisation, croyaient manifester leur indépendance envers tous les pouvoirs, le politique comme le scientifique – son complice en l'espèce[1].

Car Napoléon III n'avait pas hésité à s'entourer de scientifiques de haute volée. Des gens prestigieux et couverts d'honneurs, comme Victor Duruy, auteur d'une *Histoire des Romains et des peuples soumis à leur domination* en sept volumes 1843-1874 et ministre de l'Instruction publique en 1863, ou Louis-Félix de Saulcy, président de la Commission de topographie de la Gaule et membre de l'Institut : de là à les considérer comme achetés…

Certes, il peut paraître curieux que, après bientôt un siècle et demi, certains croient encore le débat ouvert, et prennent à partie les historiens et les archéologues, très nombreux, qui estiment la question réglée depuis longtemps. Les superbes volumes qui présentent les résultats des fouilles franco-allemandes des années 1991-1997 ne mettront pas un terme à cette polémique ignorée à l'étranger puisqu'elle relève du fantasme, non de la recherche scientifique[2].

En tout état de cause, cette publication n'apporte pas les preuves qui manqueraient à l'identification : celles-ci, on les possède depuis les fouilles de Napoléon III, qui

1. *Cf.* Ch. Goudineau, *Le Dossier Vercingétorix*, Arles, Errance / Actes Sud, 2001.

2. *Cf.* M. Reddé et S. von Schnurbein dir., *Alésia. Fouilles et recherches franco-allemandes sur les travaux militaires romains autour du Mont-Auxois (1991-1997)*, Paris, De Boccard diff., 2001.

venaient confirmer une tradition remontant au IXe siècle. Car c'est depuis cette haute époque, au plus tard, que l'on situe au-dessus du village d'Alise l'agglomération antique d'Alésia. Il est d'ailleurs probable que des vestiges du siège de 52 av. J.-C. soient restés visibles très longtemps et aient contribué à nourrir la mémoire de l'endroit. De plus, en 1839, la découverte sur les lieux mêmes d'une inscription gauloise mentionnant *Alisiia* confortait un peu plus la tradition.

Ce qui n'empêcha pas, en 1855, un érudit local jurassien, A. Delacroix, de défendre l'idée que la véritable localisation de l'antique Alésia était à Alaise, dans le Jura. Si son hypothèse a été complètement abandonnée depuis, sa démarche peut être considérée comme le point de départ d'une controverse qui n'a cessé de rebondir jusqu'à aujourd'hui et qui, visiblement, intrigue encore et mobilise fortement l'énergie de quelques passionnés.

Les fouilles de 1861-1865 auraient dû faire taire la polémique : elles ne firent que la relancer. Des savants s'accrochèrent à d'autres localisations, avec l'appui de Georges Colomb, spécialiste de sciences naturelles et auteur du *Sapeur Camembert* sous son nom de plume, Christophe !

Alaise dut être abandonné, comme Izernore, dans l'Ain, mais un autre site du Jura, Syam, trouva un défenseur ardent chez André Berthier, archéologue compétent, auteur des fouilles de Tiddis en Algérie et enfant du pays. Bien que les sondages réalisés sur place n'aient rien donné de significatif – les derniers spécialistes anglais à avoir travaillé superficiellement à Syam avouent ne pas pouvoir dire à quelle époque appartiennent les maigres vestiges[1] –, l'endroit continue d'être présenté par certains comme le site possible d'Alésia.

1. *Libération*, 18 août 2001.

En revanche, des découvertes fortuites et des sondages faits aux Laumes, à côté d'Alise, en 1955 et 1956 confortaient les conclusions de Napoléon III, et permettaient à d'illustres spécialistes de la Rome antique, Jérôme Carcopino, puis Jacques Harmand, d'exposer une fois pour toutes les raisons qui faisaient qu'Alésia était bien à Alise et nulle part ailleurs – sans que la polémique cesse[1] !

Alors, comment imaginer aujourd'hui que ceux qui, ignorant les découvertes de l'archéologie, s'accrochent à des textes dont ils triturent les données jusqu'à ce qu'elles coïncident avec leurs présupposés, vont soudainement abandonner l'os qu'ils rongent depuis si longtemps pour consentir à regarder la réalité en face ?

Vercingétorix a bien été vaincu dans son refuge du mont Auxois. Toutes les preuves archéologiques sont là, pour qui veut les voir. La question de la localisation d'Alésia ne serait que d'un intérêt secondaire s'il ne s'agissait d'un tel « lieu de mémoire ».

Le problème étant réglé – en dépit de toutes les tentatives jurassiennes pour priver la Bourgogne du site d'une retentissante « défaite nationale » –, il convient maintenant de se pencher sur les résultats que les nouvelles fouilles apportent tant sur le plan de l'histoire militaire, de l'équipement des armées romaine et gauloise, que de l'occupation de la région depuis le IXe siècle av. J.-C. jusqu'au IIIe siècle apr. J.-C.

L'habitat d'abord : les prospections conduites autour d'Alésia ont permis de mettre en évidence la présence, dès l'âge du Bronze (Xe-VIIIe siècle), de fermes isolées, selon un modèle conforme à la culture dite des Tumulus

1. J. Carcopino, *Alésia et les ruses de César*, Paris, Flammarion, 1958 ; 2e éd., 1970, et J. Harmand, *Une campagne césarienne : Alésia*, Paris, A. et J. Picard et Cie, 1967.

orientaux que l'on retrouve dans toute la France de l'Est. Si l'occupation de la région se poursuit au début de l'âge du Fer, elle semble faible jusque vers 150 av. J.-C., pour reprendre en se modifiant dans la première moitié du Ier siècle av. J.-C., lorsque émergent des agglomérations telle Alésia, puisant une partie au moins de leur population dans le réseau des fermes isolées ou des hameaux et villages répartis sur le territoire.

L'examen du matériel des fouilles réalisées aux extrémités du plateau qui abrite le site d'Alésia confirme une occupation non négligeable dès la fin du IIe siècle et dans la première moitié du Ier siècle av. J.-C. On sait par ailleurs que l'agglomération connut une certaine prospérité jusqu'au IIIe siècle apr. J.-C., ce que les recherches entreprises confirment sans apporter d'éléments réellement nouveaux. Mais tel n'était pas l'objectif.

Car c'est sur l'histoire militaire et, plus précisément, sur le siège de 52 av. J.-C., que l'on attendait des nouveautés. Il n'en manque pas. Mais il faut souligner d'abord combien les travaux des années 1990 ont confirmé la validité des découvertes du Second Empire. Certes, un certain nombre de camps prétendument identifiés par les premiers fouilleurs restent hypothétiques, comme leur réseau de *castella* (fortins), largement interpolé. Mais les camps A, B, C, les *castella* 11, 15 et 18, ou les grands ouvrages de circonvallation (la ligne extérieure), tournée contre les secours et de contrevallation (la ligne tournée contre les assiégés[1]) de la plaine des Laumes, se trouvent largement confirmés, précisés, complétés. Seul le camp I a été reconnu plus tardif.

1. Pour éviter les confusions, les auteurs conservent les appellations données par Napoléon III, bien qu'il eût fallu les inverser : « contrevallation » pour « circonvallation », et *vice versa*.

Certes, les fouilleurs de Napoléon III ne disposaient pas des moyens techniques actuels, certains relevés souffrent d'imprécision ou sont entachés d'erreurs, mais rien de tout cela ne remet en cause de façon formelle les conclusions générales : les archéologues ont bien retrouvé la trace des gigantesques travaux d'art militaire occasionnés par le siège de Jules César.

Les travaux de l'équipe franco-allemande menés par Michel Reddé et Siegmar von Schnurbein viennent donc largement conforter les théories en vigueur et apportent, à l'occasion, une confirmation du texte de César : ainsi, la fouille du camp A sur le plateau de Mincey correspond exactement à l'ordre des opérations décrit par César pour la construction des camps, avec leurs portes et leurs avant-fossés protecteurs. De même, l'exploration de la circonvallation et de la contrevallation dans la plaine des Laumes est concordante avec les descriptions du système mis en place par les Romains pour assiéger les Gaulois réfugiés sur le mont Auxois et se protéger en même temps d'une attaque de revers par une armée de secours.

Les systèmes de pièges qui faisaient la fierté du général romain, la technique de l'*agger et vallum*, la puissante levée de terre tapissée de gazon (*agger*) renforcée de pieux fourchus (*valli*) constituant contrevallation et circonvallation, ont été repérés sur le terrain lors des fouilles minutieuses conduites dans le secteur sud-ouest du site, sur des surfaces étendues. Rien d'étonnant à cela d'ailleurs, car César a appliqué là les recettes habituelles de la guerre de siège en usage tant chez les Grecs que chez les Romains.

Mais il arrive que les fouilles récentes permettent de mieux comprendre certaines techniques de construction qui restaient obscures. Ainsi ont été précisés la structure des murs et le lien existant entre mur et palissade, celle-ci profondément insérée dans le mur de pierre, de terre et de branchages.

Il n'en reste pas moins quelques divergences entre les indications fournies par César et les réalités du terrain. Les fouilleurs d'aujourd'hui ne les ont pas occultées. Ainsi, lorsque le général romain se félicite d'avoir fait creuser un fossé double pour la circonvallation comme pour la contrevallation, il se vante un peu : on n'a retrouvé les traces de tels travaux que dans les zones les plus exposées, notamment dans le secteur de l'Épineuse. Mais était-il utile qu'il précise qu'il s'était contenté d'un fossé simple partout où le danger était minime, comme sur les plateaux, tandis qu'il avait fait placer un triple fossé dans un secteur particulièrement dangereux ?

De même, César mentionne 23 fortins, en plus des grands camps. On en a identifié seulement une dizaine : trois sont soigneusement fouillés ; les emplacements proposés pour les autres sous le Second Empire ne sont pas confirmés.

Tout cela ne saurait conduire à récuser la localisation d'Alésia. Ces prétendues contradictions sont tout au plus inexactitudes ou approximations auxquelles le récit de César nous a habitués. Il s'adressait en effet à un public lointain, à Rome, qui ne connaissait pas le terrain et pour lequel une description sommaire pouvait suffire. Inutile aussi de s'étendre sur des détails techniques, alors que les méthodes du siège étaient connues de tous. César écrivait pour des « politiques », pas pour les historiens du futur.

D'ailleurs, si l'on mettait en parallèle les récits des historiens de l'Antiquité, y compris les plus crédibles, avec les découvertes archéologiques faites sur le site de sièges célèbres, on trouverait des discordances largement aussi importantes. Michel Reddé le signale notamment à propos de Numance, en Espagne, ce qui n'a pourtant jamais conduit les historiens à remettre en cause la localisation de Numance. Finalement, ces différences entre le texte de César et les fouilles représentent peu de chose en comparaison avec les convergences, les multiples cas où l'archéologie confirme exactement la description de César.

Il est assez cocasse de penser que c'est la découverte d'armes en 1860 qui avait poussé Napoléon III à faire entreprendre des fouilles ; on jugeait alors que ces armes étaient gauloises. En réalité, elles étaient plus anciennes d'un millénaire, et n'avaient donc rien à voir avec le siège de 52 ! Mais que les sceptiques se rassurent : depuis lors, tant sous le Second Empire que dernièrement, on a mis au jour autant d'armes qu'on pouvait l'escompter, datant de l'époque même du siège. Armes qui constituent un échantillonnage impressionnant du matériel en usage dans les armées au milieu du Ier siècle av. J.-C. et sont d'origine à la fois romaine, gauloise et germanique, reflet exact des forces en présence.

Certes, il reste beaucoup à explorer, ne serait-ce que pour retrouver les 23 fortins mentionnés par César. Mais cela ne permet guère de laisser planer le doute sur l'identification du site. « Si ce site, entouré d'un *murus gallicus* [rempart], qui s'appelait dans l'Antiquité « *ALISIIA* », qui a fourni le plus grand complexe militaire d'époque tardo-républicaine actuellement connu, des quantités d'armes à la fois romaines, celtiques, bien datées de la Tène D2, mais probablement aussi germaniques, des balles de fronde frappées au nom de Labienus [célèbre lieutenant de César], n'est pas l'Alésia césarienne, c'est que le hasard fait vraiment mal les choses... », conclut Michel Reddé.

Gageons, pourtant, qu'en dépit de toutes les preuves accumulées, des Alésia fantasmatiques continueront longtemps d'apparaître aux endroits les plus improbables, pour le bonheur de leurs inventeurs et des journalistes en mal de copie. C'est que, contre les mythes, l'historien reste impuissant.

Post-scriptum. Le soutien apporté à la secte qui défend la thèse d'une identification d'Alésia avec Chaux-des-Crotenay par le très médiatique Franck Ferrand – qu'aucune compétence scientifique ne qualifie pour un tel soutien – a conduit 25 archéologues et historiens de Franche-Comté à publier dans l'*Est républicain* du 20 octobre 2016, une lettre ouverte aux élus et au grand public pour dénoncer de façon très argumentée la supercherie et les mensonges des défenseurs de ce site. Preuve que le combat contre les fantasmes est loin d'être fini.

Ajoutons que chaque article consacré – dans *L'Histoire* ou dans *Le Mondes des livres* – à Alésia m'a valu un abondant courrier d'injures. Le mandarin carriériste que je suis ne pourrait que se plier aux injonctions du pouvoir pour protéger ses chances d'obtenir titres et honneurs ! On voit à quel niveau « scientifique » ces gens situent le débat !

17

Portrait d'une inconnue : Cléopâtre[1]

Si la légende s'est emparée de Cléopâtre, c'est que sa vie, son règne et sa mort sont dignes des plus romanesques scénarios hollywoodiens. Mais c'est aussi que l'historien n'a que peu de sources pour brosser le portrait d'une reine à qui la tradition antique, inspirée par ses adversaires, fut presque unanimement défavorable.

La légende s'est emparée de Cléopâtre de son vivant même et sa mort tragique n'a fait que renforcer une tendance au romanesque dont l'historien a du mal à se défaire. Car celui-ci n'a que peu de sources disponibles pour brosser un portrait de la reine, comprendre ses objectifs politiques, analyser ses réussites et ses échecs, mesurer enfin le poids de la passion amoureuse sur un règne mouvementé. Non que celui-ci ait été bref : sur plus de vingt ans (de 51 à 30 av. J.-C.), bien des documents subsistent pour éclairer la situation de l'Égypte à cette époque ; mais fort peu révèlent l'image que l'on se faisait de la reine en dehors des milieux de la cour, ou illustrent la politique royale envers le peuple des campagnes et des temples.

---

1. *L'Histoire*, n° 238, décembre 1999, p. 32-40.

« Une reine issue de tant de rois »

En réalité, le plus grave est que l'historien risque d'être victime d'un mirage. En effet, malgré la fascination qu'exerça le personnage dès l'Antiquité, aucun de ses contemporains ne s'est intéressé à elle pour elle-même, aucun n'a jugé nécessaire d'écrire sa biographie. Nos sources principales (Plutarque, au tournant du Ier et IIe siècle, Suétone et Appien au IIe siècle) n'évoquent Cléopâtre que pour autant qu'elle prend place dans les préoccupations des *imperatores* romains. Qu'elle sorte de leur ombre et aussitôt, selon l'heureuse formule de Michel Chauveau[1], elle sort de l'histoire. Il ne nous reste plus qu'à spéculer sur ce qu'elle put faire à Rome au lendemain de l'assassinat de César, ou à Alexandrie durant la longue absence d'Antoine, entre 40 et 37 av. J.-C.

À cela s'ajoute le fait que la tradition antique lui est presque unanimement défavorable, parce que largement inspirée par la propagande officielle d'Auguste qui en fit l'inspiratrice malfaisante de la politique d'Antoine et par conséquent l'adversaire redoutable de Rome. D'où les hésitations des historiens d'aujourd'hui… et l'enthousiasme des romanciers à s'emparer d'un personnage dont les aventures portent au rêve alors que les inconnues de sa courte vie laissent place à toutes les fantaisies de l'imagination.

Aux soldats romains qui pénétrèrent dans la tombe alors que la reine venait d'expirer, couchée sur un lit d'or et serrant contre elle les insignes royaux macédoniens et égyptiens, sa servante Charmion aurait dit, avant

1. M. Chauveau, *Cléopâtre au-delà du mythe*, Paris, Liana Levi, 1998.

d'expirer à son tour en arrangeant le diadème sur le front de la morte, qu'une telle tenue était digne « d'une reine issue de tant de rois ». Et de tant de reines, aurait-elle pu ajouter, car Cléopâtre succède aussi à une longue lignée de souveraines énergiques et volontaires qui ne souffrent peut-être au regard de l'histoire que d'avoir manqué d'adversaires à leur mesure pour passer à la postérité.

Ultime descendante de la dynastie fondée à la mort d'Alexandre (323 av. J.-C.) par le Macédonien Ptolémée* fils de Lagos (d'où le nom de dynastie lagide*), Cléopâtre (VII) s'affiche, ainsi que tous ses ancêtres, comme souverain grec d'un royaume dont l'Égypte constitue la pièce maîtresse. Macédonienne par sa lignée (où la pratique constante des mariages entre le roi et sa sœur a écarté presque tout mélange), grecque de culture, elle n'a rien d'une « pharaonne* », encore moins d'une Égyptienne, même si, comme tous les maîtres de l'Égypte, elle est représentée dans les sanctuaires indigènes dans le costume traditionnel des pharaons.

Vivant à Alexandrie, cité grecque aux portes de l'Égypte, entouré de Grecs et de Macédoniens (mais qui fait encore la différence ?), le roi lagide règne sur l'Égypte comme héritier du Conquérant, Alexandre. Si, au fil du temps, et parfois sous la pression de la nécessité politique, les Grecs ont adopté des coutumes égyptiennes (ainsi le couronnement comme pharaon à Memphis à partir de Ptolémée V, à l'extrême fin du IIIe siècle av. J.-C.), les Lagides demeurent une dynastie étrangère exploitant l'Égypte pour son propre compte et celui de la minorité grecque qui s'y est installée.

Grâce à Plutarque qui indique qu'elle mourut à trente-neuf ans, on peut calculer que Cléopâtre naquit vers 69 av. J.-C., sans doute à Alexandrie. Mais ses origines sont mystérieuses : Strabon affirme que son père Ptolémée XII n'eut qu'une seule fille légitime, Bérénice IV, qui régna de 58 à 55 av. J.-C. Cléopâtre serait donc le fruit des amours du roi avec une maîtresse ou une concubine. Cela n'entachait sa naissance d'aucune tare particulière – Ptolémée XII lui-même aurait été un fils illégitime de Ptolémée IX ; la bâtardise ne faisait pas obstacle à la légitimité royale. Cléopâtre eut-elle une ascendance égyptienne ? Quand bien même cela serait, on ne pourrait en tirer de conséquence assurée pour expliquer ni le fait que cette descendante d'une dynastie grecque parlait l'égyptien, ni qu'elle ait porté le titre de *philopatris*, « qui aime sa patrie » – épithète inédite chez les rois lagides qui privilégiaient les liens dynastiques (*philadelphe*, *philopator*, *philomètor*, « qui aime son frère/sa sœur », « son père », « sa mère ») plutôt que l'attachement au pays et aux peuples qu'ils gouvernaient. Mais ces deux traits dénotent sans doute de la part de Cléopâtre une attention plus marquée à l'Égypte indigène.

Elle parle même la langue des Troglodytes

Bien que l'éducation des filles, même de souche royale, ait été habituellement négligée dans le monde grec, il semble que Cléopâtre bénéficia des enseignements de maîtres habiles. Certes, il faut tenir compte de ses dons naturels et il est probable que le spectacle de la cour, de ses intrigues et de ses crimes pouvait instruire suffisamment une jeune personne intelligente. Mais on sait par Plutarque qu'elle connaissait de nombreuses langues, outre le grec : l'égyptien, on l'a dit, qu'elle fut sans doute la première de sa dynastie à pratiquer, l'araméen, l'hébreu, l'arabe, l'éthiopien, le mède, le parthe et même la langue des Troglodytes, un peuple des bords de la mer

Rouge. Pour cela, elle dut profiter de leçons données par des professeurs. De plus, elle ne dut pas ignorer longtemps les rudiments du latin, même si ses amants, César ou Antoine, parlaient parfaitement le grec, comme tout Romain cultivé !

De son enfance et adolescence, on ignore tout. Au moins peut-on imaginer ce qu'elle dut observer en vivant dans l'ombre de son père, Ptolémée XII, chassé du trône en 58 av. J.-C. par la foule d'Alexandrie pour avoir cédé l'île de Chypre à Rome en échange du titre, décerné par le Sénat, d'« ami et allié du peuple romain », ce qui le mettait à l'abri d'une destitution ; il fut rétabli en 55 av. J.-C. par la force des armes romaines et contre paiement d'une lourde indemnité. L'adolescente pouvait en retirer l'image de la puissance de Rome, capable de faire et de défaire les rois, mais aussi celle de la richesse de son royaume comme de sa faiblesse. A-t-elle dès cette époque conçu la nécessité de rétablir la grandeur lagide, telle qu'elle avait existé au IIIe siècle av. J.-C. ? On ne peut que spéculer. Reste que ce fut là l'un des objectifs les plus constants de sa politique.

Des turbulences du règne paternel, Cléopâtre avait sans doute retenu d'autres leçons, comme la nécessité de se débarrasser de ses adversaires par tous les moyens. Ptolémée XII n'avait pas hésité à faire assassiner sa propre fille Bérénice IV que les Alexandrins avaient installée au pouvoir avec son époux Archélaos de Cappadoce en 58 av. J.-C. Et, avant de mourir, au début de l'été 51 av. J.-C., il avait pris la précaution d'organiser sa succession dans un testament confié à la garde du Sénat romain. À sa mort, son fils Ptolémée XIII, un adolescent d'une quinzaine d'années, fut proclamé roi et époux de sa sœur Cléopâtre, son aînée. En dépit de quelques documents douteux ou mal interprétés, rien ne laisse apparaître que Cléopâtre ait voulu, dès cette époque, dominer le couple royal, dans la forme tout du moins : les titulatures conservées lui accordent toujours la seconde place, comme il se doit.

Tout change à l'automne 49 av. J.-C. : il se produisit sans doute alors entre le roi et la reine une rupture dont on ignore les causes. Quoi qu'il en soit, Cléopâtre inaugura dès ce moment une ère nouvelle ; son nom figura désormais dans les textes officiels avant celui de son frère. On sait aussi que, quelques mois plus tard, dans l'été 48 av. J.-C., Ptolémée XIII et Cléopâtre, en guerre l'un contre l'autre, ont dressé chacun leur camp du côté de Péluse ; dans un premier temps, la reine a dû avoir le dessous puisqu'elle a fui en Syrie et trouvé de l'aide à Ascalon.

Nous ne sommes informés de ces événements que parce que Rome s'y est trouvée impliquée. En effet, le 28 juillet 48 av. J.-C., Pompée, vaincu début juin à Pharsale (en Thessalie) par César, essaya de trouver refuge en Égypte[1]. Attiré dans un piège par Ptolémée XIII (qui, jugeant sa cause perdue, préféra se ranger du côté du probable vainqueur), il fut abattu sur la plage même où il venait de débarquer, sous les yeux horrifiés de son entourage. César, arrivé deux jours plus tard à Alexandrie, ne nourrit à l'égard de Ptolémée XIII que du dégoût pour un aussi lâche forfait.

Débarrassé de son adversaire, César aurait pu repartir sans délai. Pourtant, il prit son temps, invoquant les vents contraires ; en fait, il s'attardait pour des affaires

1. Pompée, homme fort de la République, obtint les pleins pouvoirs en 52 av. J.-C. et somma César, alors en Gaule, d'abandonner son armée (50 av. J.-C.). César franchit alors le Rubicon pour s'opposer à son rival. Ce fut le début de la guerre civile.

privées : il tenait à obtenir le remboursement des dettes que Ptolémée XII avait contractées auprès d'un financier romain et qu'il avait reprises à son compte. Mais, pour obtenir quoi que ce soit de ce royaume à l'abandon, il jugea d'abord indispensable de réconcilier le couple royal. César convoqua donc les deux parties au palais d'Alexandrie. Ptolémée XIII tergiversa, mais finit par venir, tandis que Cléopâtre en était empêchée par les armées de son époux qui lui barraient la route. C'est là que se situe un épisode resté légendaire : la reine franchit *incognito* les lignes ennemies et se fit porter aux pieds de César roulée dans un tapis – ou un tas de chiffons.

Ignorant la nature du désaccord, nous ne pouvons connaître avec certitude les revendications des uns et des autres. César semble avoir voulu s'en tenir au *statu quo ante*, c'est-à-dire au respect scrupuleux du testament de Ptolémée XII. Cléopâtre, en fine politique et consciente de la force romaine, n'en demandait sans doute pas davantage. Son frère, en revanche, et, surtout, ses conseillers crurent pouvoir profiter de la faiblesse relative du général romain (il ne disposait que de sept mille hommes) pour refuser tout accord, ce qui revenait à déclarer la guerre à Rome. La suite faillit lui donner raison : durant une partie de l'année 48 av. J.-C., César se retrouva prisonnier dans Alexandrie, attendant d'hypothétiques renforts. Seule la noyade accidentelle de Ptolémée XIII dans le Nil le 15 janvier 47 av. J.-C. mit un terme aux hostilités.

À Rome le jour de l'assassinat de César

Cléopâtre avait eu l'habileté de ne s'engager dans aucun des deux camps. Et, lorsque César décida de rétablir le testament de Ptolémée XII en proclamant roi à ses côtés le cadet de Ptolémée XIII, Ptolémée XIV, elle s'accommoda sans rechigner d'un partage du pouvoir avec son nouvel époux-frère. Néanmoins, le protocole enregistra une fois de plus le rôle prépondérant de la reine en plaçant son nom en tête des actes officiels. C'est que, en pénétrant par ruse mais de façon spectaculaire dans les appartements du général romain, Cléopâtre avait joué gros et gagné. Certes, César en avait vu d'autres, et l'on aurait pu s'attendre à ce qu'un homme de cinquante ans à la vie sentimentale tumultueuse ne tombe pas facilement victime des séductions d'une jeune femme, fût-elle reine ! Mais le fait est là : il noua aussitôt avec Cléopâtre une liaison qui ne fut un mystère pour personne. Seules les menaces que faisaient peser Pharnace du Pont sur l'Asie Mineure et les derniers partisans de Pompée sur l'Afrique du Nord le contraignirent à quitter Alexandrie pour courir d'abord dans le Pont, puis en Afrique, et enfin à Rome (mai 46 av. J.-C.).

Arrivé là, il convoqua les souverains lagides, sans aucune nécessité pratique, à moins qu'il n'ait voulu leur montrer, par l'éclat des quatre triomphes[1] qu'il célébra dans l'été 46 av. J.-C., ce qu'il en coûtait de se révolter contre Rome : leur sœur Arsinoé, qui s'était fait reconnaître comme reine par les troupes révoltées de Ptolémée XIII, figurait dans le cortège, chargée de chaînes.

Cette situation avait pour les amants l'avantage de les rapprocher. Dans une ville habituée à bien d'autres scan-

1. Le triomphe, strictement codifié, était accordé par le Sénat, à l'issue d'une campagne, au général vainqueur. Celui-ci était monté sur un char attelé de quatre chevaux blancs, vêtu de pourpre et couronné de lauriers d'or. Il était précédé des sénateurs, des dépouilles des vaincus, du butin prélevé à l'ennemi et des prisonniers.

dales, César, marié de son côté, pouvait entretenir une liaison avec une reine étrangère elle-même mariée. Pour faciliter les rencontres, il logea le couple dans sa propriété de la rive droite du Tibre.

De ces deux années passées à Rome, rien ne transpire de l'attitude de Cléopâtre. Le seul geste officiel de César en sa faveur fut de faire placer sa statue dorée dans le sanctuaire de Vénus *Genetrix*, ancêtre divine de la *gens Iulia* dont il était issu. Aucun élément ne permet de détecter la moindre influence de la reine sur sa politique dans ces années décisives où il tente d'imposer un changement du régime romain pour établir son pouvoir personnel.

Au début de mars 44 av. J.-C., Cléopâtre s'apprêtait à quitter Rome pour regagner l'Égypte. Mais, le 15, César fut assassiné par des conjurés à la tête desquels se trouvaient Brutus et Cassius. Qu'éprouva-t-elle alors ? Quels calculs fit-elle concernant son propre avenir ? Visiblement, la question n'a intéressé aucun des historiens de l'Antiquité. Elle prolongea son séjour de quelques semaines, puis quitta la ville vers la mi-avril 44 av. J.-C. Elle fit escale en Grèce où elle accoucha d'un garçon, nommé César (généralement appelé Césarion pour le distinguer de son père), puis continua son voyage vers Alexandrie où elle arriva en juillet 44 av. J.-C.

Dans l'intervalle, elle s'était arrêtée à Chypre où elle avait profité des incertitudes de la politique romaine pour rétablir son autorité (des pièces de monnaie la montrent portant son nouveau-né dans les bras). De sa longue aventure avec César, elle retirait au moins ce bénéfice : le retour au sein du royaume de la grande île qui en avait été l'un des plus beaux fleurons depuis la conquête de Ptolémée Ier en 306 av. J.-C. jusqu'à la cession par Ptolémée XII en 59 av. J.-C.

Cette première initiative fut bientôt suivie d'une seconde, comme si la jeune femme, privée de son puissant tuteur, inaugurait enfin une politique autonome de grande ampleur. En effet, dès son arrivée à Alexandrie, elle fit assassiner son frère et époux Ptolémée XIV, rival potentiel et monarque inutile à ses yeux puisque désormais elle avait un fils qu'elle pourrait faire reconnaître comme roi le cas échéant. Elle prit donc seule le titre de reine.

Cléopâtre invite Antoine à un somptueux banquet

Cléopâtre dut alors affronter des difficultés majeures à l'intérieur comme à l'extérieur. En Égypte même, il y eut une famine terrible en 43 av. J.-C., puis la crue du Nil, source de toute richesse, fit défaut deux années de suite, en 42 et 41 av. J.-C. L'administration, efficace, assura autant qu'il était possible le ravitaillement du pays ; la reine quant à elle semble s'être surtout préoccupée de l'approvisionnement d'Alexandrie, sachant bien, parce qu'elle l'avait éprouvé à travers les mésaventures de son père, que le mécontentement des Alexandrins pouvait la conduire à sa perte. Enfin, quatre légions romaines, installées dans le pays par César, s'y livraient à des exactions qui ne prirent fin qu'avec leur départ dans le courant de l'année 43 av. J.-C.

À l'extérieur, la reprise de la guerre civile romaine plaçait Cléopâtre dans une situation embarrassante. Comme maîtresse de César, elle ne pouvait qu'être hostile à ses assassins, Brutus et Cassius, les « républicains » ou les « libérateurs », comme ils se nommaient eux-mêmes. Son camp paraissait donc nécessairement celui d'Antoine et d'Octave, les héritiers politiques de César, le second étant même son fils adoptif. Mais en 43 av. J.-C. et encore au début de 42 av. J.-C., Brutus tenait la Grèce et l'Asie Mineure tandis que Cassius occupait la Syrie. Ce qui obligeait Cléopâtre à des contorsions diplomatico-militaires où elle risquait de déplaire à tous en donnant l'impression de mener un double jeu. C'est ainsi qu'elle laissa son gouverneur à Chypre, Sérapion, aider Cassius – quitte à le désavouer plus tard.

Soucieux de mettre la reine de leur côté, les partisans de César, pour leur part, reconnurent Césarion comme roi et, en échange, Cléopâtre leur envoya une flotte de secours – qui fut coulée par la tempête au large de la Libye ! Ce geste de bonne volonté la plaçait du moins dans le camp des vainqueurs : en octobre 42 av. J.-C., Antoine et Octave écrasaient les « républicains » à Philippes de Macédoine.

Dans le partage qui s'opéra entre les nouveaux maîtres de Rome, l'Orient fut dévolu à Antoine. Celui-ci projetait une grande expédition contre les Parthes qui avaient déjà envahi la Syrie romaine en 51-50 av. J.-C. et la menaçaient à nouveau. Pour atteindre cet objectif, il se devait de mobiliser toutes les énergies, y compris celles des royaumes clients, et en premier lieu de l'Égypte. Il convoqua donc Cléopâtre à Tarse, en Cilicie. Antoine l'avait-il déjà vue auparavant ? On sait que l'Égypte ne lui était pas inconnue puisqu'il avait accompagné les troupes romaines lors du rétablissement de Ptolémée XII en 55 av. J.-C. Avait-il alors rencontré Cléopâtre ? C'est possible, mais rien ne prouve qu'une première idylle se soit alors ébauchée. En revanche, ils n'avaient pu s'ignorer durant le long séjour romain de la reine ; pourtant, lors de la rencontre de Tarse, ils semblent encore mal se connaître.

Cléopâtre n'était sans doute pas très sûre de ce qu'il adviendrait et prépara une mise en scène que les plus talentueux des cinéastes peinent à reproduire. Autant le dénuement faussement ingénu était propre à séduire César, autant pour Antoine il convenait d'adopter un faste dont il tirerait vanité. La reine se montra donc en majesté, siégeant sous un dais d'or sur un navire à la poupe dorée et aux voiles pourpres, entourée d'un équipage déguisé en Amours, Nymphes et Néréides. Elle convia le général romain à bord pour le plus somptueux des banquets tandis que le vaisseau resplendissait de mille feux dans la nuit. Antoine ne songeait plus à réclamer des comptes pour la politique ambiguë qu'avait suivie la reine l'année précédente : commençait une liaison de plus de dix ans, entrecoupée d'absences, mais marquée somme toute par la fidélité des amants.

Dans l'immédiat, Cléopâtre attira Antoine à Alexandrie, où ils passèrent l'hiver. Pendant ce temps, les Parthes envahissaient la Syrie, la Cilicie, le sud de l'Asie Mineure jusqu'en Carie, et installaient un protégé comme roi à Jérusalem. Si la reine lagide voulait reconstituer son royaume ancestral, il lui faudrait d'abord en chasser ces adversaires inattendus. D'autant qu'Antoine, d'abord accouru à Tyr pour mener la contre-offensive, avait bien vite été obligé de rentrer en Italie pour faire face à de nouvelles difficultés avec Octave, son ancien allié devenu son rival.

Cette longue séparation (printemps 40-automne 37 av. J.-C.) nous laisse sans nouvelles de Cléopâtre, si ce n'est qu'elle accoucha de jumeaux, Alexandre et Cléopâtre, auxquels on donna bientôt les surnoms d'Hélios et de Séléné (les divinités du Soleil et de la Lune) pour marquer leur naissance divine. On sait en revanche que, dès 37 av. J.-C., alors que les Parthes avaient été chassés de Syrie, elle trouvait installé à Jérusalem, fait roi par la volonté d'Antoine, Hérode, un Juif de fraîche date mais dont le père Antipater avait été un soutien fidèle de Rome[1] : les rêves de Cléopâtre de remettre la main sur toute la Syrie méridionale rencontraient là un obstacle de taille. Elle ne renonça pas pour autant à reconstituer la grandeur perdue du royaume lagide et ne cessa de réclamer à Antoine ce qu'elle considérait comme son dû.

Elle a reconstitué l'empire de ses ancêtres

En attendant, elle devait se contenter des projets grandioses de son amant, revenu en Orient et qu'elle rejoignit à Antioche à l'automne 37 av. J.-C. Il s'apprêtait à conduire une expédition qui servait ses intérêts aussi bien que ceux de Cléopâtre. En effet, à l'administration directe de Rome, il substituait dans la mesure du possible des États-clients, tenus par des hommes fidèles à la République et à lui-même. Il venait de procéder ainsi en Judée, mais aussi dans le Pont, en Galatie, en Cappadoce. L'Égypte en tira un profit immédiat : la reine se vit confier non seulement Chypre (qu'elle possédait de fait, on l'a vu, depuis 44 av. J.-C.), mais des villes de la côte syrienne et de Cilicie, ainsi que le royaume de Chalcis dans l'intérieur du Liban. Cléopâtre reprenait pied dans cette Syrie méridionale dont ses ancêtres avaient été chassés depuis plus d'un siècle et demi.

En revanche, la campagne contre les Parthes de 37-36 av. J.-C. tourna au désastre et Antoine n'échappa qu'à grand-peine au terrible hiver des montagnes d'Ar-

1. *Cf.* M. Sartre, « Hérode, portrait d'un roi maudit », *L'Histoire*, n° 212, juillet-août 1997, p. 28.

ménie et de Médie, au nord-ouest de l'Iran. Cléopâtre ne l'avait pas accompagné : elle devait accoucher en son absence d'un troisième fils, le second qu'elle eut de lui, Ptolémée Philadelphe. L'échec de cette expédition militaire sur des terres lointaines comptait peu pour Cléopâtre, alors qu'elle nourrit les pires craintes quand, au printemps 35 av. J.-C., on annonça l'arrivée d'Octavie, la femme légitime d'Antoine, sœur d'Octave, épousée en 40 av. J.-C. afin de sceller la réconciliation entre les deux hommes. N'allait-il pas falloir mettre fin à une liaison devenue en même temps une alliance politique ? La reine a-t-elle alors rusé pour empêcher Antoine de rejoindre son épouse ? En tout cas, Antoine ordonna à Octavie, arrivée à Athènes, de retourner à Rome ; celle-ci dépêcha néanmoins à Alexandrie les renforts qu'elle apportait à son époux au nom de son frère – car Antoine projetait de faire oublier son échec de 37-36 av. J.-C. en lançant une nouvelle campagne contre les Parthes. Les craintes de Cléopâtre s'évanouirent.

L'Égyptienne, la corruptrice, l'ambitieuse

Au retour de cette nouvelle expédition, plus modeste que la précédente et qui se solda par l'acte d'allégeance formelle de l'Arménie et de la Médie, Antoine célébra à Alexandrie – et non à Rome comme l'exigeait la coutume – un triomphe auquel furent associés Cléopâtre et ses enfants. À l'issu du défilé, Césarion fut proclamé *roi des rois*, tandis que les enfants du couple recevaient le monde en partage : à Alexandre Hélios l'Arménie et tous les pays au-delà de l'Euphrate, à Ptolémée Philadelphe les pays en deçà de l'Euphrate (de la Syrie aux Détroits), à Cléopâtre Séléné enfin la Cyrénaïque et, peut-être, une partie de la Crète. C'était une restauration dynastique qui allait bien au-delà des rêves de Cléopâtre : il ne s'agissait de rien de moins que de reconstituer, Europe et province d'Asie exclues, l'empire d'Alexandre ! La reine fut-elle dupe de l'irréalisme de ces projets ? Sa constance à réclamer le royaume d'Hérode la montre soucieuse d'horizons moins lointains mais plus réalistes.

Début 32 av. J.-C., cependant, une nouvelle brouille entre Antoine et Octave rendait l'affrontement inévitable. Octave s'employa alors à présenter ce conflit non comme un nouvel épisode de la guerre civile mais comme une guerre étrangère, contre l'ultime adversaire de Rome, Cléopâtre « l'Égyptienne » – ce qu'elle n'était en rien, tous ses ancêtres étant Macédoniens ! –, celle qui avait corrompu Antoine, qui le tenait enchaîné par une passion quasi magique, le contraignait à des abandons désastreux pour Rome et rêvait de rendre elle-même la justice au Capitole !

À y regarder de près, on peut certes s'interroger sur certains choix d'Antoine ; aucun néanmoins ne lésait Rome. D'ailleurs, au lendemain même de sa victoire, Octave ne modifia que sur des points de détail l'organisation qu'Antoine avait mise en place. Mais, pour Octave, il importait au plus haut point de faire porter à Cléopâtre la responsabilité de gestes comme le partage de l'Orient entre les enfants du couple adultère ou le comportement dionysiaque d'Antoine (il organisa une brillante parade à Alexandrie en 34 av. J.-C. où il jouait le rôle de Dionysos, et Cléopâtre celui d'Isis). C'est qu'une réalité, surtout, lui était insupportable : Cléopâtre était la mère du seul fils de César par le sang ; Césarion ne pourrait-il pas un jour se poser en rival et aller réclamer à Rome l'héritage paternel ?

Lors de la préparation de la guerre, Cléopâtre suivit pas à pas son amant d'Alexandrie à Éphèse, puis à Athènes, à Patras enfin. Elle avait de bonnes raisons pour cela : certains amis d'Antoine lui conseillaient de sacrifier sa maîtresse à sa réconciliation avec Octave. Plus lucide qu'eux, Cléopâtre avait bien compris qu'Octave ne la dénonçait que pour mieux miner le prestige de son rival, qui restait grand, notamment au Sénat : que pouvait-on espérer de bon d'un homme enchaîné à une telle femme ?

Quand l'histoire cède la place au mythe

L'Égypte fournit une part importante de l'effort de guerre : plus de deux cents bateaux. Elle ne fut pas seule : tous les princes clients qu'Antoine avait patiemment mis en place lui apportèrent leur soutien, à l'exception de l'habile Hérode, qui parvint à se dérober. Mais, alors qu'Octave éprouvait des difficultés à constituer son armée, Antoine se montra trop attentiste et laissa passer l'occasion de vaincre. Lorsque s'engagea l'ultime bataille au large des côtes grecques, en vue du promontoire d'Actium[1], Cléopâtre comprit que la guerre était perdue. Sa fuite était un moyen de sauver ce qui pouvait l'être de la flotte et de son trésor ; elle fut évidemment présentée par les thuriféraires d'Octave comme une trahison.

La suite pourtant montre la fidélité de Cléopâtre à Antoine. Tandis que ce dernier, privé de ses troupes passées en masse à l'ennemi, sombrait dans la mélancolie, Cléopâtre s'activait pour mettre l'Égypte en état de défense. Eut-elle l'espoir que son royaume au moins pouvait être

1. *Cf.* M. Sartre, « Actium ou la paix romaine », *L'Histoire*, n° 157, juillet 1992, p. 32-36 (ci-dessous, p. 189-203).

sauvé ? C'est sans doute dans ces quelques mois cruciaux qui séparent la défaite d'Actium (septembre 31 av. J.-C.) de l'arrivée d'Octave à Alexandrie (août 30 av. J.-C.) que les sources font le plus cruellement défaut. Cléopâtre tenta-t-elle de négocier avec Octave, chercha-t-il à la séduire comme le bruit en courut plus tard ? Les sources antiques unanimes versent alors dans l'anecdote comme si seule importait désormais la fin dramatique des amants.

Cléopâtre pensa fuir, en Espagne ou en Inde. Surtout, elle chercha à mettre Césarion à l'abri en l'expédiant à Méroé, au Soudan : face à Octave, il représentait son meilleur atout et peut-être espéra-t-elle qu'il ferait un souverain acceptable pour une Égypte vassale de Rome. Mais les événements se précipitèrent. À l'annonce (fausse) de la mort de sa maîtresse, Antoine se suicida : Cléopâtre le fit porter mourant dans le tombeau qu'elle avait fait préparer pour elle-même – preuve supplémentaire, s'il en manquait, du profond attachement des deux amants. Est-ce ce qui la décida à mourir ? Octave se devait de la prendre vivante pour la faire figurer à son triomphe. Après une ultime entrevue, il la laissa pourtant se retirer avec ses servantes. Naïveté de sa part ? Michel Chauveau a sans doute raison de croire qu'Octave espérait son suicide pour éviter que, comme sa sœur Arsinoé en 46 av. J.-C., elle n'excite davantage la compassion que la haine des Romains. Sa mort passerait pour une ultime lâcheté et finirait d'accréditer le discours hostile que la propagande octavienne développait à son encontre.

De son côté, Cléopâtre ne tenait pas à orner le triomphe du fils adoptif de son ancien amant. En choisissant le suicide, elle sortait de l'histoire par la grande porte. Elle ne connaîtrait pas le sort de Vercingétorix, ni de tant d'autres vaincus de Rome égorgés au lendemain du triomphe, ou contraints à une retraite obscure dans quelque villa du Latium. Le 12 août 30 av. J.-C., elle s'empoisonna avec ses deux servantes. Presque aussitôt apparut la légende des aspics cachés dans une corbeille de fruits qui auraient été la cause de sa mort. À peine disparue, Cléopâtre quittait l'histoire pour le mythe.

Annexe : *La mort d'une reine (Plutarque,* Vie d'Antoine, *85, trad. M. Chauveau,* Cléopâtre au-delà du mythe, *Paris, Liana Levi, 1998, p. 140-141)*

« Ayant appris le suicide d'Antoine, Cléopâtre préfère se donner la mort à son tour. »

Cléopâtre couronna le tombeau de fleurs et l'embrassa. Puis, à son retour, elle voulut prendre un bain, après quoi elle se coucha à table où on lui servit un repas magnifique. Un paysan vint alors apporter un panier. Les gardes préposés à la fouille trouvèrent, en écartant les feuilles, que ce dernier était plein de figues dont ils admirèrent la taille et la fraîcheur. L'homme les invita alors à se servir, ce qui les mit en confiance, et ils le laissèrent entrer sans plus y toucher. Après le dîner, Cléopâtre cacheta une tablette contenant une lettre pour César et la lui fit parvenir. Puis, elle congédia tout le monde, excepté ses deux femmes de chambre, et s'enferma dans son appartement. Quand César eut décacheté la tablette, il comprit tout de suite la situation par les vives prières que Cléopâtre lui adressait au sujet de son enterrement auprès d'Antoine. Il voulut d'un premier mouvement voler lui-même à son secours, mais il se contenta d'envoyer ses gens. « La mort de Cléopâtre fut rapide, car les émissaires de César, accourus au plus vite, trouvèrent les gardes à leur poste qui n'avaient eu vent de rien. Ils forcèrent alors les portes et découvrirent Cléopâtre sans vie, couchée sur un lit d'or et vêtue de ses atours royaux. De ses deux servantes, l'une, nommée Iras, agonisait à ses pieds ; l'autre, qui s'appelait Charmion, déjà accablée par l'approche de la mort et pouvant à peine se soutenir, lui arrangeait encore le diadème sur le front. L'un des gens de César l'ayant interpellée en ces termes : "Voilà qui est beau, Charmion !", elle répondit : "Oui très beau en effet, et digne d'une reine issue de tant de rois !" Après quoi, elle tomba morte au pied du lit. »

Chronologie

69 av. J.-C. : naissance de Cléopâtre.

58 av. J.-C. : Ptolémée XII est chassé du trône d'Égypte. Règne de sa fille Bérénice IV et de l'époux de celle-ci, Archélaos de Cappadoce.

55 av. J.-C. : restauration de Ptolémée XII par Gabinius, gouverneur romain de Syrie.

51 av. J.-C. : mort de Ptolémée XII ; son fils Ptolémée XIII est proclamé roi et époux de Cléopâtre, sa sœur.

49 av. J.-C. : le nom de Cléopâtre commence à figurer avant celui de son frère-époux dans les textes officiels.

48 av. J.-C. : Ptolémée XIII entre en guerre contre Cléopâtre puis contre César.

47 av. J.-C. : mort de Ptolémée XIII ; son frère Ptolémée XIV est proclamé roi aux côtés de Cléopâtre. Cléopâtre devient la maîtresse de César.

46-44 av. J.-C. : séjour de Cléopâtre à Rome.

44 av. J.-C. : assassinat de César. Cléopâtre quitte Rome et donne naissance à Césarion. Rentrée à Alexandrie, elle fait assassiner Ptolémée XIV et prend seule le titre de reine.

41 av. J.-C. : rencontre de Cléopâtre et Antoine à Tarse. Début de leur liaison.

37-36 av. J.-C. : première expédition d'Antoine contre les Parthes.

34 av. J.-C. : à Alexandrie. Césarion est proclamé « roi des rois », tandis que les trois enfants d'Antoine et de Cléopâtre reçoivent l'empire en partage.

31 av. J.-C. : bataille d'Actium ; défaite d'Antoine et de Cléopâtre face à Octave.

30 av. J.-C. : suicide d'Antoine puis de Cléopâtre. Réduction de l'Égypte en province romaine.

18

Hérode, portrait d'un roi maudit[1]

Pourquoi Hérode, roi puissant et grand bâtisseur, n'a-t-il trouvé grâce ni aux yeux des Juifs, ni à ceux des chrétiens ?

Massacreur d'enfants, juif impie, polygame et persécuteur, assassin de sa propre famille, Hérode le Grand n'a trouvé grâce ni aux yeux des Juifs, ni à ceux des chrétiens. Son règne a cependant connu un incomparable éclat.

Fils de l'Iduméen Antipater, juif de fraîche date (les Iduméens avaient été convertis de force lors de la conquête de la région au début du Ier siècle av. J.-C), et d'une mère arabe, la Nabatéenne Kypros, Hérode est tôt associé au pouvoir par son père, l'homme fort de la Judée depuis la prise de Jérusalem par Pompée en 63 av. J.-C. Après la mort d'Antipater, en 43 av. J.-C., il reste le meilleur allié de Rome dans une région en proie à une agitation endémique et aux pressions expansionnistes des peuples voisins, en particulier des Parthes de Mésopotamie.

1. *L'Histoire*, n° 212, juillet-août 1997, dans un dossier intitulé « Israël, terre promise et convoitée ». Il s'agit d'un simple encart à la suite d'un article sur l'hellénisme en Palestine.

Marc Antoine restaure alors pour lui le royaume de Judée. Mais il faut d'abord au nouveau souverain reconquérir le territoire : après l'évacuation des Parthes, il débarque à Ptolémaïs, en 39 av. J.-C, surmonte les oppositions des derniers Hasmonéens et des juifs pieux, qui ne veulent pas d'un roi à peine juif, avant de reprendre Jérusalem, en 37 av. J.-C.

Ami et allié d'Antoine, Hérode doit laisser passer quelques mois, après la victoire d'Octave à Actium (31 av. J.-C), avant de se présenter à ce dernier ; il le fait en simple particulier, conscient de n'être roi que par la grâce de Rome. Et, au nouveau maître, il déclare humblement : « Considère non de qui j'ai été l'ami, mais quel ami j'ai été. » Son efficacité passée vaut tous les plaidoyers. Octave lui rend donc son trône et, peu après, lui confie divers secteurs non pacifiés de Syrie du Sud où Hérode ne tarde pas à installer des colons militaires, juifs ou non.

Le rôle principal d'Hérode, en effet, est de maintenir l'ordre. De fait, son règne correspond à une longue période de paix. Certes, Hérode lève l'impôt, mais il ne semble pas pressurer le peuple plus que ne l'auraient fait les Romains. Sa politique de grands travaux fournit du travail à des dizaines de milliers de désœuvrés et contribue à embellir le cadre urbain.

Car, roi dans la tradition hellénistique et imitateur du prince qui règne à Rome, Hérode élève des villes nouvelles et embellit les anciennes. Soucieux d'échapper à l'emprise des Juifs pieux qui imposent leur loi à Jérusalem, il édifie une nouvelle capitale sur la côte, Césarée, cité grecque où les juifs n'ont aucun droit, et qui permet à la Judée de disposer enfin d'un bon port aisément accessible. Il reconstruit Samarie sous le nom de Sébastè et offre aux cités de Phénicie et de Syrie de nombreux édifices publics et aménagements urbains.

Jérusalem n'est pas oubliée. Hérode entreprend de faire embellir le Temple, resté bien modeste depuis le retour d'exil. Il y ajoute des portiques, l'orne de matériaux coûteux et d'un riche décor. Mal lui en prend, car les juifs pieux dénoncent le sacrilège qui a fait placer un aigle d'or, symbole de la puissance romaine, au-dessus de l'une des portes du Temple alors que Yahwé interdit les images d'êtres vivants. Sans ménagement, Hérode fait massacrer les protestataires.

Sa brutalité s'exprime en de multiples occasions. Il décime sa propre famille sous prétexte de complots réels ou imaginaires. Il s'attaque aussi bien à ceux qui peuvent lui faire ombrage qu'à ceux qui ne lui servent plus. Ainsi, il choisit lui-même les grands prêtres, car il n'ose pas usurper un pontificat dont il est exclu, n'étant pas juif par sa mère. Mais il les nomme et les renvoie à loisir, bien que la fonction soit théoriquement viagère, et n'hésite pas à faire noyer dans sa piscine le jeune Aristobule, désigné quelques mois auparavant.

Les aspects positifs du règne d'Hérode ne comptent pour rien aux yeux de ses adversaires qui voient en lui l'auxiliaire zélé des Romains, l'ami des Grecs païens dont il s'entoure et qu'il imite. Même si le massacre des Innocents (la mise à mort des enfants juifs par crainte de la rivalité d'un futur messie) n'est qu'une pieuse légende, Hérode laisse trop de cadavres derrière lui, qui oblitèrent à jamais son image de roi évergète, efficace et puissant.

Pour en savoir plus

E. Schürer, *The History of the Jewish People in the Age of Jesus-Christ*, 3 vol., Edimbourg, A & C Black, 1973-1987 (fondamental).

E. Will et Cl. Orrieux, *Ioudaïsmos. Hellenismos. Essai sur le judaïsme judéen à l'époque hellénistique*, Nancy, Presses universitaires de Nancy, 1986 (éblouissant de finesse et d'intelligence) ; « *Prosélytisme juif* » ? *Histoire d'une erreur*, Paris, Les Belles Lettres, 1992.

Post-scriptum. Une erreur au moins doit être redressée : la transmission du judaïsme par la mère n'est pas un principe en vigueur dans l'Antiquité et ne peut donc être la raison qui poussa Hérode à ne pas usurper le titre de grand prêtre. Peut-être voulait-il simplement se démarquer de la pratique des Hasmonéens qui l'avaient précédé.

Depuis la parution de cet article, plusieurs travaux sur Hérode sont parus, en anglais et en allemand pour les meilleurs, insistant notamment sur le roi bâtisseur. On peut néanmoins consulter Christian-Georges Schwentzel, *Hérode le Grand*, Paris, Pygmalion, 2011, et surtout Jean-Michel Roddaz et Jean-Claude Golvin, *Hérode le roi-architecte*, Paris, Errance, 2014, avec de magnifiques illustrations. Sur le rôle méconnu d'Hérode le Grand et de ses successeurs en Syrie du Sud, j'ai publié un article assez copieux intitulé « Brigands, colons et pouvoirs en Syrie du Sud au Ier siècle de notre ère », dans la revue *Anabases*, 13, 2011, p. 207-245.

19

Actium ou la paix romaine[1]

À Actium, le 2 septembre 31 av. J.-C., Octave a vaincu Antoine : l'Occident romain a vaincu l'Orient. La Méditerranée se trouve, pour la première fois, unifiée et pacifiée. Des colonnes d'Hercule au Bosphore et au delta du Nil, la « pax romana » règne sans partage. Parce qu'elle a su associer les notables provinciaux à la gestion de l'Empire.

Actium : un promontoire aride à l'entrée du golfe d'Ambracie sur la côte occidentale de la Grèce. Là s'élève un sanctuaire d'Apollon Aktios où les Acarnaniens avaient l'habitude de célébrer chaque année des concours en l'honneur du dieu. Depuis les guerres du IIe siècle av. J.-C. qui ont vu les armées romaines piller l'Épire et la Grèce de l'Ouest, l'endroit est peu fréquenté. Seule la position du cap, sur la route de l'Italie et de la Sicile, lui vaut d'être encore connu des marins qui relâchent, par mauvais temps, dans les eaux calmes du golfe.

C'est là que, le 2 septembre 31 av. J.-C., se livre la bataille décisive qui met fin aux guerres civiles à Rome et ouvre la voie à l'annexion du dernier royaume hel-

1. *L'Histoire*, n° 157, juillet 1992, p. 32-36, dossier « Paix et guerre en Méditerranée ».

lénistique, l'Égypte. Certes, l'histoire ne se joue pas en un jour : Actium n'est que l'aboutissement (avant la prise d'Alexandrie le 1er août de l'année suivante) d'une campagne où Marc Antoine, général romain qui, maître de l'Orient, avait fini, disait Octave, par faire siens les intérêts de l'Égypte, au détriment de ceux de l'Empire, a laissé passer sa chance. Si militairement tout est joué à Actium, politiquement tout reste à faire : après la victoire d'Octave, qui tient l'Occident de l'Empire et affirme défendre l'unité des territoires romains, il a fallu des années pour que se mette en place une nouvelle organisation politique. Instant privilégié d'un long processus, Actium symbolise, depuis l'Antiquité, le passage de la guerre à la paix, de la désunion à l'unification politique de toute la Méditerranée, la seule qu'elle ait jamais connue.

Depuis la fin du IIIe siècle av. J.-C., Rome avait étendu son autorité à la fois sur l'ensemble de la péninsule italienne et sur les rivages de la Méditerranée. Cette extension, commencée en Occident par la conquête de la Sicile (241 av. J.-C.), de la Sardaigne (236 av. J.-C.) et de l'Espagne (197 av. J.-C.), s'est poursuivie conjointement dans les deux bassins de la Méditerranée. Elle s'est accélérée depuis le milieu du IIe siècle avant notre ère avec la création des provinces de Macédoine (148 av. J.-C.), d'Afrique (146 av. J.-C.), d'Asie (133-129 av. J.-C.), et de Narbonnaise.

Luttant à la fois contre les pirates qui infestent toute la Méditerranée et contre le roi du Pont, Mithridate VI Eupator, dont les entreprises mettent en péril la présence romaine en Asie et en Grèce[1], Rome ne cesse d'étendre

1. Le Pont, qui tire son nom de sa position au bord de la mer Noire (le Pont-Euxin), couvre le Nord-Est de la Turquie actuelle ; *cf.* p. 151.

son autorité et de créer de nouvelles provinces en Orient : Cilicie (vers 96 av. J.-C.), Bithynie-Pont (74 av. J.-C.), Syrie (64 av. J.-C.), Chypre (59 av. J.-C.). Ainsi disparaissent les royaumes dits « hellénistiques », hérités des conquêtes d'Alexandre le Grand (356-323 av. J.-C.), et ceux qui s'étaient constitués sur leurs marges. Presque partout, Rome s'approprie l'espace en installant une administration provinciale réduite, chargée essentiellement de maintenir l'ordre et de faire rentrer l'impôt. Ainsi, lorsque Marc Antoine et Octave, associés à Lépide au sein du Second Triumvirat[1] (octobre 43 av. J.-C.), s'érigent en vengeurs de César assassiné, la quasi-totalité des rivages de la Méditerranée obéit à Rome, à l'exception du royaume lagide, réduit à l'Égypte[2]. Actium ne marque donc que l'achèvement d'une conquête déjà réalisée pour l'essentiel.

Cependant, dans les années trente avant notre ère, cette hégémonie de Rome est encore répartie entre des maîtres rivaux. En octobre 42 av. J.-C., les triumvirs s'étaient partagé le monde : à Octave l'Occident, à Lépide l'Afrique, à Marc Antoine l'Orient, tandis que l'Italie restait le bien commun où chacun pourrait recruter des troupes. En 39 av. J.-C., il fallut faire une place à Sextus Pompée, le fils du « Grand Pompée », rival de César, qui reçut les îles (Sicile, Sardaigne, Corse) et l'Achaïe (au nord du Péloponnèse). Depuis lors, Octave était parvenu à reconstituer l'unité du bassin occidental en éliminant d'abord Lépide, puis Sextus Pompée (vaincu à Nauloque en

1. Accord entre les trois principaux généraux romains pour gouverner Rome en se partageant le pouvoir et les provinces.

2. La dynastie des Lagides avait été fondée par l'un des généraux d'Alexandre le Grand, Ptolémée, fils du noble Macédonien Lagos ; *cf.* ci-dessus p. 109-111.

36 av. J.-C.). On en revenait à un partage du monde entre deux *imperatores* dont la brouille, prévisible dès la fin 34 av. J.-C., devint évidente en février-mars 32 av. J.-C.

Ce qui est en cause, à en croire la propagande d'Octave, c'est l'avenir « romain » de la partie orientale de l'empire. En effet, depuis son départ pour l'Orient, Antoine mène une politique qui, vue de Rome, semble dictée par sa liaison avec Cléopâtre. Dans le discours qu'il prononce devant ses troupes à la veille de la bataille d'Actium, et qui reprend l'essentiel de l'argumentation développée jusque-là, Octave insiste bien sur le rôle néfaste de la reine, accumule les poncifs propres à provoquer l'indignation des Romains, dénonce « cette Égyptienne » (alors qu'elle est Grecque), de la race de ceux « qui rendent un culte divin aux reptiles et aux autres animaux ». Voilà « ce fléau de femme » entre les mains de laquelle est tombé Antoine qui « ne fait aucun cas de nous ni des lois ou des dieux de nos ancêtres, mais se prosterne au contraire devant cette femme comme devant une Isis ou une Sélénè, appelle les enfants de celle-ci Hélios et Sélénè, a pris enfin lui-même le nom d'Osiris et de Dionysos et, ensuite, comme s'il était maître de toute la terre et de toute la mer, accorde à présent des îles entières et des régions continentales[1] ». En quelques mots, les deux griefs majeurs sont évoqués : la dilapidation du patrimoine romain en Orient, la transformation du triumvir en souverain hellénistique. Ne doit-on pas craindre de voir bientôt Alexandrie supplanter Rome ?

De fait, d'abord en 37-36, puis en 34 av. J.-C., Antoine avait procédé à des donations en faveur de Cléopâtre, de Ptolémée XV Césarion, le fils présumé

---

1. Dion Cassius, 50, 25, 2-4, trad. M.-L. Freyburger et J.-M. Roddaz (*cf.* « Pour en savoir plus », p. 203).

de César, et de leurs enfants communs. Certains territoires qui avaient appartenu aux premiers Ptolémées en Syrie et en Phénicie, ainsi que Chypre et Cyrène, étaient rendus aux rois d'Alexandrie. À l'automne 34, lors du triomphe célébré à Alexandrie (et non à Rome) pour fêter les succès d'une expédition qu'il venait de conduire contre l'Arménie, Antoine partagea tout l'Orient entre ses enfants : l'aîné, Alexandre Hélios (six ans), reçut la couronne d'Arménie et la promesse de celle du roi de Médie dont il épouserait la fille ; Ptolémée Philadelphe, son cadet (deux ans), régnerait en Syrie, Phénicie et Cilicie orientale, et sur toute l'Asie, de l'Euphrate à l'Hellespont ; la jumelle d'Hélios, Cléopâtre Sélénè, recevait Cyrène et, peut-être, une partie de la Crète. Des provinces romaines comme la Cilicie et Chypre étaient rendues aux Lagides. Parallèlement, Antoine maintint ou installa dans les États « amis et alliés » de Rome des princes qui lui étaient personnellement dévoués. Certains appartenaient à de vieilles familles royales indigènes, comme Malikhô de Pétra, Amyntas de Galatie ou Mithridate II de Commagène, mais d'autres étaient des créatures de Rome, comme Hérode le Grand, roi de Judée depuis 41 av. J.-C., Archélaos de Cappadoce, substitué au roi indigène en 36 av. J.-C., Polémon Ier du Pont, issu d'une famille de rhéteurs grecs d'Asie Mineure.

Antoine ne définissant à aucun moment sa place dans cet ensemble, on pouvait légitimement se demander s'il s'agissait encore d'un empire « romain ». Or, si Cléopâtre utilisait bien son amant pour restaurer le royaume lagide dans son extension du IIIe siècle av. J.-C., plusieurs indices prouvent qu'Antoine ne perdait pas de vue les intérêts de Rome, identifiés à son propre avenir. D'une part, il résiste aux demandes de Cléopâtre lorsqu'elles mettent en cause des alliés, tel Hérode[1], sur lesquels il sait pouvoir compter ; d'autre part, sa politique de rois clients est la seule qui permette à Rome de faire face à la diversité des situations locales. Soucieux de ne pas disperser ses propres troupes de l'Arabie à la Thrace, Antoine confie le maintien de l'ordre à des princes amis, susceptibles de lui fournir une aide supplémentaire en cas de besoin. Enfin, s'il ne s'assigne aucun rôle explicite dans cette organisation de l'Orient, c'est parce qu'il ne vise rien de moins que le pouvoir à Rome et, au-delà, sur tout l'Empire réunifié. Au sein de celui-ci, les États-clients, Égypte comprise, coexisteraient avec les provinces proprement dites. Rien ne prouve donc qu'Antoine, soumis aux caprices de sa maîtresse, ait voulu brader l'empire ; tout au plus, dans sa stratégie de reconquête du pouvoir, assigne-t-il à Cléopâtre un rôle correspondant à la richesse de son royaume, ce qui justifie quelques concessions. La rupture entre les deux triumvirs intervint précisément sur l'accusation portée par Octave qu'Antoine dépouillait Rome de ses possessions. La publication du testament d'Antoine devant le Sénat (été 32 av. J.-C.) suscita l'indignation, malgré l'illégalité du procédé : « Antoine y affirmait sous serment que Césarion était réellement le fils de César, faisait des présents considérables aux enfants de l'Égyptienne élevés par lui et demandait à être enseveli à Alexandrie et aux côtés de Cléopâtre[2]. » Non content de faire d'Alexandrie une seconde capitale, il défiait Octave, fils adoptif de César, en proclamant la légitimité de Césarion, fils par le sang du dictateur assassiné. Craignant Antoine, qui comptait de nombreux parti-

1. Cléopâtre veut récupérer son royaume car la Judée était lagide au IIIe siècle av. J.-C.

2. Dion Cassius, 50, 3-5.

sans en Italie et à Rome, Octave fit donc voter la guerre contre Cléopâtre (octobre 32 av. J.-C.). Derrière la fiction d'une guerre entre Rome et le royaume lagide, c'était en réalité les deux bassins de la Méditerranée qui s'affrontaient. Et, au soir du 2 septembre 31 av. J.-C., grâce à l'habileté manœuvrière de Marcus Agrippa, le bras droit d'Octave, c'était l'Orient tout entier qui était vaincu[1].

Antoine et Cléopâtre n'ont sans doute plus beaucoup d'illusions lorsqu'ils regagnent Alexandrie après la défaite. En fondant la confrérie de « ceux qui attendent la mort ensemble », ils donnent la mesure de leur désespoir. Leur destin est si bien scellé qu'Octave ne prend pas la peine de leur donner la chasse. Seul l'intéresse ce monde peuplé d'amis d'Antoine, où il doit se faire reconnaître. Or, si l'Orient tout entier s'était trouvé, par le jeu des alliances, du côté d'Antoine bien des princes clients avaient manifesté une fidélité chancelante à l'approche du combat. Hérode, retenu par une guerre contre les Nabatéens, n'avait pas eu à choisir[2], mais Déiotaros Philadelphe, roi de Paphlagonie, changea de camp avant la bataille navale et Jamblique d'Emèse (Homs) fut exécuté par Antoine avant de pouvoir en faire autant. Quant à Amyntas de Galatie, envoyé en Thrace pour recruter des renforts, il finit par rallier lui aussi le parti d'Octave. Beaucoup, cependant, s'étaient montrés fidèles et pouvaient craindre leur remplacement par des amis d'Octave ou, pire, la réduction de leurs États en provinces. Au

1. On trouvera un excellent récit de toute la campagne et de la bataille finale dans l'édition de Dion Cassius par M.-L. Freyburger et J.-M. Roddaz (*cf.* « Pour en savoir plus », p. 203).

2. Flavius Josèphe, *Guerre des Juifs,* t. I, p. 364-365, estime que Cléopâtre suscita la guerre entre Malikhô et Hérode afin de s'emparer du royaume de celui qui serait vaincu.

cours de deux séjours en Orient, Octave s'attacha donc à les rassurer.

En premier lieu, loin de renoncer à administrer l'empire par client interposé, il conserva la totalité des États existants, ou peu s'en faut (les deux principautés qu'il annexa alors, celle de Tarcondimotos en Cilicie et celle d'Alexandre d'Émèse, furent rendues à des membres de leurs familles dès 20 av. J.-C.) : les deux royaumes de Thrace, ceux de Paphlagonie, de Galatie, de Cappadoce, du Pont, de Commagène, de Judée, de Nabatène, ainsi qu'une foule de principautés moins remarquables dispersées en Anatolie et en Syrie. Octave légitimait ainsi la politique d'Antoine. De plus, il conservait les mêmes hommes, prouvant le bien-fondé des choix de son adversaire. Sans doute était-il sensible à l'efficacité de princes qui avaient fait leurs preuves. Il était difficile de leur reprocher d'avoir soutenu Antoine alors qu'ils n'avaient fait que se soumettre à celui dont l'autorité découlait d'un partage légitime. Comme Hérode le rappela à Octave lorsqu'il lui remit son pouvoir lors de leur entrevue de Rhodes, il importait de considérer « quel ami j'ai été, non de qui[1] ».

En second lieu, il fallait réorganiser les provinces et disposer des territoires rendus par Cléopâtre. Les donations d'Alexandrie étaient annulées et ce qui avait été arraché à quelque roi ami (comme les palmeraies de Jéricho à Hérode) ou à une province romaine (la Cilicie) était restitué. Par exemple, à la veille d'Actium, il ne subsistait plus, en Orient, que quatre provinces : Macédoine, Bithynie-Pont, Asie et Syrie, à quoi il fallait ajouter les cités de Grèce propre, non regroupées en province mais contrôlées par le gouverneur de Macédoine. On ignore la

1. Flavius Josèphe, *Guerre des Juifs*, t. I, s.l.n.d., p. 389.

chronologie exacte des mesures prises par Octave, mais au début de 27 av. J.-C., lorsque, devenu empereur sous le nom d'Auguste, il procède à un partage des provinces avec le Sénat[1], de notables différences sont intervenues. En suivant un ordre géographique, on trouve d'abord une nouvelle province, l'Achaïe, dont le gouverneur réside à Corinthe et qui regroupe toutes les cités et tous les peuples de Grèce méridionale, centrale et occidentale. Au nord, la Macédoine s'étend de la côte épirote de l'Adriatique jusqu'au Nestos et englobe la Thessalie au sud. En Asie Mineure, les deux provinces antérieures subsistent sans changement, la Bithynie-Pont (capitale Nicomédie) et l'Asie (capitale Éphèse). À l'est, la Syrie s'est étendue, englobant désormais la Cilicie Plane arrachée à Cléopâtre ; mais elle est parsemée de minuscules principautés confiées à des « amis et alliés du peuple romain », notamment dans les régions montagneuses. Chypre redevient une province de plein exercice. Au sud, tandis que Cyrène retrouve son statut de province unie à la Crète, l'Égypte est, à son tour, réduite à l'état de province.

C'est, en définitive, la seule réelle innovation puisqu'il ne s'agit ailleurs que de reconstituer des provinces antérieures. Octave est arrivé en Égypte au début de l'été 30 av. J.-C., prenant en tenaille le pays par l'est et l'ouest. Repoussant les offres de négociations d'Antoine puis de Cléopâtre, il a mis le siège devant Alexandrie, où il entre le 1er août. Il décide alors d'« ajouter l'Égypte à l'*imperium* du peuple romain », pour reprendre les termes qu'il

1. Tandis que les provinces les plus anciennes et les moins exposées sont laissées à l'administration du Sénat, les autres sont placées sous la direction d'Auguste lui-même qui y nomme un légat.

emploie lui-même dans son testament[1]. Parce qu'il en confie l'administration à un préfet équestre, c'est-à-dire à un homme qui ne rend compte qu'à l'empereur, et non à un sénateur, certains ont cru que l'Égypte n'était pas une province, mais un bien personnel d'Auguste. En réalité, l'Égypte n'est rien d'autre qu'une province ; seuls sa richesse et son récent passé ont convaincu Octave de la faire administrer de façon particulière.

Avec l'annexion de l'Égypte, la conquête romaine des rivages méditerranéens prend fin. Des Colonnes d'Hercule au Bosphore et au delta du Nil, la domination de Rome est sans partage. Mais elle se manifeste sous des formes diverses, s'adaptant partout aux conditions locales sans que cette diversité mette en cause l'unité politique ainsi constituée. Certes, le bassin occidental semble plus directement administré par Rome grâce à l'établissement de provinces, mais des États-clients subsistent tout de même en Afrique du Nord et dans les Alpes. En revanche, si en Orient les intermédiaires indigènes pullulent, cela n'empêche pas la mise en place de quelques grandes et puissantes provinces. L'essentiel de la tâche d'Auguste et de ses successeurs consista désormais à intégrer les États-clients dans le système provincial, phénomène qui ne s'acheva pas avant l'annexion du royaume nabatéen (province d'Arabie) en 106. Cent trente-sept ans s'étaient alors écoulés depuis Actium !

1. *Res Gestae Divi Augusti*, 27-1, éd. J. Gagé, Paris, Les Belles Lettres, 1935.

Une paix établie jusqu'aux confins de l'empire

Outre l'unification politique de la Méditerranée, Actium permettait d'achever la transformation des institutions romaines : dès l'Antiquité, les auteurs placent à ce moment-là le passage de la République à ce que nous appelons l'Empire, c'est-à-dire une monarchie militaire habillée des dépouilles des institutions républicaines. Phénomène capital, mais qui ne doit pas faire négliger ce qui apparut aux contemporains comme la conséquence la plus heureuse de la victoire d'Octave : le retour de la paix. Certaines zones restaient à pacifier en Tripolitaine, en Cyrénaïque, en Anatolie, dans les Alpes, en Espagne du Nord-Ouest. Mais qui aurait pu contester le pouvoir d'Octave ? Celui-ci considéra donc la guerre comme terminée dès 29 av. J.-C. puisqu'il fit fermer le sanctuaire de Janus à Rome, ce qui n'était pas arrivé depuis plus de deux siècles.

La guerre était désormais cantonnée aux frontières de l'Empire et les provinces méditerranéennes n'avaient plus à craindre les ravages provoqués par l'armée. Pour exprimer leur reconnaissance, les habitants des provinces d'Asie et de Bithynie prirent l'initiative d'instituer un culte de Rome et d'Octave ; ils furent bientôt imités par d'autres, y compris en Occident. On a parfois jugé avec mépris l'attitude des Grecs, estimant qu'ils poussaient trop loin la flatterie. Certes, leurs manifestations de joie peuvent surprendre, telle la décision des notables d'Asie de faire coïncider le début de l'année avec l'anniversaire d'Auguste, le 23 septembre, puisque « la naissance de César marque de toute évidence le début de tous les bienfaits[1] ». Mais il ne faut

1. R. K. Sherk, *Rome and the Greek East*, Cambridge, Cambridge University Press, 1984, p. 124, n° 101.

ni se méprendre sur le langage employé ni sous-estimer les effets de la politique d'Auguste. D'une part, pour louer celui qui leur apparaît comme le bienfaiteur suprême, les Grecs utilisent naturellement la langue la plus belle et les images les plus flatteuses de la rhétorique. D'autre part, au fur et à mesure que le temps s'écoulait et que la paix persistait, il apparaissait à tous qu'Auguste seul était responsable de cette félicité que les générations antérieures n'avaient pas connue. Dans ces conditions, pourquoi rester modéré dans l'éloge et avare dans les honneurs accordés au prince ? D'ailleurs, les poètes de Rome, d'Horace à Properce et Virgile, ne furent pas plus mesurés dans leurs louanges.

La paix retrouvée, en dépit des différences d'organisation des communautés qui composaient l'Empire, les conditions étaient réunies pour que se développe et se diffuse une civilisation commune à l'ensemble du monde méditerranéen (*cf.* annexe « Notre mer », p. 201). Déjà des habitudes romaines avaient pénétré dans les provinces occidentales – en Bétique, en Narbonnaise, en Afrique –, dont les notables étaient largement romanisés, tout comme ceux du bassin oriental étaient acquis à l'hellénisme. Ainsi subsistaient côte à côte non pas deux cultures différentes mais plutôt les deux composantes, grecque et latine, d'une même culture. L'Empire parlerait le latin en Occident, le grec en Orient, du moins chez les notables car en bien des lieux survivait une foule de langues et de cultures indigènes. Octave fut-il conscient de ce nécessaire dualisme ? En tout cas, lorsqu'il édifia une ville-mémorial à l'emplacement de son camp d'Actium, cette Nicopolis (« cité de la victoire ») reçut le statut et les institutions d'une *polis* grecque, non d'une *colonia* romaine[1].

1. La fondation d'une colonie aurait impliqué l'installation de citoyens romains alors qu'on se contenta de rassembler des popu-

L'Empire unifié offrait enfin aux notables provinciaux et à ceux qui aspiraient à le devenir un espace de paix où pouvait se développer cette civilisation gréco-romaine fondée sur un même cadre monumental, un même système de valeurs laissant une large part à la vie civique et à l'évergétisme, les mêmes habitudes culturelles associant la pratique du sport et le goût des spectacles, l'usage du vin et celui de l'huile. C'est ce modèle méditerranéen que la *pax romana*, établie au lendemain d'Actium, permit de propager jusqu'aux extrémités de l'Empire.

Annexe : *« Notre mer »*

*Strabon, Grec contemporain d'Auguste, présente sa conception générale du monde avant de décrire en détail la terre habitée. Il expose ici pourquoi la Méditerranée, « notre mer », mérite d'être placée au premier rang (*Géographie, *II, 5, 18) :*

« Nous disons que notre monde habité, entouré d'eau de tous côtés, accueille en son sein de nombreux golfes provenant de la mer Extérieure, sur tout le tour de l'océan ; les plus grands sont au nombre de quatre. L'un, au nord, s'appelle la mer Caspienne… Deux autres, le golfe Persique et le golfe Arabique [*notre mer Rouge*], remontent de la mer du Sud. […] Le quatrième, qui l'emporte de beaucoup sur les précédents par ses dimensions, est constitué par ce que nous appelons la mer Intérieure ou “notre” mer : elle débute à l'Occident par le détroit des Colonnes d'Hercule, s'allonge jusqu'au bassin oriental avec des largeurs variables, puis, se déchirant, finit

lations grecques de la région et de leur rendre leurs institutions traditionnelles.

en deux golfes de pleine mer, l'un à gauche que nous appelons Pont-Euxin [*mer Noire*], l'autre formé par la réunion des mers d'Égypte, de Pamphylie et d'Issos [*bien que Strabon ait conscience, comme ses contemporains, de l'unité de cette mer intérieure, il sait aussi qu'elle se subdivise en une vingtaine de petites mers juxtaposées, depuis la mer Ibérique, à l'Ouest, jusqu'aux mers citées ici, en passant par la Baléarique, la Ligure, la Tyrrhénienne, la Libyque, etc.*].

« La terre qui les enserre se divise en trois parties. [...] C'est l'Europe qui, de toutes, a les formes les plus variées ; pour la Libye [*le terme désigne ici l'ensemble du continent africain*], c'est l'opposé ; l'Asie tient à peu près le juste milieu. En tout cas, c'est toujours le rivage intérieur [*c'est-à-dire celui qui donne sur la mer Intérieure, la Méditerranée*] qui vaut aux continents le qualificatif de varié ou d'uniforme. [...] L'espace connu, tempéré, peuplé par des cités et des races bien gouvernées est aussi bien plus important de ce côté que de l'autre. Or nous désirons connaître les pays dans lesquels la tradition se révèle la plus riche en hauts faits, en régimes politiques, en connaissances techniques, bref en tout ce qui nous forme à la sagesse ; notre intérêt aussi nous pousse vers les régions avec qui relations et commerce sont à notre portée, c'est-à-dire vers tous les pays habités, ou plutôt vers "les pays heureusement habités". Sous tous ces rapports, notre mer possède une grande supériorité, et c'est donc par elle qu'il faut commencer notre tour du monde. »

Pour en savoir plus

Deux sources essentielles :

Plutarque, *Vie d'Antoine*, traduction Robert Flacelière, Paris, Les Belles Lettres, 1977.

Dion Cassius, *Histoire romaine*, livres 50-51, édition, traduction et introduction de Marie Laure Freyburger et Jean-Michel Roddaz, Paris, Les Belles Lettres, 1991.

Sur la Rome républicaine et la conquête :

Cl. Nicolet (dir.), *Rome et la conquête du monde méditerranéen*, t. II, *La Conquête d'un empire*, Paris, PUF, 1988.

R. Syme, *La Révolution romaine*, Paris, Gallimard, 1967.

Sur l'organisation de l'espace méditerranéen :

G. W. Bowersock, *Augustus and the Greek Word*, Oxford, 1965.

Cl. Nicolet, *L'Inventaire du monde*, Paris, Fayard, 1988.

M. Sartre et A. Tranoy, *La Méditerranée antique (IVe av. J.-C., IIIe apr. J.-C.)*, Paris, Armand Colin, coll. « Cursus », 1990 ; rééd. 1997.

M. Sartre, *L'Orient romain*, Paris, Le Seuil, 1991.

20

À la reconquête de l'Orient[1]

La victoire d'Actium sur Antoine et Cléopâtre a ouvert la porte de l'Orient à Auguste. Avec habileté, il est parvenu à recoudre ces deux moitiés de l'empire aux traditions fort différentes.

Au soir du 2 septembre 31 av. J.-C., tandis que Cléopâtre fuyait le champ de bataille avec les navires qui lui restaient, bientôt suivie d'Antoine, peu de gens imaginaient que venait de se livrer là, au large du golfe d'Ambracie, sur la côte occidentale de la Grèce, l'ultime bataille des guerres civiles qui ravageaient Rome et l'empire depuis trois quarts de siècle. Une conclusion pourtant pouvait s'imposer à ceux qui connaissaient l'histoire : dans la bataille opposant l'*imperator* qui tenait Rome à celui qui contrôlait l'Orient, l'Orient sortait vaincu une fois encore. Pompée à Pharsale en 48 av. J.-C., les « libérateurs » (les assassins de César) à Philippes en 42 av. J.-C., maintenant Antoine à Actium : par trois fois, sur le sol grec, l'Orient était vaincu.

Lorsque Octavien eut poursuivi, sans hâte, son avantage, et saisi Alexandrie en 30 av. J.-C., Antoine puis

1. *L'Histoire*, n° 395, décembre 2013, p. 58, dossier « Auguste ».

Cléopâtre préférèrent abandonner le combat en se donnant la mort. L'Égypte, le dernier royaume hellénistique qui subsistait, était conquise. Il devenait clair que l'Orient avait bien changé de maître. Certes, en droit, rien n'avait changé, car provinces et princes-clients étaient déjà sous l'autorité de Rome, et non d'Antoine. Mais depuis qu'en 42 av. J.-C. Octavien et Antoine s'étaient partagé le monde, celui-ci avait disposé en Orient du bien commun avec une telle liberté, avait créé des liens personnels si forts avec la plupart des princes-clients qu'il incarnait Rome à lui seul. Il n'avait pas craint de redistribuer des biens acquis par Rome à sa nouvelle épouse, la reine lagide[1] Cléopâtre, et avait généreusement réparti entre leurs enfants les futures conquêtes qu'il projetait au nom de Rome[2].

Antoine défait, Antoine mort, qu'allait décider le nouveau maître de Rome, Octavien, bientôt devenu Auguste ? Pour lui, l'enjeu était de taille car il ne disposait guère de réseaux personnels dans cette moitié de l'empire, pourtant si riche et si importante pour la tranquillité et l'approvisionnement de Rome. N'allait-on pas assister à une remise en cause systématique de l'œuvre d'Antoine qui, sans être parfaite, avait le mérite de marquer fortement la présence romaine et avait favorisé le retour de la paix intérieure ?

Octavien prit son temps, ne procéda à aucune épuration des amis d'Antoine (sauf de très rares exceptions)

---

1. La dynastie lagide avait été fondée par l'un des généraux d'Alexandre le Grand, Ptolémée, fils du noble macédonien Lagos.

2. Ainsi, certains territoires qui avaient appartenu aux premiers Ptolémées en Syrie et en Phénicie, ainsi que Chypre et Cyrène étaient rendus au roi d'Alexandrie ; *cf.* ci-dessus p. 178-179.

et ne remit pas en cause l'organisation de cette partie de l'empire. Organisation originale, fruit non seulement de la politique d'Antoine, mais aussi de celle de Pompée et de César auparavant. Comment se présente alors ce que l'on peut nommer l'Orient romain ?

Gérer l'héritage d'Antoine

Les provinces administrées directement par un magistrat romain sont alors seulement au nombre de quatre : Macédoine, Asie, Bithynie, Syrie. Le reste se trouve sous l'administration de princes-clients, qui sont tantôt des rois vaincus laissés en place comme « amis et alliés du peuple romain », tantôt des hommes désignés par Rome. Ces princes sont d'importance très variable : il n'y a guère de commune mesure entre les rois de Cappadoce, de Galatie ou de Nabatène, et les *principicules* ciliciens ou syriens qui pullulent en si grand nombre que Pline l'Ancien renonce à les citer tous.

Cette organisation s'expliquait non seulement par l'histoire de la conquête, mais surtout par le fait que Rome avait affaire à des peuples très divers, parfois difficiles à gérer pour des raisons géographiques (les peuples montagnards de Cilicie Trachée) ou religieuses (les Judéens). L'administration indirecte avait l'avantage d'épargner à Rome de disperser ses hommes et ses moyens. Le plus célèbre de ces clients fut Hérode, roi de Judée par décision du Sénat de Rome à la demande d'Antoine et d'Octavien en 41 av. J.-C. La plupart de ces clients avaient participé à la bataille d'Actium au côté d'Antoine (sauf Hérode, prétextant la menace d'une attaque des Arabes Nabatéens). Qu'allaient-ils devenir ? Octavien ne leur en tint aucunement rigueur, et si certains furent démis ou exécutés, ce fut toujours pour d'autres motifs. Ainsi, il fit exécuter le chef galate Adiatorix, coupable d'avoir fait massacrer des Romains. Il débarrassa aussi quelques cités de leur tyran, Straton à Amisos du Pont, Nicias à Cos, le philosophe Boéthos à Tarse, et divers dynastes très secondaires.

Mais, pour l'essentiel, il confirme dans leurs fonctions les rois importants : Archélaos de Cappadoce, Deiotaros de Paphlagonie, Polémon du Pont, Amyntas de Galatie, Hérode de Judée enfin, qu'il reçoit à Rhodes en 30 av. J.-C. Hérode sait qu'il risque gros, malgré l'hostilité qu'il n'a cessé de manifester envers Cléopâtre. Il arrive en simple particulier, dépose les insignes de sa royauté aux pieds d'Octavien et le persuade de le maintenir en fonction en considérant « quel ami j'étais, non de qui ». Ainsi, Octavien conservait presque entier l'héritage d'Antoine, mais en transférant sur lui-même la loyauté que ces princes avaient manifestée envers Antoine. D'autres voyages d'Auguste en Orient, en 22 puis en 19 av. J.-C., ceux de son gendre et plus proche collaborateur Agrippa vers 23 av. J.-C. puis entre 18 et 13 av. J.-C., contribuèrent à resserrer les liens.

Dans les provinces romaines proprement dites, Auguste n'hésita pas à utiliser les services d'anciens collaborateurs d'Antoine, membres de familles qui avaient parfois l'habitude de fréquenter l'Orient depuis plusieurs générations, comme les Sulpicii Galbae ou les Valerii Messalae. En fait, Auguste sut intégrer les fidèles d'Antoine à son cercle d'amis pour disposer en Orient des relais nécessaires. Mais il avait lui-même quelques amis grecs qu'il utilisa habilement. Il avait eu comme maîtres et conseillers Apollodore de Pergame[1], le philosophe stoï-

1. Apollodore de Pergame, *Fragments et témoignages*, Paris, Les Belles Lettres, 2013.

cien Athénodore « Sandon » de Tarse, tous deux déjà âgés au début du principat, et le philosophe Areios d'Alexandrie. Par leur intermédiaire, d'autres « intellectuels » se rallièrent à lui. Auguste veilla en retour à ce que ses héritiers potentiels reçussent l'enseignement de maîtres grecs, et il s'entoura volontiers de rhéteurs, philosophes et poètes originaires d'Orient.

Contre « l'Égyptienne »

Avec habileté, Octavien parvint ainsi à recoudre ensemble deux moitiés de l'empire qui avaient des traditions fort différentes et qui s'étaient trouvées, malgré elles, dans deux camps opposés. Non seulement il évita de se venger de ceux qui avaient soutenu Antoine – d'ailleurs sa propagande n'a cessé de présenter sa guerre comme une guerre contre « l'Égyptienne », qualificatif aussi faux (Cléopâtre est grecque) qu'insultant –, mais, en les conservant à son service, il s'en faisait de solides alliés.

De même, il ne changea rien à l'organisation générale, jugeant au cas par cas lorsque l'occasion se présentait. Ainsi, il attendit la mort des princes en place pour décider s'il leur donnait un successeur ou procédait à l'annexion de leur État. Et en la matière, il agit de manière empirique. Dès 25 av. J.-C., à la mort d'Amyntas de Galatie, il annexa son royaume et en fit une province. Or, au même moment, il accroissait de façon importante le royaume d'Hérode, lui confiant des territoires du Liban et de Syrie pour qu'il en chasse les brigands.

Il était même capable de faire machine arrière lorsque ses choix s'avéraient peu efficaces. Ainsi, deux royaumes syriens qu'il avait supprimés en 30 av. J.-C. furent rendus à des descendants des dynasties régnantes en 20 av. J.-C., Auguste jugeant qu'ils n'étaient pas mûrs pour passer sous administration directe des magistrats romains. Sur la longue durée du règne, la tendance était sans doute à l'administration directe, mais il n'y eut rien de systématique, et, à la mort d'Auguste, l'Orient restait largement partagé entre les États-clients.

Auguste savait combien la partie orientale de l'Empire avait souffert des guerres civiles romaines. Des provinces entières étaient exsangues malgré les réformes de Lucullus en 71-70 av. J.-C.[1] et surtout de César en 47 av. J.-C., qui avait mis fin au prélèvement du tribut par des sociétés fermières aux réquisitions abusives. C'était notamment le cas de la province d'Asie (la partie la plus occidentale et la plus hellénisée de la péninsule anatolienne), la plus riche de toutes, où l'on ne comptait plus les cités endettées. Certaines avaient même été obligées de vendre leurs bâtiments publics, ou étaient tombées dans la dépendance de riches bienfaiteurs.

Beaucoup de cités avaient été pillées par les armées romaines, après celles de Mithridate dans les années 88-70 av. J.-C., et l'on pouvait voir à Rome nombre d'œuvres d'art arrachées à leurs temples ou à leurs places publiques. Auguste en fit rendre quelques-unes, ce qui fut jugé d'une grande générosité, et comme une marque de respect pour la civilisation dont elles portaient la marque.

Il édicta dans les provinces des règles strictes en matière d'élection des magistrats civiques, d'emprunts publics ou de remboursement des dettes, de manière à éviter les ornières où étaient tombées les cités. Ainsi, les magistrats qui lançaient un emprunt devaient le rembourser

1. Comme le plafonnement des taux d'intérêt, l'interdiction des intérêts composés, et la réduction des arriérés.

sous leur propre mandat, et non en laisser l'héritage à leurs successeurs. Dans le même temps, lorsqu'une cité se trouvait frappée par un séisme ou quelque catastrophe naturelle, Auguste n'hésita pas à suspendre le prélèvement du tribut et à contribuer lui-même au redressement.

Auguste sut également respecter les traditions grecques en matière de célébration des souverains. Il n'ignorait pas les moqueries et les craintes de tyrannie que suscitait à Rome la pratique grecque du culte des souverains. Aussi longtemps que Rome n'était représentée que par des consuls qui changeaient chaque année, les Grecs avaient pris l'habitude d'honorer une déesse : *Roma*.

Mais, avec la personnalisation du pouvoir au temps des guerres civiles, des Romains firent l'objet d'un culte dans certaines cités, depuis Flamininus en 190 av. J.-C. jusqu'à Antoine. Octavien lui-même bénéficia dès 30 av. J.-C. de telles manifestations, par exemple à Thespies de Béotie, et à Alexandrie où on lui dédia le sanctuaire que Cléopâtre destinait à Antoine.

En 29 av. J.-C., les habitants des provinces romaines d'Asie et de Bithynie demandèrent à Octavien l'autorisation de célébrer un culte et de dresser des temples en son honneur, au nom de la province tout entière. Octavien mit quelques conditions à son acceptation, d'autant que les Grecs conféraient le titre de *théos*, « dieu », à ceux qu'ils honoraient, là où, en latin, on se contentait du terme *diuus*, « divin », moins fort.

Son nom devait être associé à la déesse *Roma* dans les sanctuaires qui se dresseraient à Pergame pour l'Asie, et à Nicomédie pour la Bithynie. Parallèlement, un culte de *Roma* et du divin Jules (César) serait créé à Éphèse (capitale provinciale) et à Nicée à destination des citoyens romains. Auguste distinguait ainsi nettement entre un culte réservé aux populations pérégrines, notamment grecques, comme une concession à la tradition grecque du culte des souverains, et celui destiné aux citoyens romains qu'une telle pratique pouvait choquer ; un culte en l'honneur d'un mort s'inscrivait davantage dans la tradition romaine.

Il existait déjà des Grecs citoyens romains dans ces provinces, mais leur nombre était faible. Néanmoins, cette initiative des Grecs d'Asie et de Bithynie, acceptée par Octavien, mettait en place l'une des institutions les plus symboliques du nouveau régime : le culte impérial. Rapidement le culte de *Roma* et d'Auguste devint un culte d'Auguste seul, et le modèle se diffusa dans les provinces orientales avant de gagner l'Occident.

À la mort d'Auguste, en 14, les provinces de Méditerranée orientale avaient retrouvé la paix et les conditions du retour de la prospérité. Auguste avait achevé la conquête du bassin méditerranéen, puisqu'il avait ajouté l'Égypte aux possessions du peuple romain. Il avait accordé la citoyenneté aux principaux princes-clients, à la fois souverains dans leur royaume et sujets de l'empereur. Quelques grands notables obtenaient non seulement la citoyenneté en récompense de leur loyauté, mais leur intégration dans l'un ou l'autre ordre, ordre équestre et ordre sénatorial, qui leur ouvrait la voie d'une carrière prestigieuse.

Le processus d'intégration des élites provinciales d'Orient aux élites de l'empire était entamé, contribuant ainsi à la solidité de l'ensemble impérial.

Excursus : jusqu'à Auguste, gagner l'Orient, c'était perdre Rome

Dans les combats politiques du Ier siècle av. J.-C., l'obtention d'un important commandement constitue un enjeu majeur. Sulla, puis Lucullus et Pompée obtinrent la direction de la lutte contre Mithridate, le roi du Pont. Les succès de Lucullus convainquirent ses adversaires de manœuvrer au Sénat pour le priver de son commandement, avant d'y faire nommer Pompée. En mettant un terme à la guerre contre Mithridate, en éliminant les pirates et en annexant la Syrie et le Pont, Pompée acquit un prestige qui ne pouvait que gêner son rival, César. Il fut vaincu à Pharsale (48 av. J.-C.), avant d'être assassiné sur une plage d'Égypte. Crassus entendait bien tirer d'une expédition contre les Parthes le prestige militaire qui lui manquait. On en connaît la fin tragique à Carrhes (53 av. J.-C.). César échappa de peu au désastre lors de la guerre d'Alexandrie (47 av. J.-C.) et ne s'attarda guère, malgré Cléopâtre. Ses assassins cherchèrent en Syrie et en Asie Mineure les moyens de leur résistance à Octavien et Antoine, mais c'est en Grèce, à Philippes en Macédoine, qu'ils connurent leur défaite finale (42 av. J.-C.). Antoine sut se créer en Orient une clientèle étendue que la défaite d'Actium entraîna avec lui dans sa chute. N'en concluons pas trop vite à un déterminisme politique. Certes, les victoires en Orient avaient un prix : l'éloignement de Rome et du Sénat, centre du pouvoir. Mais Pompée comme Antoine y avaient de solides partisans, capables de contrebalancer la propagande de César ou d'Octavien. Il reste un constat : les maîtres romains successifs de la Méditerranée orientale perdirent tous le pouvoir à Rome. Tous sauf un : Auguste.

21

Rome : l'empire modèle[1]

Durant cinq siècles, Rome a régné sur un immense empire au sein duquel hommes et marchandises circulaient. Partout la monnaie, la langue, la religion, le droit romains primaient. Au point qu'il n'est pas absurde de comparer la mécanique de la « romanisation » à celle de l'« américanisation ».

Parler de « mondialisation » à propos de l'Empire romain peut sembler anachronique. On serait d'ailleurs bien en peine pour trouver un mot latin ou grec exprimant cette idée. Non que les Anciens n'aient pas eu conscience de l'unité du monde, mais le mot qui en rend compte, *oikouménè*, désigne les terres habitées, par opposition aux confins trop chauds ou trop froids où vivent peut-être des peuples placés eux-mêmes aux limites de l'espèce humaine. En revanche, l'idée d'une interaction entre tous les hommes de l'*oikouménè* n'a jamais été émise, sous aucune forme.

1. *L'Histoire*, n° 270, novembre 2002, p. 44-47, dossier « Les racines de la mondialisation » repris dans *Collections*, n° 38, janvier 2008, p. 30-35, dossier « 2 000 ans de mondialisation », sous le titre « Tous les chemins mènent à Rome ».

Certes, l'historien sait bien qu'il n'est pas nécessaire que les peuples aient conscience d'un phénomène pour qu'il existe. Mais, dans le cas de l'Empire romain, une « mondialisation » se limiterait nécessairement à une bien petite partie de la planète. Sans parler des continents dont on ne soupçonne même pas l'existence (Amérique, Océanie), on ne possède alors qu'une connaissance réduite de l'Afrique, de l'Asie et même de l'Europe.

Personne en effet n'a la moindre idée de l'étendue immense de l'Afrique subsaharienne, et, en Asie, une fois passées l'Inde et l'Asie centrale jusqu'où se rendent des marchands du monde méditerranéen, règne l'inconnu dont seuls quelques noms évoquent l'existence ; ainsi du pays des Sères, la Chine. Quant à l'Europe, elle reste largement *terra incognita* au-delà de l'Elbe et des Carpates !

Malgré tout, Rome a sa place dans un dossier sur la mondialisation. D'abord parce que, par certains aspects, elle a unifié un espace comme aucun État auparavant. Certes, il y avait eu avant elle bien des empires, mais, pour la plupart, moins vastes et moins durables, tels les Assyriens et les Babyloniens en Mésopotamie. Les seuls qui pourraient lui être comparés par leur dimension, celui des Perses Achéménides et celui d'Alexandre, durèrent pour le premier un peu plus de deux siècles, pour le second quelques décennies.

Rome eut pour elle la durée, même si l'étendue des terres dominées varia au cours du temps. Entre la seconde moitié du IIe siècle av. J.-C., où l'empire prend une ampleur décisive (Narbonnaise, Afrique, Asie), et le partage effectif de 395 entre une partie orientale avec Constantinople pour capitale et une partie occidentale, il se passe plus de cinq siècles. De quoi marquer durablement l'espace et les hommes.

Dans cet immense territoire centré sur la Méditerranée mais qui atteint la mer du Nord, l'Atlantique, la mer Rouge, le Tigre, le Caucase, quel fut le rôle de Rome ? A-t-elle cherché à gérer et à exploiter cet ensemble pour son seul compte ? Davantage : a-t-elle cherché à modeler le monde connu, au-delà de l'empire, dans son propre intérêt ? Et, si oui, par quels moyens et avec quel succès ?

Un célèbre texte du rhéteur grec Aelius Aristide (IIe siècle apr. J.-C.), *L'Éloge de Rome*, peut servir de point de départ. L'auteur énumère des peuples qui participent au bien-être de Rome. Y figurent les Indiens, les habitants de l'Arabie Heureuse (Yémen), Babylone qui n'appartiennent pas à l'empire, au même titre que l'Égypte, la Sicile ou l'Afrique.

À sa manière, Aelius Aristide décrit bien un monde où les marchandises circulent, ce qui est certes l'un des aspects de la mondialisation : ne parle-t-il pas d'un « marché commun à toute la terre » ? Mais elles circulent, selon lui, au seul profit de Rome, au point que certains produits ne se trouveraient plus qu'à Rome, alors que le pays producteur en serait dépouillé.

On retrouve là une idée qui n'est pas si éloignée des thèmes développés par les adversaires actuels de la mondialisation : les pays riches appauvriraient les pays pauvres, producteurs de biens dont ils n'ont pas eux-mêmes l'usage. Mais ce n'est pas le propos d'Aelius Aristide. Il souligne seulement la capacité de la Ville à consommer des biens venus du monde entier. Pure célébration de la puissance absolue, sans aucune préoccupation d'ordre économique ou social.

D'autres, tels Pline l'Ancien, se sont demandé si l'empire ne se ruinait pas en achetant fort cher au-dehors des marchandises de luxe (aromates, épices, soies, etc.), sans rien vendre en échange. En réalité, il existe des courants d'échanges à double sens, comme le prouvent les produits venus de l'empire (Égypte, Syrie ou Asie Mineure) découverts en Inde, à Ceylan, au Yémen, voire en Asie centrale et en Chine. Certes, il s'agit de quantités modestes, mais comme l'étaient dans l'économie de l'empire les importations d'encens, de myrrhe, de soies chinoises ou d'ivoires africains.

On peut retenir cependant que, globalement, l'empire reste déficitaire par rapport au monde extérieur, c'est-à-dire qu'il exporte en compensation de l'or ou de l'argent. N'est-il pas tentant d'établir un parallèle entre cette situation et le déficit commercial colossal des États-Unis, qui vivent à crédit ? Il faut nuancer. D'abord parce que, en l'absence de crédit, l'empire exporte du métal précieux, or et surtout argent, ce qui signifie qu'au bout du compte les échanges sont équilibrés.

De plus, rien ne témoigne d'une politique visant à favoriser les intérêts des citoyens romains, encore moins ceux de sociétés capitalistes installées à Rome. Si l'Italie et Rome même exportent peu, les provinces de l'empire s'enrichissent à ce commerce. Contrairement à ce que pense Pline, le prix de revient des produits de luxe ne va pas, loin s'en faut, grossir le magot des producteurs extérieurs ; il grimpe en raison des coûts de transport encaissés en partie par des peuples de l'empire et de la fiscalité romaine aux frontières. L'or des coquettes matrones finit pour l'essentiel entre les mains des marchands d'Alexandrie ou de Tyr, c'est-à-dire à l'intérieur de l'empire, quand ce n'est pas dans les caisses du fisc.

Si l'on s'en tient à l'Empire romain, cet ensemble immense et composite, peut-on parler de « mondialisation » avant la lettre ? Il n'est pas difficile de mettre quelques indices en évidence, quitte à revenir sur leur signification et leur portée réelles. Il y a d'abord les relations de toute nature qui rendent l'ensemble de l'empire interdépendant et en font un espace ouvert. Passons sur les aspects strictement militaires : la pression exercée sur une frontière extérieure fragilise tout l'édifice.

D'un point de vue économique et financier, on est clairement dans un système d'exploitation par le biais du tribut, c'est-à-dire d'une exploitation du monde conquis, les provinces, au profit des conquérants Rome et l'Italie. Que, au Iᵉʳ siècle av. J.-C., le tribut d'une province riche comme l'Asie soit menacé, et le taux de l'argent s'envole à Rome en même temps que courent à la ruine les sociétés de publicains chargées de sa perception. Il existe donc bien une interaction entre le centre et les provinces, l'une des caractéristiques de la mondialisation. Elle ne paraît cependant pas exceptionnelle et se retrouve aussi bien dans la France d'Ancien Régime.

Lorsque des officines de verriers de Sidon, en Phénicie, comme Artas ou Ennion, ouvrent des ateliers en Italie ou en Germanie, s'agit-il d'un aspect de la « mondialisation » à la romaine ? Cherchent-ils une main-d'œuvre moins chère en se « délocalisant » ? C'est plus que douteux. Ils espèrent surtout se rapprocher de marchés gros consommateurs de leurs produits tout en réduisant les risques du transport.

Si l'on veut trouver des signes d'unification économique du monde romain, mieux vaut souligner d'abord la mise en place d'un système monétaire commun, la large diffusion à travers l'empire de certains produits comme la céramique, les textiles, de nombreux biens manufacturés et, parmi les denrées agricoles, le vin, l'huile, et, dans une certaine mesure, le blé. L'analyse des provenances d'amphores de n'importe quel site archéologique témoigne de la multiplicité des échanges, malgré la prépondérance des relations de voisinage.

Mais cette unification des marchés a des limites. D'abord Rome a laissé subsister jusqu'au milieu du IIIe siècle apr. J.-C. d'autres systèmes monétaires dans le monde grec, quitte à établir des équivalences avec le denier romain. Par ailleurs, certains produits circulent mal ou peu. Ainsi le blé, qui constitue partout la base de l'alimentation. S'il se transporte sans difficulté pour les besoins de Rome et de ses armées, depuis l'Égypte, la Sicile, l'Afrique ou toute autre province susceptible de dégager des excédents, cela n'empêche pas de graves crises frumentaires. On en possède plusieurs exemples qui montrent que le prix peut doubler ou davantage entre deux cités voisines, preuve d'un cloisonnement des marchés. Il est vrai que le rôle des spéculateurs n'est pas mince et peut expliquer aussi de telles crises.

Tout cela ne profite pas spécialement à Rome ni à l'Italie, dont les marchandises souffrent fortement de la concurrence des ateliers ou des campagnes des provinces. Or Rome ne protège pas réellement sa production, et ne fait rien pour l'imposer au-dehors. S'il y a unification, à défaut de « mondialisation » – le terme paraît excessif –, c'est sans doute dans le domaine du droit, de la culture et de la vie religieuse qu'on en trouve les meilleurs indices. Ne serait-ce d'abord qu'en matière linguistique.

L'Empire romain est une véritable mosaïque de peuples et donc de langues. L'usage du latin dans l'administration et l'armée en fait la langue de communication, dans toute la partie occidentale de l'empire, chez les notables et jusque dans les milieux populaires. Au point de faire disparaître à peu près toutes les langues indigènes.

En Méditerranée orientale, le grec joue le même rôle que le latin à l'ouest. Cependant, quelques langues indigènes possédaient une longue tradition d'écriture et furent ainsi sauvées : l'araméen, l'égyptien, l'arabe. Cela n'empêche pas la disparition de fait de la plupart des langues d'Asie Mineure, carien, pisidien, phrygien, lydien, galate, etc. et même du phénicien sur la côte syrienne.

En matière de droit, Rome n'a nulle part imposé ses pratiques : chaque peuple soumis conservait son droit. Mais la dispersion des citoyens romains faisait du droit romain le seul qui soit répandu dans tout l'empire. De plus, en cas de conflit entre un non-citoyen pérégrin et un citoyen romain, l'utilisation du droit romain s'imposait. Et des pérégrins entre eux pouvaient toujours choisir d'avoir recours au tribunal du gouverneur ou de ses adjoints, qui appliquait le droit romain. Enfin, après l'édit de Caracalla en 212, accordant la citoyenneté romaine à tous les hommes libres de l'empire, le droit romain devint la référence commune[1].

Quant aux cultes, on a si souvent insisté sur le respect de Rome pour les cultes indigènes qu'il paraît au premier abord interdit de soupçonner en ce domaine le moindre indice d'uniformisation. Et pourtant, c'est sans doute l'un des moyens les plus puissants et subtils de la « romanisation ». On a noté depuis longtemps que Grecs et Romains avaient pris l'habitude de donner des noms grecs ou latins aux dieux indigènes qui leur paraissaient équivalents aux leurs. C'est là un moyen d'imposer une certaine vision des dieux. Lorsque le Syrien Baalshamin se nomme Zeus ou que le Gaulois Mullo devient Mars-Mullo, ils subissent une transformation dont on relève la marque dans l'iconographie. Lorsque la déesse guerrière Allat, qui n'était pas représentée dans la tradition indigène, est honorée dans son temple de Palmyre sous la forme d'une Athéna athénienne, elle change de nature.

1. *Cf.* dans ce volume chapitre 27, p. 277.

Dans une belle étude, William van Andringa[1] a montré comment Rome a organisé les peuples gaulois en *civitates* en modifiant les structures religieuses : sans exclure les dieux gaulois, qui trouvent leur place à la périphérie de la ville, ce sont bien les dieux romains, Jupiter, Vénus, Mars, qui s'imposent partout au cœur de l'espace sacré civique. Le ralliement des nouveaux citoyens passe par une révérence marquée aux dieux de Rome et au culte dynastique. La construction d'un nouveau mode d'organisation politique se fait ainsi en installant dans la cité les grands dieux de Rome.

L'un des paradoxes de l'Empire romain est sans doute d'avoir à la fois respecté les différences culturelles lorsqu'elles ne mettaient pas en cause l'ordre établi, et réussi à répandre partout un mode de vie dont on ne doit pas négliger l'importance politique. Dans tout l'empire, les notables portent les mêmes vêtements, célèbrent les mêmes fêtes en l'honneur des empereurs, assistent avec le peuple aux mêmes spectacles du cirque, fréquentent les mêmes thermes, consomment vin et huile d'olive.

Derrière l'apparente superficialité de ces aspects de la vie quotidienne se cache la réalité d'une culture commune. Certes, les identités régionales ne disparaissent pas, mais elles sont partiellement masquées par l'adhésion d'un grand nombre au mode de vie gréco-romain, qui devient l'un des ciments de l'empire.

Cette acculturation, que l'on pourrait nommer « romanisation » si elle n'était pas tout autant une « hellénisation », a paru quelquefois aussi superficielle que peut l'être l'américanisation de nos sociétés. Le parallèle est risqué mais non sans fondement. Il est incontestable que

---

1. W. van Andringa, *La Religion en Gaule romaine. Piété et politique, Ier-IIIe siècle apr. J.-C.*, Paris, Errance, 2002.

l'adoption du latin ou du grec par les notables leur est davantage dictée par le souci de conserver leur pouvoir que par un goût pour la culture et la pensée que véhiculent ces langues. De la même manière, la primauté de l'anglais dans les milieux dirigeants n'implique pas la lecture quotidienne de romans ou de poèmes anglais ou américains. Ce qui ne l'exclut pas : la Syrie hellénisée a fourni pléthore de philosophes, de rhéteurs, de poètes de culture grecque, voire latine (Ammien Marcellin).

Fast-foods, boissons gazeuses, musique et films remplacent l'huile d'olive, les thermes ou les jeux du cirque d'autrefois. Il y a là sans doute à la fois un véritable intérêt pour ces nourritures et ces spectacles mais aussi le souci de paraître moderne, en suivant l'exemple de la puissance dominante. Il ne suffisait sans doute pas davantage à un Gaulois de fréquenter les thermes pour devenir un « Romain » qu'à un adolescent japonais de manger un hamburger pour être « Américain ». Mais, dans l'un et l'autre cas, il y a un effort d'identification, conscient ou non, une volonté de s'inscrire dans une culture mondiale jugée plus valorisante que la tradition locale.

Dans tous les cas se pose la même question : dans quelle mesure ces comportements sont-ils imposés ou recherchés ? Quelle que soit la réponse, il reste que la culture des maîtres du pouvoir devait paraître bien séduisante pour être si facilement et si massivement adoptée.

En définitive, les processus complexes de la « romanisation-hellénisation » invitent à réfléchir aux phénomènes actuels de « mondialisation » que l'on aurait évidemment tort de ne considérer que sous l'angle politico-économique. Bien sûr, il existe une part de contrainte dans la diffusion des processus politiques, économiques, religieux ou culturels. C'est bien Rome qui a contribué à diffuser les noms de ses dieux, la pratique de son droit, l'usage de sa monnaie et de sa langue.

Toutefois, c'est librement que les notables, puis des couches plus larges des sociétés indigènes ont adopté tout ou partie du mode de vie gréco-romain. Sans contrainte autre que sociale ou culturelle, sans que l'on puisse dénoncer un « impérialisme » culturel de Rome. Celle-ci est puissante, elle n'a nul besoin de contraindre pour que les provinciaux soient séduits par ses pratiques. Elle réussit d'autant mieux qu'elle ne contraint pas, qu'elle n'interdit pas les coutumes anciennes, qu'elle associe au pouvoir les notables locaux. La puissance politique suffit à provoquer ce glissement vers une culture nouvelle dont s'imprègnent des sociétés entières, si profondément qu'une part notable d'entre elles en conservent la marque indélébile jusqu'à aujourd'hui.

Post-scriptum. L'idée que Rome ait été l'exemple d'une première mondialisation, avec les limites que l'époque implique, est au cœur du livre d'Yves Roman, *Rome de Romulus à Constantin. Histoire d'une première mondialisation*, Paris, Payot, 2016.

22

« Des rites abominables et des mœurs effrénées[1] »

L'antijudaïsme est-il né dans l'Antiquité ? Les rumeurs les plus folles circulent sur les juifs dans le monde gréco-romain. Et des explosions populaires les prenant pour cible sont signalées. Pourtant, les autorités se montrent plutôt favorables à leur égard. Et les cas d'intégration sont nombreux.

Les Grecs ne prirent conscience qu'assez tard de l'existence des juifs. Ni Hérodote, au Vᵉ siècle av. J.-C., pourtant curieux des spécificités ethnographiques et religieuses, ni aucun autre auteur antérieur à la fin du IVᵉ siècle n'y fait la moindre allusion, en dehors d'une anecdote d'Aristote (384-322) rapportée par Cléarque de Soles. Le premier à en faire mention, le philosophe, historien et romancier Hécatée d'Abdère, autour de 300 av. J.-C., donne des indications un peu précises et abondantes : il nomme Moïse, le crédite de la conquête de la Judée et de la fondation du Temple, évoque les Tables de la Loi, connaît l'interdit porté contre l'infanticide.

1. *L'Histoire*, n° 269, octobre 2002, p. 32-35, dossier sur « L'antisémitisme ».

À sa suite, nombre d'auteurs anciens mentionnèrent les *Ioudaioi*, les « Judéens », seul nom sous lequel les Anciens aient désigné les juifs. L'accent se trouve donc mis sur l'origine ethnique plus que sur l'originalité religieuse, bien que celle-ci soit précisément ce qui distingue ces « Syriens » de leurs compatriotes : car la Judée n'est qu'un petit district de la Syrie au sens antique.

À défaut de parler d'un « antisémitisme » antique, il faut bien admettre qu'il existe une véritable « judéophobie » ou un « antijudaïsme » qui se traduit à la fois par des actes et par des textes. Mais ce serait faire fausse route que de croire que l'hostilité envers les juifs se retrouve partout et chez tous. Il faut distinguer entre l'attitude des autorités et celle du peuple, analyser selon des critères différents les mouvements de foule et le discours des intellectuels.

D'une manière générale, les autorités se montrèrent plutôt favorables aux juifs, aussi bien à l'époque hellénistique (332-31 av. J.-C.) que sous l'Empire. On pourrait en multiplier les exemples depuis le règne d'Antiochos III (223-187 av. J.-C.) jusqu'aux *imperatores* et gouverneurs romains de la fin de l'époque républicaine (Ier siècle av. J.-C.) qui ne cessèrent de rappeler le respect dû aux coutumes juives.

Cela n'empêcha pas à l'occasion de cruelles répressions, mais qui ne relèvent en aucune manière de l'antijudaïsme. Ainsi, la plus célèbre, celle d'Antiochos IV, en 168-164 av. J.-C., n'est pas dictée par la haine des juifs. L'édit royal de persécution de 167 av. J.-C., qui interdit la Loi juive, la Torah, constitue la maladroite réponse politique à une série de troubles nés des désaccords entre juifs[1]. Si Antiochos IV interdit la Loi, ce n'est pas au nom

1. En 175 av. J.-C., le grand prêtre Jason obtient l'autorisation d'Antiochos IV de transformer Jérusalem en cité grecque. De 172

de quelque principe idéologique, mais pour supprimer l'objet même du conflit. Tout roi punit ses sujets révoltés en leur ôtant le privilège de conserver leurs propres lois.

De même, la répression conduite par Vespasien puis Titus en 66-73 apr. J.-C., qui fait suite au soulèvement général qui a éclaté en Judée, est d'abord une mesure de maintien de l'ordre. Même dans ce contexte d'agitation, les Romains tentent d'éviter les débordements : lorsque les habitants d'Antioche veulent profiter de la défaite juive de 70 pour expulser les juifs de leur cité, Titus s'y oppose formellement.

L'attitude globalement favorable des autorités ne souffre que de peu d'exceptions et la plupart sont plus apparentes que réelles. En revanche, il existe une franche hostilité à la fois dans les milieux populaires et chez les auteurs anciens. Comment l'expliquer ?

Précisons d'abord que, dans les relations qu'entretiennent les païens avec les juifs, ce n'est pas toujours l'hostilité qui l'emporte. Les cas d'intégration sont nombreux. On trouve même les traces d'une certaine fascination. Le judaïsme exerce une forte attirance sur certains milieux païens : les femmes fréquentent volontiers la synagogue, des hommes acceptent de respecter les règles essentielles de la Torah, même si peu vont jusqu'à la conversion complète par répugnance envers la circoncision. Ces « craignant-Dieu », ces « prosélytes » comme les nomment les textes constituent un groupe parfois important, comme à Aphrodisias de Carie, en Asie Mineure.

à 169 av. J.-C., une guerre civile oppose Jason et Ménélas, nommé grand prêtre à sa place. [Voir désormais le *post-scriptum* au chapitre 12, p. 107, qui donne une perspective bien différente ; il n'en reste pas moins que la violente répression d'Antiochos IV est bien une réponse politique à la crise.]

Des explosions populaires contre les juifs sont cependant plusieurs fois signalées. Pour l'une d'entre elles, la documentation permet d'en deviner les raisons. À Alexandrie, au début du Iᵉʳ siècle apr. J.-C., les juifs représentent environ un cinquième de la population. Bien assimilés, ils parlent le grec et sont répartis dans toute la ville. Toutefois, une tension latente entre juifs et Alexandrins – c'est-à-dire Grecs d'Alexandrie – existe depuis que l'Égypte est devenue romaine, en 30 av. J.-C., tension que les préfets successifs ont su contenir.

Mais, à la mort de l'empereur Tibère, en 37 apr. J.-C., le préfet Avillius Flaccus prend fait et cause pour les Grecs en espérant qu'ils lui apporteront leur soutien face au nouvel empereur, Caligula, dont il a beaucoup à craindre. En échange de quoi il fermera les yeux sur leurs exactions. Les Grecs se déchaînent alors, brûlent les synagogues et les livres sacrés, massacrent les juifs, qui se regroupent en un véritable ghetto dans le quartier Delta.

L'ambiguïté du statut des juifs semble être l'une des causes essentielles de ce déchaînement de fureur. Lors de l'annexion de l'Égypte par les Romains, ceux-ci avaient conservé aux Alexandrins un statut fiscal privilégié par rapport aux autres habitants de l'Égypte et fait de la citoyenneté alexandrine l'antichambre de la citoyenneté romaine. Les juifs d'Alexandrie, dépourvus pour la plupart de la citoyenneté alexandrine, se voyaient du même coup traités comme des Égyptiens et perdaient ainsi l'accès au gymnase et à l'éducation grecque. Ils firent valoir qu'ils étaient présents dans la ville depuis les origines et qu'ils étaient donc eux aussi « Alexandrins ».

Les Romains donnèrent-ils l'impression qu'ils allaient accéder à la demande des juifs ? Les Grecs citoyens d'Alexandrie feignirent en tout cas de le croire et s'en prirent violemment aux juifs. Il fallut attendre l'avènement de Claude en 41 pour que la situation s'apaise : celui-ci affirma clairement que les juifs vivaient dans une ville qui n'était pas la leur en même temps qu'il interdisait aux Grecs de leur faire du mal. Cela n'empêchait pas que des juifs d'Alexandrie aient acquis le citoyenneté alexandrine dès l'époque hellénistique et se fassent accorder la citoyenneté romaine, mais cela restait marginal.

Ainsi, à Alexandrie, c'est la crainte de voir un groupe important, celui des juifs, s'intégrer à la cité qui nourrit la haine. Est-ce le cas ailleurs ? Ce n'est pas impossible. On connaît des exemples de cités grecques qui ont pris des mesures antijuives, massacres, expulsions sans qu'on en décèle les raisons précises.

Cela se fit toujours à un moment de conflit entre les juifs de Judée et leur souverain, comme si les Grecs cherchaient une occasion favorable pour agir. Par exemple, nombre de cités grecques de Syrie auraient pris des mesures répressives imitées de l'édit royal de persécution d'Antiochos IV de 167 av. J.-C., alors même que les juifs ne causaient aucun trouble particulier. De même, la révolte de 66 av. J.-C., limitée à la Judée, donna lieu à des massacres, à des expulsions, à des brimades hors de Judée.

Il semble que l'une des causes de l'antijudaïsme populaire soit le caractère privilégié des juifs dans l'Empire romain. Dans les villes d'Asie Mineure au Ier siècle av. J.-C., des troubles antijuifs éclatèrent à plusieurs reprises, que durent réprimer les gouverneurs romains. Les Grecs des cités leur reprochaient d'envoyer des quantités importantes d'or vers le Temple de Jérusalem, le fameux didrachme que donnaient les Juifs de la diaspora[1] pour l'entretien du Temple, mais surtout de jouir de « pri-

1. Le terme, issu du grec « dispersion », désigne l'ensemble des communautés juives implantées hors de Palestine.

vilèges » insupportables : ne pas être convoqué devant le tribunal durant le sabbat, être dispensé des cultes officiels, y compris du culte impérial, sous l'Empire.

Par ailleurs, on soupçonne les juifs d'être puissants, répandus partout et solidaires. Ainsi Cicéron plaidant en faveur d'un gouverneur qui a fait saisir l'or destiné à Jérusalem : « Tu sais combien leur troupe est nombreuse, combien ils se tiennent entre eux, combien ils sont puissants dans les assemblées. Je plaiderai à mi-voix, juste assez haut pour que les juges m'entendent. Car il ne manque pas de personnes pour exciter ces gens contre moi et contre tous les meilleurs citoyens, et je n'ai nulle envie de leur faciliter cette tâche » (*Pro Flacco*, 28).

De fait, le discours des auteurs anciens sur les Juifs est presque unanimement hostile. Certes, Aristote aurait rencontré en Asie Mineure un juif exceptionnel, « Grec non seulement de langue, mais aussi d'âme », et son disciple Théophraste fait des juifs une race de philosophes. Mais, en dehors de ces rares exemples, l'antijudaïsme fleurit dans la littérature antique. Chez certains, comme Martial ou Juvénal, à la fin du Ier et au début du IIe siècle apr. J.-C., il n'est que l'un des aspects du mépris des Syriens ; Juvénal en a donné l'image la plus célèbre : « Il y a beau temps que l'Oronte se dégorge dans le Tibre, charriant la langue, les mœurs de cette contrée, la harpe aux cordes obliques, les joueurs de flûte, les tambourins exotiques, les filles dont la consigne est de guetter le client près du cirque » (*Satires*, III, 60-66). Il existe bien cependant un antijudaïsme spécifique qui témoigne d'une réelle méconnaissance des pratiques juives, et d'une forte influence d'une tradition hostile dont on tentera de découvrir les origines.

L'ignorance des Anciens porte sur presque tous les domaines, mais d'abord sur la nature du dieu des juifs.

On reste saisi d'étonnement, à la lecture des auteurs les plus sérieux, par les absurdités qu'ils véhiculent sur les juifs. Étonnement d'autant plus grand que des juifs vivent partout dans l'Empire, notamment dans toutes les grandes villes, Rome en tête. Il semblait donc facile de se renseigner.

Or, malgré cela, Plutarque, à la fin du Ier siècle, ne craint pas de défendre l'idée que le dieu des juifs n'est autre que Bacchus, en se fondant sur des ressemblances formelles entre les rites juifs et ceux de Bacchus[1]. Tacite, à la même époque, le dément formellement : « Comme leurs prêtres chantaient en s'accompagnant de flûtes et de tambourins, qu'ils ceignaient leurs tempes de lierre et qu'une vigne d'or a été trouvée dans leur temple, quelques-uns ont pensé qu'ils adoraient Bacchus, le vainqueur de l'Orient ; mais les rites n'ont aucun rapport. En effet ceux que Liber a institués sont riants et joyeux ; les pratiques des juifs sont bizarres et sordides » (*Histoires*, V, 5).

D'autres ne cherchent pas si loin : l'historien Damocritos, dans un ouvrage intitulé *Les Juifs*, dit qu'« ils adoraient une tête d'âne en or, et [que] tous les sept ans ils capturaient un étranger, l'amenaient [dans leur temple] et l'immolaient en coupant ses chairs en petits morceaux » (La Souda). Pour Pétrone, les juifs vénèrent un porc[2]. Quant à la légende relative à l'étranger qu'on engraisse pour le sacrifier, elle connaît un développement considérable chez Apion, dont l'historien juif Flavius Josèphe s'emploie à démonter l'argumentaire[3]. Le thème de l'âne se retrouve lui aussi avec une belle constance, mais, pour beaucoup d'auteurs, les juifs ne sont rien

1. Plutarque, *Questions de Banquet*, IV, 6, 1-2.
2. Pétrone, fr. 37 Reinach, p. 266, n° 149.
3. Flavius Josèphe, *Contre Apion*, II, 7-13.

d'autre que des athées puisqu'on ne trouve chez eux aucune image d'un dieu.

En réalité, les Grecs et les Romains sont surpris, voire choqués, par le caractère immatériel du dieu des juifs. Comme le dit Juvénal, « un observateur du sabbat [...] n'adorera que les nuages et la divinité du ciel » (*Satires*, XIV, 96). Déjà Pompée, qui avait violé le Saint des Saints, la partie la plus secrète du Temple, dont l'accès était réservé au grand prêtre, lors de la prise du Temple en 63 av. J.-C., avait déclaré qu'il était vide[1] ! Certes, les Arabes aussi refusent les images des dieux, mais, à la différence des juifs, ils admettent leur présence et, avec le temps, les dieux arabes eux-mêmes reçurent une représentation anthropomorphique.

Chez les juifs, au contraire, domine l'intolérance la plus vive, du moins au temps des grandes révoltes contre la domination étrangère, entre le IIe siècle av. J.-C. et le IIe siècle apr. J.-C. : non seulement il n'est pas question que les juifs acceptent la moindre image de leur propre dieu, mais l'introduction – réelle ou supposée – d'images d'êtres vivants provoque d'effroyables émeutes. On le vit lorsque Hérode fit placer un aigle d'or sur une porte du Temple ou lorsque Ponce Pilate, préfet de 26 à 36 apr. J.-C., laissa entrer à Jérusalem un détachement de la légion avec ses enseignes.

La judéophobie se nourrit aussi de ce qui apparaît aux païens comme l'intolérance, voire la misanthropie des juifs. Selon Tacite, ils doivent à Moïse « des rites nouveaux contraires à ceux de tous les autres peuples. Là est profane tout ce qui chez nous est sacré ; en revanche, est permis tout ce qui chez nous est une abomination »

1. De fait, selon la tradition, les Tables de la Loi ont disparu depuis la destruction du Temple en 586 av. J.-C.

(*Histoires*, V, 4). Loin de respecter les rites des autres, ils refusent jusqu'à la fréquentation de ceux qui les pratiquent. Alors que les juifs sont libres de vénérer leur dieu dans tout l'empire, pas question du moindre sanctuaire païen en Judée proprement dite, et surtout pas à Jérusalem. Ils fuient le contact avec les païens, ou multiplient les rites de purification lorsqu'ils ne peuvent faire autrement.

Là encore, Tacite mélange réalités et ragots : « Séparés à table et faisant lit à part, ces gens, bien qu'effrénés dans leurs mœurs, n'ont pas commerce avec des femmes étrangères ; entre eux, tout est permis. Ils ont institué la circoncision pour se reconnaître à ce signe distinctif. Ceux qui adoptent leur religion adoptent la même pratique, et les premiers principes qu'on leur inculque sont le mépris des dieux, le reniement de leur patrie et l'idée que parents, enfants, frères et sœurs sont des choses sans valeur » (*Histoires*, V, 5). Et Juvénal d'ajouter que Moïse a enseigné aux juifs de ne jamais montrer leur chemin aux étrangers.

Quelle est l'origine de ces clichés hostiles ? En dépit des nuances que l'on peut relever entre les auteurs anciens, on décèle sans peine une commune source d'inspiration. Il existe en effet une tradition égyptienne antijuive, dont le représentant le plus connu fut Manéthon, auteur d'une *Histoire de l'Égypte* écrite en grec au IIIe siècle av. J.-C. Les juifs y apparaissent comme des étrangers dont la présence rend les dieux muets et ruine le pays. Alliés à des lépreux et eux-mêmes impurs, ils sont chassés d'Égypte après qu'ils ont massacré les animaux sacrés[1].

Ailleurs, l'institution du sabbat est expliquée par le fait qu'au cours de l'Exode, victimes de tumeurs à l'aine,

1. *Cf.* J. Yoyotte, *L'Histoire*, *Collections*, n° 13, octobre 2001.

en égyptien *sabbô*, à force de marcher dans le désert, les juifs auraient décidé de se reposer chaque septième jour, le sabbat. De même, le thème de l'âne, qui n'a aucun fondement dans aucune pratique juive, se rapporte sans doute au combat d'Osiris contre Typhon-Seth, assimilé à la lutte entre le pharaon et Moïse. Plutarque signale en effet que certains « racontent qu'après la bataille, Typhon, monté sur un âne, s'enfuit pendant sept jours et qu'une fois sauvé, il engendra deux fils, Hiérosolyme et Juda ».

Comment expliquer le succès de ces traditions auprès d'auteurs qui savaient par ailleurs faire preuve d'esprit critique ?

En Judée, entre l'époque maccabéenne et celle de Bar-Kokhba[1] – mais non dans la diaspora –, on a incontestablement assisté à un raidissement dans les comportements des juifs. Le respect des moindres exigences de la Torah fut jugé par les chefs de la communauté comme la réponse la plus adéquate au risque mortel de l'intégration. Car la longue cohabitation des juifs avec l'hellénisme les avait habitués à des comportements que la lettre de la Torah condamne.

On le voit bien dans la diaspora : les juifs y parlent le grec, fréquentent les lieux publics où s'étale la nudité des dieux et des hommes, se mêlent aux habitants des cités. En accentuant tout ce qui pouvait marquer la différence entre les juifs de Judée et leur environnement païen, les milieux rigoristes espéraient couper court à toute tentation d'intégration. Mais, ce faisant, ils justi-

1. En 167-164 av. J.-C., Judas Maccabée et ses frères mènent la révolte contre Antiochos IV. En 132-135 apr. J.-C., Bar-Kokhba conduisit le soulèvement général de la Judée ; *cf.* ci-dessous, chapitre 25.

fiaient les accusations des païens d'arrogance, d'impiété et de « haine du genre humain » portées contre eux.

Les défaites désastreuses de 70 (la destruction du Temple par Titus) et de 135 (la révolte de Bar-Kokhba et l'expulsion des Juifs de Judée) firent évoluer la situation. Devenus minoritaires en Palestine après 135 – et même absents de Jérusalem –, les Juifs durent s'habituer à vivre au milieu des autres. On vit ainsi des rabbins palestiniens déclarer que l'on pouvait fréquenter les thermes avec les païens, et que la présence des statues des dieux païens (Hermès, Héraclès ou Aphrodite) n'impliquait en rien qu'on les vénérât : il n'y avait donc nulle impiété à venir se baigner avec les autres.

Cette évolution ne fit pas taire la judéophobie ambiante. D'abord parce que subsistait le souvenir des révoltes juives, parmi les plus violentes qu'ait connues l'empire, et qui accréditaient l'image d'un peuple hostile aux autres. Ensuite parce que l'exclusivisme juif en matière religieuse parut toujours incompréhensible aux Romains.

Mais, désormais, les Juifs avaient quitté le devant de la scène. Intégrés dans les cités pour ceux de la Diaspora, ou regroupés en communautés à l'exotisme accepté, ils cessaient de constituer une menace pour la stabilité sociale. Bien plus dangereux apparaissaient les chrétiens, et la lutte contre cette nouvelle superstition ne tarda pas à mobiliser les énergies. Non que l'antijudaïsme se soit évanoui : désormais, ce furent les chrétiens qui en prirent le relais, avec des arguments nouveaux.

23

La ville ingouvernable de l'Empire romain[1]

En 63 av. J.-C., Jérusalem, devenue romaine, occupe une place à part dans l'empire qui reconnaît la spécificité de la religion juive. Mais, entre la ville et Rome, les relations ne cessent de s'envenimer. Les choses s'aggravent encore après la mort d'Hérode.

En 63 av. J.-C., Pompée le Grand pénètre dans le Temple de Jérusalem*, après trois mois de siège, et s'avance jusque dans le Saint des saints*. Depuis un peu plus d'un siècle que Judas Maccabée et ses frères ont rendu le Temple au culte (décembre 165 av. J.-C.), personne n'a osé violer les règles de pureté. Alors que, depuis un siècle, Rome a soutenu sans faillir l'indépendance juive face aux Séleucides – ce qui s'est traduit par un traité en bonne et due forme plusieurs fois renouvelé –, voilà que la première intervention directe des armées romaines en Judée se solde par un sacrilège ! Ainsi commence, mal, l'histoire de la présence romaine à Jérusalem.

1. *L'Histoire*, n° 378, juillet 2012, p. 24-29, dossier « Jérusalem ».

La conquête de Pompée

En 64 av. J.-C., Pompée décide de mettre fin à ce qu'il reste du royaume séleucide en Syrie et de faire du pays une nouvelle province romaine. S'il intervient à Jérusalem, ce n'est pas avec l'idée d'ajouter la Judée à cette nouvelle province ; il désire seulement mettre un terme à la querelle qui oppose les deux frères héritiers de la dynastie hasmonéenne : le cadet, Aristobule, conteste le pouvoir royal à son aîné Hyrcan et voudrait qu'il se contente du titre de grand prêtre*. Pompée, en campagne contre les Nabatéens de Pétra, ne peut laisser cette guerre ouverte sur son flanc. D'autant que l'on dit le trésor du Temple bien garni !

Peu importent ici les solutions adoptées par Pompée puis par ses successeurs pour résoudre l'imbroglio judéen, mais on retiendra que, pendant près de trois quarts de siècle, de 63 av. J.-C. à 6 apr. J.-C., Rome se garde bien de prendre directement en charge l'administration de la Judée en général et de Jérusalem en particulier. Rome imite en cela ses prédécesseurs lagides puis séleucides, qui avaient laissé les Juifs s'auto-administrer. Elle préfère agir par l'intermédiaire de princes-clients juifs, Hyrcan II d'abord, puis, à partir de 40, Hérode le Grand et, à sa mort en 4 av. J.-C., son fils Archélaos. Ce n'est que lorsque Auguste décide d'envoyer en exil Archélaos, décidément incapable de maintenir l'ordre, que Rome se résout enfin à gouverner elle-même la Ville sainte.

Hérode le mal-aimé

Sous le règne d'Hérode, la ville s'est transformée, et Rome pourrait croire qu'elle est devenue une ville comme une autre. Ses riches habitants ont volontiers cédé au goût pour les maisons modernes à la grecque, avec péristyle, notamment dans le quartier au sud du Temple. S'ils se gardent de violer les interdits concernant les images, ils n'en adoptent pas moins bien des traits de l'art gréco-romain du temps. Cela ne signifie pas pour autant que les juifs du Ier siècle soient prêts à tout accepter de cette culture étrangère.

On le voit bien au temps d'Hérode. Car Hérode a implanté à Jérusalem des monuments étrangers à la tradition juive : un théâtre et un amphithéâtre, un *bouleutérion* où se rassemble le conseil de la ville, un hippodrome. Il organise des concours à la grecque pour célébrer la victoire d'Octave à Actium. Certes, il a réservé la construction de temples païens à sa nouvelle capitale, Césarée, ou à Samarie, consacrée désormais à la gloire d'Auguste sous le nom de *Sébastè* traduction grecque d'*Augusta*. À Jérusalem, il a édifié au début des années trente la forteresse Antonia. Mais l'essentiel de ses travaux a consisté à embellir et achever le Temple, dont les travaux traînaient depuis le VIe siècle av. J.-C. Il lui donne une telle ampleur qu'on peut parler à son propos d'un nouveau Temple : il ne sera achevé qu'en 63 apr. J.-C.

Cela devrait lui valoir la reconnaissance des juifs pieux. Las ! Il n'en tire à peu près aucun bénéfice politique car on le soupçonne sans cesse des pires sacrilèges, à tort ou à raison. À raison, sans doute, lors de la plus célèbre affaire, survenue à la veille de sa mort, dite « de l'aigle d'or ». Pour orner une porte du sanctuaire, Hérode a fait placer au-dessus un aigle d'or. Aussitôt, poussés par leurs maîtres pharisiens, des jeunes gens viennent arracher le double symbole de l'impiété d'Hérode : non seulement il viole, au Temple, l'interdit de représentation des êtres vivants, mais il affiche sa soumission à Rome en plaçant en vue l'animal symbole de la puissance romaine. Lorsque les jeunes gens sont arrêtés et condamnés à être brûlés vifs, c'est l'émeute, une fois de plus.

Jérusalem l'insoumise paraît en ébullition permanente. La mort du roi en 4 av. J.-C. suscite de nouveaux troubles et, pendant que ses héritiers potentiels se déchirent devant Auguste à Rome, le gouverneur de Syrie est obligé d'intervenir pour rétablir l'ordre ; Rome en profite pour mettre la main sur une partie, au moins, du trésor du Temple, provoquant de nouvelles émeutes non seulement à cause du vol manifeste que cela constitue, mais de la désacralisation qu'entraîne l'entrée des païens jusqu'au cœur du sanctuaire. Le court règne d'Archélaos n'arrange rien : corrompu et violent, l'ethnarque des Judéens – Auguste lui a refusé le titre royal – est finalement déposé au profit de l'administration directe par Rome.

Troubles à répétition

S'ouvre alors une nouvelle phase dans l'histoire de Jérusalem. La ville est rattachée à la province de Syrie dirigée par un gouverneur de rang consulaire résidant à Antioche. Mais entre ce dernier et la ville s'interpose un personnage de rang relativement médiocre, le préfet puis, après 44, le procurateur de Judée, réglant sur place les problèmes au quotidien et commandant les troupes.

Pour la première fois depuis la brève occupation séleucide liée à la révolte des Maccabées, des troupes étrangères sont présentes dans la ville. Certes, Rome connaît les risques, et c'est bien pour cela que l'administration romaine a été installée à Césarée, ville grecque. Elle reconnaît la spécificité des Juifs : depuis César au moins, elle les autorise à envoyer de partout le demi-shekel destiné au Temple, et celui de vivre selon leurs propres lois, ce qui revient à dire que l'administration ne peut les convoquer le jour du shabbat, qu'on ne peut les enrôler dans l'armée et que Rome se porte garante de la sainteté du Temple. On a retrouvé en deux exemplaires le texte que Rome fit afficher clairement en grec pour interdire aux non-juifs d'entrer au-delà du parvis des gentils – construit sous Hérode et autorisé, lui, aux non-juifs –, sous peine de mort.

Pourtant, des explosions secouent de temps à autre la ville, presque toujours en riposte à ce qui apparaît aux juifs pieux comme des provocations du pouvoir romain. Ainsi, sous le long gouvernement du préfet Ponce Pilate (26-36). Lorsque celui-ci prétend utiliser des fonds pris dans le trésor du Temple pour faire construire un nouvel aqueduc destiné à améliorer l'approvisionnement en eau de la ville, la foule se masse autour du prétoire et, pour s'en dégager, Pilate doit faire intervenir la troupe qui doit frapper à coups de gourdin. Or, malgré ces précautions, explique Flavius Josèphe, « les Juifs périrent en grand nombre, les uns sous les coups, les autres en s'écrasant mutuellement dans leur fuite » (*Guerre des Juifs*, II, 176-177).

Plus grave, l'empereur Caligula (37-41) prétend faire placer sa statue dans le Temple. Le gouverneur de Syrie, Petronius, comprend aussitôt que c'est une erreur magistrale. Mais comment s'opposer au prince ? Il multiplie les consultations, sans faire fléchir les juifs, qui observent une grève générale de cinquante jours, se dispensant même des travaux agricoles habituels – c'est le moment des semailles. Impressionné, Petronius prend sa décision : il va tenter de faire revenir Caligula sur sa décision, au risque d'être lui-même condamné à mort et exécuté. Par chance pour lui, le prince est assassiné et le projet abandonné.

Une exception juive ?

Ingouvernable, Jérusalem ? Bien d'autres villes de l'empire connurent des troubles urbains, et l'on a remarqué depuis longtemps qu'en Syrie les légions campaient à côté des villes, comme s'il importait plus de surveiller les populations que de faire face à l'ennemi éventuel venu de l'autre rive de l'Euphrate. Cela dit, Jérusalem pose aux Romains des problèmes auxquels ses administrateurs ne sont guère préparés. Petronius, qui consulte longuement et ménage les susceptibilités, fait figure d'exception. Pour la plupart des Romains, le pointillisme religieux des juifs paraît incompréhensible : ils ne peuvent saisir un monothéisme qui, par nature, nie la réalité divine des dieux des autres. Nulle part ailleurs on ne s'offusque que les Romains fassent étalage de leurs symboles religieux, notamment à travers les enseignes ou des images impériales.

Il faut sans doute aussi s'interroger sur la qualité des administrateurs. A-t-on nommé préfets et procurateurs des gens particulièrement maladroits ou brutaux ? Selon Agrippa Ier, nommé roi de Judée par l'empereur Claude en 41 – il lui rend ainsi le royaume de son grand-père Hérode –, Pilate était « vindicatif et emporté » (*Legatio*, 303). Tacite explique de son côté que les choses se sont gâtées avec Caligula, qui nomma en Judée des hommes de modeste extraction, des chevaliers et des affranchis, pressés de s'enrichir et de plaire au prince à tout prix, ne connaissant rien aux réalités locales : « Antonius Felix, donnant toute carrière à sa cruauté et à sa débauche, exerça le pouvoir d'un roi avec l'esprit d'un esclave » (*Histoires,* 5, 9).

Il faut ajouter à cela que la position des agents romains est inconfortable, car ils se trouvent pris entre des exigences contradictoires. On a vu comment Pilate a le souci du bien-être des habitants de Jérusalem : en construisant un nouvel aqueduc, il veut mettre fin à la pénurie d'eau, fléau de la ville, et agit donc conformément aux instructions impériales ; mais où trouver l'argent, si ce n'est dans le trésor du dieu local ? Peut-il imaginer qu'il commet ainsi un sacrilège aux yeux des juifs, qui considèrent cet argent comme destiné uniquement à l'entretien du Temple ? Par ailleurs, comment respecter les lois juives – selon la volonté impériale maintes fois répétée – et manifester sa piété envers les dieux de Rome et l'empereur ?

Et puis les gouverneurs ne sont pas responsables de tout : de simples Romains se livrent à des provocations gratuites. Au temps du procurateur Cumanus (48-52), un soldat romain exhibe son sexe devant les pèlerins, provoquant une révolte ; le gouverneur Cumanus réprime l'émeute dans le sang (2 000 morts), prétend Flavius Josèphe. Un peu plus tard, au cours d'une opération punitive contre des villageois soupçonnés d'avoir protégé la fuite d'un bandit, un soldat déchire une copie de la Loi, en blasphémant : Cumanus, cette fois-ci, pour calmer les Juifs en colère, fait trancher publiquement la tête du soldat.

Il faudrait également pouvoir faire la part des problèmes économiques et sociaux, que l'on mesure mal. On sait que Jérusalem souffre d'une disette au temps du procurateur renégat originaire d'Alexandrie Tiberius Iulius Alexander (46-48), disette que soulage Hélène, reine d'Adiabène (actuel Kurdistan), convertie au judaïsme. De même, après l'achèvement des travaux du Temple, 18 000 ouvriers se retrouvent au chômage, et Agrippa II les embauche pour paver les rues de la ville, afin d'éviter les troubles. Dans les deux cas, on le voit, ce sont des notables juifs qui agissent, non l'administration romaine. Cela nourrit sans doute le mécontentement d'une population attentive aux discours extrémistes de prophètes plus ou moins exaltés. Car, outre les aspects sociaux, il faudrait faire une place à l'attente messianique, très présente à Jérusalem comme dans toute la Judée.

La destruction de la ville

L'insécurité grandit, car le mécontentement monte aussi bien contre les Romains que contre leurs riches alliés juifs. À partir des années 60, la ville doit faire face à un fléau nouveau : le terrorisme des sicaires. Ceux-ci assassinent en plein jour avant de se fondre dans la foule. Les victimes sont bien plus les juifs alliés des Romains y compris un grand prêtre, Jonathan, que les Romains eux-mêmes. D'où le peu de réaction de Rome face à ce nouveau défi.

Lorsque le procurateur Gessius Florus (62-66) pille sans vergogne le trésor du Temple et que les Juifs se moquent en organisant une quête pour le « pauvre Florus », l'explosion guette. Devant le refus des notables juifs excédés de livrer les moqueurs, Florus laisse l'armée se livrer à la violence, faisant 3 600 morts dans la ville. Puis il exige une entrée solennelle des cohortes, toutes enseignes dehors : ces provocations entraînent des manifestations continues, jusqu'à ce que les Juifs se soulèvent en 66. Si la révolte est pratiquement matée dans toute la Palestine* fin 68, Jérusalem résiste jusqu'en 70. Une guerre civile entre factions juives s'y déroule sous les yeux des Romains jusqu'à ce que ceux-ci, lassés, s'en emparent comme d'un fruit mûr, dans l'été 70, détruisant la ville et le Temple.

Jérusalem a perdu ce qui fondait sa célébrité et son pouvoir, le Temple. Avant même la fin du siège, des sages rabbis ont émigré à Iamnia, près de Césarée, pour y fonder une école d'étude de la Loi. Désormais, c'est la Galilée bien plus que Jérusalem qui est le cœur du judaïsme. De fait, entre l'incendie du Temple et la révolte de Bar Kokhba en 132, on ne sait presque rien de ce qui se passe à Jérusalem. La ville paraît dépeuplée, ruinée au milieu d'une campagne largement désertée. Les destructions sont telles que Flavius Josèphe, non sans exagération, estime que les visiteurs pourraient douter que les lieux aient été un jour habités ! La Xe légion *Fretensis* s'installe au milieu des ruines, dans le quartier nord-ouest de la ville. Sur les sept synagogues encore debout, une seule sert au culte.

Aelia Capitolina, *colonie romaine*

La situation y semble si affligeante que l'empereur Hadrien, en visite en Syrie en 129-130, songe à relever la ville en y installant une colonie romaine peuplée des vétérans de la Ve légion *Macedonica* et de colons civils « grecs », c'est-à-dire non-juifs. Alors que la plupart des colonies conservent le souvenir de leur nom ancien, *Aelia Capitolina*, installée sur le site de Jérusalem, n'en garde aucune trace : seuls Jupiter Capitolin et l'empereur Aelius Hadrianus sont honorés.

La création de cette colonie est-elle la cause ou la conséquence de la révolte qui éclate avec violence dans le courant 132 sous la direction d'un homme que les sources anciennes désignent sous le nom de Bar Kokhba ? Il semble bien que la décision de créer la colonie soit antérieure à la révolte, même si la réalisation est pour l'essentiel postérieure. La guerre reste limitée à une partie de la Judée, mais Rome a beaucoup de mal à la mater[1].

Jérusalem même est peu impliquée dans ce soulèvement, si ce n'est indirectement. En effet, les révoltés occupent essentiellement le sud de la Judée et, s'il est question de Jérusalem, c'est uniquement comme d'un objectif à atteindre. Des monnaies portent la mention « Pour la liberté de Jérusalem », mais il ne semble pas que les hommes de Bar-Kokhba aient jamais contrôlé la ville.

En tout cas, après l'échec de la rébellion, en 135, Hadrien prend des mesures terribles contre les Juifs de Judée : interdiction de la circoncision, du shabbat et de l'étude de la Torah, interdiction d'ordonner des rabbins, mais surtout interdiction pour les Juifs d'entrer à Jérusalem, sauf un jour par an, le 9 Ab (août-septembre), pour pleurer sur les ruines du Temple. Jérusalem devient la seule ville de l'empire sans juifs, la seule ville interdite aux juifs. L'installation de la colonie pouvait reprendre.

La ruine de l'ancienne ville est si profonde que le plan de la nouvelle cité tient peu compte des vestiges existants. On a bien conservé les remparts à l'est et à l'ouest, mais la ville s'est rétrécie, laissant hors des murs les quartiers nord et sud. En contrebas de l'esplanade du

1. *Cf.* ici même chapitre 25, p. 255.

Temple – qui reste vide – se dresse le nouveau temple de Jupiter Capitolin ; celui de Vénus se trouve près du centre-ville, là où sera construit le Saint-Sépulcre sous l'empereur chrétien Constantin, où se croisent *cardo* et *decumanus*, les deux rues perpendiculaires caractéristiques des colonies romaines ; d'autres temples, Esculape, Sérapis, des thermes, un théâtre, deux forums ornent la ville. Aelia devient une banale ville de Syrie, avec ses rues à colonnades, son monnayage portant quelquefois le sanglier, emblème de la Xe légion, et ses institutions civiques coloniales.

On connaît mal la colonie romaine, car les plus anciens voyageurs n'arrivent guère avant l'époque de Constantin. Le premier à le faire fut le pèlerin de Bordeaux en 333[1]. On sait néanmoins que deux grandes statues impériales se dressaient sur le mont du Temple. Des portiques ont été aménagés autour de la piscine de Siloé, alors que l'on élève ici et là des arcs monumentaux. Mais la ville reste peu peuplée et dépourvue de murs. Pourtant, Rome se soucie du confort de la population et de ses soldats : un nouvel aqueduc est construit grâce aux troupes. Il y a même une bibliothèque, selon Iulius Africanus (v. 180-v. 250), auteur de langue latine natif de Jérusalem. Mais le développement est lent, et on est frappé, malgré le grand nombre de fouilles effectuées, par le très petit nombre d'inscriptions datées de cette époque, en dehors de celles à caractère funéraire. Il faut donc recourir aux textes littéraires, ceux des auteurs chrétiens comme ceux des rabbis du Talmud, pour glaner quelques détails.

Ainsi apprend-on qu'une petite communauté chrétienne fleurit dans la ville depuis les temps apostoliques.

---

1. Plus ancien récit anonyme d'un pèlerinage en Terre Sainte, rédigé en latin.

Puisant ses membres pour une bonne part chez les juifs, elle a constamment élu un évêque issu de ce milieu. Or, selon Eusèbe, en 134, elle se dote de son premier évêque d'origine non-juive, l'évêque Marc, comme si elle appliquait d'elle-même l'interdit établi par Hadrien. C'en est bien fini de la Jérusalem juive ! D'ailleurs les rabbis la vomissent : elle est devenue, selon certains, le lieu privilégié de fabrication des idoles. Sans doute est-ce excessif, mais on sait que la ville est un centre de fabrication des sarcophages en plomb, lesquels sont ornés des sujets mythologiques traditionnels. Il n'y a rien là d'étonnant puisque la clientèle est essentiellement païenne : elle retrouve sur les sarcophages les thèmes qui ornent les mosaïques des belles maisons de la ville.

Les juifs sont les grands absents et l'interdit qui les frappe paraît appliqué, du moins pendant un temps. Au début du IIIe siècle, peut-être en raison des excellentes relations supposées entre le patriarche (*nassi*), chef du Sanhédrin* depuis la disparition du grand prêtre, Juda Ier et Caracalla, une « sainte communauté » (*kehilah kadicha*) est attestée à Jérusalem. Mais cela ne change rien au fond : le Temple détruit sans espoir de restauration, les Juifs écartés à l'exception d'une infime minorité, Jérusalem est une autre ville. Elle est bien cette Aelia païenne, une colonie comme les autres, même si, déjà, quelques rares chrétiens en font le but d'un pèlerinage, comme Méliton de Sardes (milieu IIe siècle), Origène (IIIe siècle) ou l'évêque Alexandre de Cappadoce sous Caracalla. Mais la ville est si peu importante pour les Romains qu'à la fin du IIIe siècle la légion est mutée dans le port d'Aila (actuel Aqaba). Désormais une simple aile de cavaliers maures suffit à en assurer la tranquillité.

Le choix de Constantin d'adhérer au christianisme au IVe siècle change radicalement et rapidement le statut de Jérusalem. La grosse bourgade provinciale à laquelle était attaché le souvenir des turbulences juives devenait tout à coup le lieu béni de la Résurrection. Une nouvelle phase de l'histoire de la Jérusalem romaine commençait.

Post-scriptum. On dispose désormais d'une excellente histoire de la ville, dépouillée des présupposés théologique ou politique qui peuplent la plupart : V. Lemire (dir.), *Jérusalem. Histoire d'une ville-monde*, Paris, Flammarion, coll. « Champs histoire », 2016.

24

Quand les sicaires semaient la terreur[1]

Au Ier siècle de notre ère, un groupe d'extrémistes juifs, les sicaires, sème la terreur dans la Judée sous domination romaine. Fanatiques redoutables, ils préfèrent la mort au moindre abandon de leurs traditions.

Si l'on désigne comme « terroriste » tout groupe qui sème la terreur pour atteindre les objectifs qu'il s'est fixés, les extrémistes juifs du Ier siècle, que l'on nomma les « sicaires », peuvent être rangés sans hésiter dans cette catégorie.

Leur nom vient de leur arme favorite, un petit poignard (*sica*) facile à dissimuler sous le vêtement et qui leur permet d'assassiner les victimes choisies. Car leur méthode n'est pas l'attentat massif – nul dans l'Antiquité n'en aurait les moyens –, mais le meurtre individuel, dont le caractère imprévisible doit contribuer à terroriser les complices, réels ou supposés, de l'adversaire, et à faire basculer les indécis du bon côté.

Fanatiques redoutables, terroristes au sens le plus exact du terme, les sicaires le sont incontestablement. Mais dans quel contexte est né ce que l'on peut considé-

1. *L'Histoire*, n° 259, novembre 2001, p. 77.

rer comme l'un des plus anciens exemples de terrorisme politico-religieux ?

Il faut remonter vers 175 av. J.-C. À cette époque éclate en Judée, province du royaume grec des Séleucides, une révolte populaire conduite par les Maccabées. Révolte violente suscitée par la tentative des élites juives d'imposer une nouvelle organisation sociale autorisant ceux qui le souhaitent à vivre « à la grecque »[1].

Le succès final des insurgés et la naissance d'un État juif n'empêchent pas que la société juive soit désormais confrontée à un problème lancinant : comment vivre en Juif pieux dans un monde où les païens dominent et où certains dirigeants juifs eux-mêmes semblent prêts à admettre une partie des comportements grecs ?

En 63 av. J.-C., la disparition de l'État juif issu de la révolte des Maccabées entraîne la soumission des juifs à un nouveau maître : Rome. L'exaspération des juifs pieux ne fait que croître, pour culminer au Ier siècle apr. J.-C. Les *Apocalypses* se multiplient, annonçant l'imminence de la fin des temps[2]. Le mouvement embrase littéralement la Judée dans les années 30-40, avec une prolifération de « messies » et autres prophètes.

Cette exaspération se marque par une radicalisation des pratiques religieuses ; de nombreux juifs préfèrent la mort au plus minime abandon des traditions. Position qui s'explique d'autant mieux que la foi en l'imminence absolue du Jugement dernier invite chacun à se tenir prêt en permanence.

C'est dans ce contexte que s'inscrit le mouvement terroriste des sicaires. Leur cible ? D'abord les pharisiens. Parmi les courants multiples qui traversent alors

1. D'abord révolte fiscale ; *cf.* le *post-scriptum* du chapitre 13.
2. *Cf.* ci-dessus chapitre 14.

le judaïsme, ces derniers jouissent du plus grand prestige. Bien loin de l'image caricaturale qu'en donnent les Évangiles, ils constituent un courant intellectuellement novateur, ouvert, quoique profondément attaché au strict respect de la Loi. Or les prescriptions de la Loi en matière de pureté rituelle paraissent de plus en plus difficiles à respecter alors que les païens sont partout, même à Jérusalem. Beaucoup de pharisiens s'en accommodent cependant, car ils voient dans les maîtres romains le protecteur indispensable face aux « brigands » qui créent de l'agitation en Judée à la faveur de la grave crise sociale que connaît le pays.

Mais d'autres refusent de se rallier à Rome. Ce sont d'abord les zélotes, des groupes extrémistes qui partagent les conceptions religieuses des pharisiens, mais en refusent les positions politiques. Pour eux, la vie juive conforme à la Loi ne peut être menée qu'au sein d'un État juif. C'est dans ces groupes que l'attente eschatologique se manifeste avec le plus de vigueur. Lors de la grande révolte contre Rome en 66, ils jouent un rôle essentiel.

Mais ils sont débordés en matière d'activisme politique par le groupe extrémiste des sicaires. Ceux-ci estiment qu'il faut aider Yahwé en précipitant la chute de la domination romaine en Judée. Certes, émeutes et révoltes isolées ne cessent pas de 4 av. J.-C. à 66 apr. J.-C., mais chaque fois les notables juifs parviennent à en limiter l'ampleur par des compromis avec l'occupant. Les sicaires, bras armés des zélotes, adoptent donc une stratégie de la terreur, afin de faire basculer les indécis du côté de la guerre à outrance et d'effrayer les notables. En assassinant les plus prestigieux d'entre eux, d'anciens grands prêtres par exemple, en brûlant leurs propriétés, ils comptent les obliger à se désolidariser de Rome.

En 66, l'objectif est atteint. Face à de nouvelles provocations romaines, humiliés par l'occupant et terrorisés par les sicaires, les notables juifs basculent dans la révolte et tentent de la prendre en main. Cruelle illusion : très vite les groupes les plus extrémistes s'emparent de Jérusalem, éliminent les anciens notables, terrorisent la population et s'entredéchirent pour le contrôle de la ville et du Temple.

Leur échec final, le suicide collectif des derniers résistants de Massada importent peu ici, où il s'agit davantage de comprendre les moteurs de l'action que d'en apprécier les résultats historiques. Nés des frustrations d'un choc de cultures, appuyés sur l'interprétation radicale de la Loi, poussés à l'action politique par une situation économique et sociale difficile, les sicaires combinent les ingrédients indispensables à la naissance d'un mouvement terroriste.

25

Bar Kokhba contre Rome : le dernier combat des Juifs de Judée[1]

En 132, la Judée se soulève contre l'occupant romain. À la tête des révoltés : Bar Kokhba, « le Fils de l'Étoile ». Sa défaite devant les troupes de l'empereur Hadrien aura des conséquences incalculables : les juifs deviennent une minorité en « Terre promise ». Pour près de deux mille ans.

Été 70 : le Temple de Jérusalem brûle. Accident, geste vengeur d'un légionnaire romain contrevenant aux ordres ? Destruction volontaire sur ordre exprès du général en chef et futur empereur Titus ? Peu importe, après tout. Seul compte le résultat : la destruction du lieu unique du culte juif, la ruine de la ville et la déportation de ses habitants. Après trois ans de siège où les troupes romaines ont passé le plus clair de leur temps à observer les bandes juives rivales s'entredéchirer et terroriser leurs compatriotes, la victoire est enfin là.

Et ce n'est pas la résistance du rocher de Massada, dernière place forte à tomber en 73 ou 74, qui puisse mettre en péril la domination de Rome restaurée sur la Judée entière. Tout porte à croire que les juifs, qui n'ont cessé

1. *L'Histoire*, n° 255, juin 2001, p. 66-71.

de s'agiter depuis plus d'un siècle – la conquête romaine remonte à 63 av. J.-C. –, sont enfin matés[1].

132 : Rome tremble. Une nouvelle révolte vient d'éclater en Judée[2]. La situation se révèle rapidement désastreuse. Une légion entière, soit 5 000 hommes, venue en renfort d'Égypte, disparaît corps et biens ! L'empereur Hadrien, qui a effectué une tournée dans la région peu auparavant, dans l'été 130, fait appel en hâte à ses meilleurs généraux. Va-t-on revivre le cauchemar de 66 et assister à un nouveau soulèvement général des juifs de Judée, de Galilée et d'Idumée ? Comment a-t-on pu en arriver là ? Et que veulent donc les révoltés ?

En dépit de la destruction du Temple et des ravages considérables subis par les villes et les villages, la Judée n'a pas fait l'objet des mesures de répression que l'on pouvait craindre après une révolte qui avait mobilisé aussi longtemps les troupes romaines. Certes, on observe une diminution des établissements agricoles, notamment en Judée proprement dite, mais Vespasien n'a pas confisqué tout le pays pour le distribuer à des colons romains ou l'ériger en un domaine impérial qui serait sa propriété personnelle, comme il aurait été en droit de le faire. Il s'est contenté d'installer 800 vétérans à Emmaüs, à proximité de Jérusalem, et de donner quelques terres à des amis proches comme l'historien juif Flavius Josèphe. Pour le reste, les juifs restent nombreux dans la région, même si la violence des combats et la ruine de Jérusalem en ont fait fuir beaucoup, soit dans les villes de la côte,

1. Sur les relations entre Juifs et Romains, *cf.* Claude Aziza, *L'Histoire*, n° 212 spécial.

2. Ce terme désigne à la fois, au sens strict, la petite région qui entoure Jérusalem et l'ensemble de la province romaine (depuis 70) englobant Judée au sens strict, Samarie, Galilée et Idumée.

soit en Galilée, soit plus loin encore en Syrie, en Asie Mineure, à Alexandrie ou à Rome.

C'est d'ailleurs sur la côte puis en Galilée que s'ouvrent les premières académies rabbiniques* et que s'organise la nouvelle vie du judaïsme. Car les juifs ont perdu non seulement leur lieu de culte, mais aussi leur chef religieux, le grand prêtre*, et son conseil, le Sanhédrin. Il n'y a donc plus personne pour décider du calendrier des fêtes, pour trancher les différends légaux, prononcer les divorces, proclamer l'ouverture de l'année sabbatique* où pendant un an les terres resteront en friche, etc. Les juifs sont, de fait, livrés à eux-mêmes.

Or, avant même la destruction du Temple, des structures nouvelles s'étaient progressivement mises en place, qui se révèlent tout à coup bien utiles. Depuis longtemps déjà les juifs s'étaient dispersés dans tout le Proche-Orient, autour du bassin méditerranéen, de sorte que beaucoup d'entre eux ne pouvaient pas fréquenter le Temple de Jérusalem. À défaut de sacrifier, ces juifs éloignés se réunissaient dans des maisons de prière, pour écouter des hommes sages lire et commenter les Écritures saintes.

De même, pour les aider à comprendre les passages obscurs de la Loi ou à s'orienter dans les choix de la vie quotidienne, les juifs avaient recours à des « maîtres » en exégèse, des *rabbi*, dont l'autorité intellectuelle, morale et spirituelle ne cessa de croître. Pour beaucoup de juifs, la destruction du Temple et la disparition du grand prêtre ne changeaient donc rien à l'existence quotidienne. Tous ressentirent cependant ce que l'abolition de ces symboles millénaires avait de dramatique. Mais le judaïsme survivait, et il fallait s'adapter aux situations nouvelles.

Durant le siège de Jérusalem, l'un des *rabbi* les plus en vue et les plus respectés, Yohanan ben Zakkai, avait réussi à fuir la ville caché dans un cercueil et à s'installer à Iamnia. Là, avec l'accord des Romains, il avait ouvert une école rabbinique alors que Jérusalem n'était pas encore tombée. Lorsque la catastrophe se fut produite, assez naturellement, Yohanan ben Zakkai se trouva placé au premier rang et lui-même et son entourage furent conduits à prendre les décisions qui relevaient autrefois du grand prêtre. Ainsi, sans heurt, avec l'accord tacite des autorités romaines, les juifs se dotaient de l'organisation qui était indispensable au respect de la Torah* et à la survie de la communauté. La paix semblait assurée pour longtemps.

Pourtant, les juifs de Palestine continuaient d'être agités par des courants messianiques et des espérances eschatologiques que le désastre de 70 n'avait pas détruits. On en trouve la trace dans des ouvrages rédigés entre 70 et 130, comme les livres IV et V des *Oracles sibyllins*, l'*Apocalypse grecque de Baruch* (*III Baruch*) avant 115-117 et *l'Apocalypse syriaque de Baruch* (*II Baruch*) au temps de Trajan 98-117[1]. Ce dernier livre, dans la meilleure tradition du genre apocalyptique, explique que le temps de l'Univers est divisé en douze parties, reconnaissables à des signes. Le signe distinctif de la septième partie est laissé en blanc, sans doute pour donner à comprendre qu'il s'agit de la destruction du Temple. Au terme des douze périodes apparaîtra le Messie* : « Après cela, quand sera accompli le temps de la venue du Messie et qu'il retournera avec gloire, tous ceux qui se sont endormis dans son espérance ressusciteront. Il arrivera en ce

1. Tous ces textes sont réunis dans les *Écrits intertestamentaires*, publié sous la direction d'André Dupont-Sommer et Marc Philonenko, Paris, Gallimard, coll. « Bibliothèque de la Pléiade », 1987.

temps-là que s'ouvriront les trésors dans lesquels était gardé le nombre des âmes des Justes ; elles sortiront et la multitude des âmes apparaîtra, toutes ensemble en une seule assemblée, en un seul esprit, et les premières se réjouiront et les dernières ne s'attristeront pas, car elles sauront que le temps est venu, dont il fut dit qu'il est la fin des temps. Quant aux âmes des impies, quand elles verront tout cela, elles se consumeront encore davantage, car elles savent que leur supplice est venu et que leur perdition est arrivée. » L'attente pressante de la fin des temps, qui avait été l'un des moteurs de la révolte de 66, se perpétuait.

La très brutale révolte des Juifs de Cyrène, d'Égypte et de Chypre en 115-117 aviva les tensions. Les zélotes, partisans de l'action violente contre l'occupation romaine, n'avaient cessé d'être influents chez les *rabbi* et, par leur intermédiaire, chez une partie des fidèles. De plus, la situation sociale n'était guère brillante. Certes, autour de Jérusalem, la disparition de nombreux propriétaires anciens et le départ, volontaire ou non, de plusieurs milliers de Juifs avaient partiellement réglé le problème du surpeuplement et du manque de terres.

Mais beaucoup de Juifs avaient perdu leur domaine ; la présence de propriétaires étrangers les conduisait à s'embaucher comme salariés chez des païens, et à les côtoyer dans des conditions qui violaient les règles de pureté fixées par la Torah ou, du moins, en rendaient le respect difficile. Ces maîtres païens introduisaient leurs idoles, multipliaient les temples et les images interdites, violant les règles juives élémentaires.

Les autorités romaines étaient conscientes de cette situation explosive. Après 70, Vespasien avait laissé une légion en garnison sur les ruines de Jérusalem. Vers 110, une autre légion, venue d'Égypte, stationna un temps dans la région. En 123, une troisième, venue de l'Arabie voisine, du camp de Bostra, s'installa en Galilée, à Caparcotna, en un point stratégique d'où elle pouvait intervenir rapidement en Galilée comme en Samarie.

À partir de 120, l'armée se livra à un intense travail de réfection des routes, ce qui tranche avec ce que l'on sait de la situation des provinces voisines (Syrie, Arabie), où l'on n'observe rien de tel. Visiblement, Rome se préparait à affronter un nouveau soulèvement juif ou, du moins, elle tentait de s'y préparer et, si possible, de l'éviter.

Et pourtant, au moment où la révolte se produit, les troupes romaines semblent incapables de la juguler ! En 132, elle éclate brutalement et embrase les campagnes autour de Jérusalem. À la différence de ce qui s'était passé en 66, la Galilée reste calme – seules quelques bandes galiléennes portent secours aux juifs du Sud. Pourquoi cette brusque explosion à ce moment-là ?

La réponse est difficile à donner – elle divisait déjà les auteurs anciens. On invoque le plus souvent deux causes immédiates, qui ne sont évidemment pas exclusives l'une de l'autre. En premier lieu, vers 130, Hadrien aurait promulgué un édit interdisant la circoncision. Cet édit ne visait pas seulement les juifs puisque d'autres peuples de l'empire observaient cette pratique rituelle – les Arabes, les prêtres égyptiens notamment. En fait, Hadrien prolongeait ainsi la législation impériale contre les mutilations corporelles, jugées insupportables aussi bien par les Grecs que par les Romains, très soucieux d'intégrité physique.

Mais, pour les juifs, c'était un désastre car la circoncision est le symbole de l'alliance avec Yahwé ; s'y soustraire, c'était briser l'alliance. On semblait revenir au temps de la pire persécution, celle d'Antiochos IV, en 167 av. J.-C.[1], lorsque l'interdiction de la circoncision visait ouvertement à l'éradication du judaïsme.

En second lieu, lors de sa visite en Syrie dans l'été 130, Hadrien prit la décision de relever Jérusalem. Cependant, il ne projeta pas de reconstruire la ville juive détruite en 70, mais d'implanter sur ses ruines une colonie romaine, Aelia Capitolina, placée ainsi sous le double patronage de l'empereur Aelius Hadrianus et de Jupiter Capitolin. Cela signifiait non seulement l'installation de colons étrangers païens puisqu'il s'agissait essentiellement de vétérans des légions romaines, mais aussi la construction de sanctuaires païens, notamment ceux de Jupiter et du culte impérial.

Par cette mesure, Hadrien ne cherchait peut-être pas à blesser les juifs. Pour lui, il convenait de restaurer brillamment une ville autrefois célèbre. Et comment lui donner plus d'éclat qu'en en faisant une colonie romaine, c'est-à-dire une petite Rome ? Il est probable qu'il n'a pas mesuré à quel point elle constituait un symbole sacré pour les juifs. À moins que cette décision ne fût déjà une mesure préventive contre l'agitation qui pointait un peu partout à travers le pays. En tout cas, pour les juifs, le sacrilège fut insupportable.

Ces deux raisons ne pèsent sans doute pas du même poids. La fondation d'Aelia Capitolina est à coup sûr antérieure à la révolte et, quel que soit le sens que l'on donne à cette décision, elle a constitué un facteur de déclenchement de l'insurrection. En revanche, le rôle de l'édit sur la circoncision paraît beaucoup plus douteux. En effet,

1. Les Séleucides, héritiers d'Alexandre le Grand établis en Asie Mineure, ont conquis la Palestine vers 200 av. J.-C. Le roi séleucide Antiochos IV interdit la Torah et la circoncision en 167 av. J.-C. *Cf. L'Histoire*, n° 56 ; mais *cf.* p. 135-138.

il n'est lui-même attesté que par un texte législatif plus tardif, un édit d'Antonin le Pieux qui en annulera les effets dans les années 140. Rien ne prouve donc qu'il soit antérieur à la révolte et il peut n'être que l'une des mesures répressives prises après le soulèvement. Il faut donc rester prudent sur ce point.

En définitive, la révolte jaillit sans doute à la fois du mécontentement profond d'une partie de la paysannerie judéenne et des espérances messianiques et eschatologiques de certains juifs, notamment des *rabbi* les plus influents, comme *rabbi* Aqiba. La décision de fonder Aelia Capitolina put servir de détonateur à une situation explosive.

La guerre éclate en Judée, non pas à Jérusalem même, quasi déserte et occupée par une légion tout entière, mais dans les collines au sud et au nord de la ville. À la tête du mouvement se trouve un homme que les sources anciennes désignent sous le nom de Bar Kokhba, c'est-à-dire « le Fils de l'Étoile ». On a découvert dans les années 1950 dans les grottes du désert de Judée d'abondantes archives, notamment des papiers privés (contrats de mariage, actes de tutelle, locations, etc.) des révoltés et, parmi elles, une lettre autographe dudit Bar Kokhba, qui révèle sa véritable identité : Simon ou Siméon Bar Kosiba. Mais la tradition a imposé le nom de Bar Kokhba, que l'on conservera donc ici.

Les objectifs des révoltés s'affichent sur les légendes des monnaies émises par leurs soins, bien que l'interprétation n'en soit pas absolument claire. Les unes portent une date : « L'an I de la liberté d'Israël », d'autres véhiculent un mot d'ordre : « Pour la libération de Jérusalem. » On ne peut donc en déduire ni message messianique ni annonce de la fin des temps.

Les buts à atteindre sont immédiats et terrestres : libérer Jérusalem du joug des païens, créer un nouvel État juif délivré de la tutelle romaine. Ce qui n'exclut pas d'autres attentes, d'autres impatiences. Y a-t-il volonté de reconstruire le Temple et de restaurer la hiérarchie sacerdotale ? Peut-être, si l'on en juge par la présence, aux côtés de Bar Kokhba, du prêtre Éléazar. Mais cela reste hypothétique.

Le déroulement de la guerre nous échappe largement dans le détail car aucun Flavius Josèphe n'en a consigné le souvenir comme pour la guerre juive de 66-73. Il faut donc en reconstituer les conditions et le déroulement avec un squelettique récit de l'historien romain Dion Cassius (vers 155-vers 235), et surtout grâce aux découvertes archéologiques.

Dion Cassius – qui met la révolte en relation directe avec la fondation d'Aelia Capitolina – souligne que les insurgés se livraient à de véritables opérations de guérilla et se retiraient dans des souterrains et caches imprenables. Bien qu'il ne livre aucun détail précis, il note qu'Hadrien fit appel au meilleur général du temps, Iulius Severus, gouverneur de Bretagne. Il fallait que la crainte soit grande pour que l'on déplace ainsi un général d'un bout à l'autre de l'empire. De plus, ajoute l'historien, après la victoire, Hadrien n'osa pas écrire au Sénat en employant la formule consacrée : « Moi et mon armée allons bien. » Aveu révélateur, même si Dion Cassius n'en précise pas la raison, à savoir l'importance des pertes romaines.

En effet, par recoupements, les historiens sont aujourd'hui persuadés qu'une légion entière, la XXe *Deioteriana*, envoyée d'Égypte en Judée avec 5 000 hommes, fut complètement décimée. Elle disparaît de la documentation sans que les auteurs anciens donnent la moindre explication.

L'archéologie a confirmé la description sommaire de Dion Cassius : on a retrouvé dans le désert de Judée les grottes où se cachèrent les révoltés, ainsi qu'un important réseau de galeries permettant de communiquer de l'une à l'autre. Elles abritaient les combattants, leurs familles, leurs troupeaux, sans doute aussi l'atelier monétaire qui frappait les pièces des insurgés.

Ces monnaies, de piètre qualité – à cause des conditions précaires de leur émission –, sont très abondantes et fournissent de précieuses indications sur la durée et la localisation de la guerre. Certaines sont datées de « l'an IV de la liberté d'Israël », ce qui implique que la révolte dura au moins trois années pleines, depuis le printemps 132 jusqu'en septembre 135.

Par ailleurs, elles ont été trouvées en grand nombre dans les régions situées au sud de Jérusalem, centre de la révolte. Celle-ci s'étendit aussi au nord de la ville et jusqu'à la vallée du Jourdain.

En revanche, on ne peut dire avec certitude si Jérusalem fut effectivement libérée, ne serait-ce que temporairement. La légende des monnaies affiche un programme, non une réalisation effective. Il paraît douteux que l'armée romaine ait permis aux bandes de Bar Kokhba de s'emparer d'une cité protégée par un camp légionnaire. De fait, sur la quantité de pièces découvertes dans la ville, plus de 15 000, les monnaies des révoltés ne sont que quelques-unes. Il ne semble donc pas que les partisans de Bar Kokhba aient réussi à prendre Jérusalem.

Iulius Severus constitua un corps expéditionnaire important en prélevant les meilleurs éléments de sept légions, et s'attela à pourchasser méthodiquement les rebelles. Parallèlement, des mesures draconiennes étaient prises à travers toute la Judée pour éviter la contagion. Au prix d'un quadrillage sévère, Iulius Severus finit par gagner son pari. Simon Bar Kokhba trouva la mort au cours d'un accrochage en rase campagne, à Bethar, près de Jérusalem. Severus investit peu à peu toutes les forteresses et cachettes des troupes juives. Les civils réfugiés avec les combattants partagèrent leur sort.

La répression romaine fut en effet à la mesure de la peur qu'avait provoquée la révolte. Le Sénat et le peuple romain rendirent hommage à Hadrien en lui élevant un arc de triomphe – tout récemment découvert à une douzaine de kilomètres au sud de Scythopolis. Célébration hors du commun pour ce qui n'était qu'une rébellion locale, étroitement circonscrite à un secteur largement déshérité de la province de Judée. Quant à l'importance des effectifs mobilisés, elle est confirmée par le grand nombre d'inscriptions qui mentionnent des soldats, sous-officiers ou officiers ayant reçu des décorations ou des récompenses lors du *Bellum Judaicum*, la « guerre juive ».

Tous les chefs capturés furent exécutés, y compris le très célèbre *rabbi* Aqiba, la plus haute autorité juive du moment, qui avait pris fait et cause pour la révolte. Dion Cassius fournit des chiffres difficilement crédibles, mais qui témoignent sans doute de la violence de la réaction romaine : 985 villages détruits, 580 000 juifs morts au combat, et un nombre incalculable de gens décimés par la faim ou vendus comme esclaves.

Sans accorder trop de crédit à ces données incertaines, on peut néanmoins retenir sa conclusion : la Judée devint un désert. L'archéologie confirme l'abandon de nombreux lieux habités en Judée après 135. Il faut attendre le IVe siècle pour que l'occupation se fasse un peu plus dense.

Mais la catastrophe n'était pas seulement matérielle : le poids symbolique de la défaite se révélait autrement plus lourd. Déjà, en 134, en pleine guerre, les Romains avaient décidé de changer le nom de la province : ce n'était plus la *Iudaea*, c'est-à-dire le pays des *Ioudaioi*, les Juifs/Judéens, mais la *Syria-Palaestina*, une Syrie distinguée des autres par une appellation assez peu courante chez les auteurs anciens, la Palestine. Le terme servait à désigner la région côtière, celle d'où les juifs étaient traditionnellement absents. On ne pouvait mieux dire que les juifs étaient dépossédés d'une terre qu'ils revendiquaient comme leur en vertu d'une promesse divine.

Bien entendu, la construction d'Aelia Capitolina reprit et la ville ne tarda pas à se couvrir de temples païens et de statues des dieux. Tandis que les vétérans y recevaient citoyenneté et lots de terre, des gens de toute origine y étaient attirés par les possibilités d'y faire du commerce. Seuls les juifs en restèrent absents. En effet, Hadrien leur interdit, sous peine de mort, d'habiter et même de se rendre à Jérusalem, sauf un jour par an, le 9 Ab, anniversaire de la destruction du Temple, pour pleurer sur ses ruines. De tout l'empire, Aelia Capitolina devenait la seule ville interdite aux juifs.

Là ne s'arrêtaient pas les mesures répressives. Peut-être est-ce à ce moment-là qu'Hadrien prohiba la circoncision plutôt qu'avant la révolte. Il interdit également d'ordonner de nouveaux rabbins, de respecter le sabbat* et d'enseigner la Loi. La survie même d'une vie juive en Palestine se trouvait mise en cause. D'autant que ces mesures s'appliquaient à toute la province, c'est-à-dire également aux juifs de Galilée ou de la côte qui n'avaient pas participé à la révolte. Le désastre était immense, pire peut-être que celui de 70.

À vrai dire, la défaite de 135 aggravait et accélérait les processus engendrés par l'échec de 70. Désormais les juifs ne formaient plus que de petites communautés isolées et minoritaires en Judée proprement dite, et le cœur du peuplement juif finit de basculer vers la Galilée, région où les juifs étaient bien loin d'être seuls ni même majoritaires.

Mais c'est surtout la mise à l'écart de Jérusalem qui leur parut accablante. Par contrecoup, l'interdit ne fut pas sans influence sur la communauté chrétienne de la ville. En effet, celle-ci s'était recrutée, à l'origine, parmi les juifs et était restée fidèle à ses origines. Or, après 135, pour la première fois, l'évêque fut choisi chez les non-circoncis, souligne Eusèbe de Césarée[1].

La mort d'Hadrien en 138 et son remplacement par Antonin contribua un peu à apaiser les tensions. Surtout, les chefs des communautés juives de Galilée, se prévalant de leur fidélité à Rome, tentèrent d'obtenir quelques adoucissements à leur sort. L'interdiction de la circoncision fut, on l'a vu, rapportée – à condition que les Juifs ne la pratiquent que sur leurs propres enfants, ce qui interdisait pour l'avenir toute conversion.

Bientôt on put à nouveau étudier la Loi, choisir des *rabbi* et respecter le sabbat. En réalité, les Romains ne trouvaient aucun avantage aux brimades, et avaient besoin des cadres traditionnels de la communauté pour l'encadrer et résoudre les problèmes juridiques qui se posaient à elle aussi bien dans le domaine du mariage que des successions ou des interdits de toute sorte. Car la Torah restait plus que jamais reconnue par Rome comme la loi indigène propre à régler la vie des juifs : l'on avait besoin des *rabbi* pour l'interpréter et résoudre ainsi les problèmes de la vie quotidienne.

Si, après la destruction du Temple en 70, l'agitation politique était restée vive, désormais l'accomplissement des espérances messianiques et eschatologiques sembla

1. Eusèbe, *Histoire ecclésiastique*, IV, 6, 4.

repoussé dans un futur lointain. Sans doute les zélotes, fidèles au souvenir de *rabbi* Aqiba, gardèrent-ils un temps quelque influence, mais, après le milieu du IIe siècle, le genre apocalyptique disparut : les maîtres des écoles galiléennes mettaient clairement en garde ceux qui se livraient à des calculs, ceux qui « comptent les semaines » séparant le temps présent du Jugement dernier.

Certes, il fallait continuer à espérer et conserver la conviction qu'un jour les Justes seraient récompensés, Jérusalem délivrée, les morts ressuscités. Mais Yahwé seul en fixerait le terme à sa guise et il n'avait nul besoin de l'agitation des hommes pour parvenir à ses fins.

En revanche, les *rabbi* commencèrent à s'inquiéter sérieusement de la diminution du nombre des juifs en Palestine. Non seulement les guerres avaient saigné à blanc des régions entières, par la mort ou la vente en esclavage, mais bien des juifs avaient fui d'eux-mêmes, se dispersant dans tout l'empire où ils étaient déjà nombreux dans la plupart des grandes villes, et au-delà, notamment dans la Mésopotamie parthe[1] où vivait depuis le VIe siècle av. J.-C. une puissante et riche communauté.

On voit alors les *rabbi* galiléens se livrer à une véritable propagande en faveur du retour en Terre Sainte, soulignant que c'est là l'acte le plus pieux que puisse accomplir un juif de la diaspora : vivre en Palestine « vaut autant que l'observance de toutes les prescriptions de la Torah prises ensemble[2] ».

En renonçant à la lutte armée, en confiant la direction de la communauté aux notables modérés, les juifs ces-

1. En 141 av. J.-C., la Mésopotamie fut conquise par les Parthes, peuple d'origine iranienne installé au sud-ouest de la mer Caspienne.

2. Talmud de Jérusalem, traité *Avodah Zarah*, 4, 5, 3.

sèrent d'être inquiétés. Désormais, le *nasi*, « patriarche » ou « prince » d'Israël, représenta la plus haute autorité du judaïsme. Après 135, la fonction devint héréditaire, ce qui favorisa la stabilité et rassura les Romains. Mais l'interdit sur Jérusalem ne fut pas levé.

Pourtant, peut-être grâce aux excellentes relations qui existèrent entre Juda Ier, *nassi* autour de 200, et la dynastie impériale en place, celle des Sévères, quelques *rabbi* reprirent le chemin de la ville, d'abord pour des pèlerinages, puis, au début du IIIe siècle, pour des séjours plus prolongés. Une petite communauté y existait à cette époque, qui construisit la première synagogue* édifiée depuis deux siècles. Cependant, Jérusalem, ou plutôt Aelia Capitolina, restait une ville païenne, avec une communauté chrétienne de loin plus importante que celle des juifs.

Quelle conclusion tirer de l'épisode dramatique de 132 ? Souvent méconnue, la révolte de Bar Kokhba se révèle d'une extrême importance aussi bien par ses conséquences matérielles que spirituelles. Elle consacre l'abandon définitif du judaïsme sacrificiel au profit du judaïsme rabbinique, fondé sur le respect scrupuleux de la Loi et l'autorité souveraine des *rabbi*. Elle marque le début d'une très longue période, de presque deux millénaires, durant laquelle les juifs deviennent minoritaires en Judée au sens large et quasi absents de la Judée au sens strict.

Désormais, en Palestine comme dans la diaspora, tous les juifs vivent au milieu des païens ! L'échec de Bar Kokhba contribue aussi à assurer le pouvoir des modérés qui dénoncent la lutte armée comme moyen de salut et plaident au contraire pour le strict respect de la Loi, seule façon de s'attirer la faveur de Yahwé.

Enfin, l'intégration dans l'empire d'une province longtemps considérée comme agitée et exotique s'accélère.

La Syrie-Palestine devient une province syrienne parmi d'autres, à la fois païenne et chrétienne - même si elle demeure un peu plus juive que ses voisines.

Pour en savoir plus

I. Mildenberg, *The Coinage of the Bar Kokhba War*, Francfort, Sauerländer, 1984.

P. Schäfer, *The Bar Kokhba War Reconsidered*, Tübingen, Mohr Siebeck, 2003.

Maurice Sartre, *D'Alexandre à Zénobie. Histoire du Levant antique, IVe siècle avant J.-C.-IIIe siècle après J.-C.*, Paris, Fayard, 2e éd., 2003.

26

Entre Nil et mer Rouge. Les gardiens du désert[1]

Il existait dans l'Antiquité, en plein désert égyptien, des routes commerciales très fréquentées. Elles étaient protégées, au Ier-IIe siècle apr. J.-C., par des soldats romains installés dans des postes fortifiés. La vie quotidienne de ces garnisons peut aujourd'hui être reconstituée.

Évoquer l'Égypte, c'est en premier lieu songer à la longue oasis qu'irrigue le Nil sur plus de 1 200 kilomètres. À juste titre, puisque c'est ce qui fait l'Égypte, c'est là que vit l'écrasante majorité de sa population, aujourd'hui comme hier.

Il ne faudrait toutefois pas oublier que ce long corridor à la végétation exubérante n'est pas isolé. Il communique avec le reste de l'Afrique par la haute vallée du Nil et les oasis du désert occidental (désert Libyque), et avec la mer Rouge par où arrivaient l'encens de l'Arabie heureuse (Yémen), les épices et aromates de la corne de l'Afrique et de l'Inde.

Deux routes semblent avoir joué un grand rôle dans le commerce à longue distance entre la Méditerranée et la

1. *L'Histoire*, n° 288, juin 2004, p. 26-27.

mer Rouge, à travers le désert oriental (désert Arabique). Partant de Coptos, au point où le Nil est le plus proche de la mer Rouge, elles reliaient, en 180 km, la vallée du Nil à Myos Hormos, près de la moderne Qouseir et, 280 km plus au sud, à Bérénikè (Bérénice).

Une magnifique publication consacrée à l'exploration minutieuse de la route Coptos-Myos Hormos nuance sans doute leur importance réelle en ce domaine. Elle nous fait toutefois plonger dans le monde surprenant des gardiens du désert sous le Haut Empire romain, au Ier-IIe siècle apr. J.-C.[1].

Les fouilles américaines de Myos Hormos ont montré l'importance de la ville que fréquentaient les marchands romains ainsi que ceux venus d'Aden et de l'Inde du Sud. Une fois arrivées là, les marchandises, venues d'Arabie et d'Asie, devaient gagner Alexandrie d'où elles embarqueraient pour les grands marchés de la Méditerranée. Et l'un des moyens était de franchir le désert pour retrouver la navigation fluviale sur le Nil qui leur permettrait de descendre jusqu'à Alexandrie.

Il est également possible que bien des navires se soient contentés de faire escale ici pour se ravitailler en eau et en produits frais, avant de continuer leur route vers le nord, en direction de l'isthme de Suez, d'où les marchandises pouvaient ensuite gagner le delta du Nil.

Quoi qu'il en soit, la route du désert fut largement fréquentée aux Ier et IIe siècles de notre ère. Or le désert effraie les voyageurs. Non seulement le manque d'eau

1. H. Cuvigny dir., *La Route de Myos Hormos. L'armée romaine dans le désert oriental d'Égypte*, 2 vol., Le Caire, Institut français d'archéologie orientale, 2003. On pourra aussi consulter le site du ministère des Affaires étrangères qui rend compte de ces fouilles www.diplomatie. gouv. fr/culture/culture_scientifique.

rend toute traversée difficile sans de minutieux préparatifs, mais il faut compter avec les Bédouins (les textes les nomment généralement « barbares », plus rarement « Arabes ») dont le *rezzou* constitue l'un des moyens d'existence.

Après les pharaons, les Romains furent bien conscients de l'importance de la région et de son commerce et firent aménager, dès les lendemains de l'annexion de l'Égypte en 30 av. J.-C., un réseau dense de postes fortifiés.

Leur étude a livré quantité d'informations. Les archéologues ont ainsi réussi à reconstituer la quasi-totalité du réseau de fortins – permanents ou temporaires – et la fouille de plusieurs d'entre eux a permis de comprendre la vie au quotidien de ces garnisons perdues en plein désert. Vie soigneusement réglée, et suscitant une abondante documentation écrite.

C'est peut-être la partie la plus émouvante du dossier que ces centaines de tessons où les quelques soldats, quinze ou dix-huit hommes à chaque fois en poste dans les *praesidia* (fortins), écrivent, en grec principalement, plus rarement en latin, le tableau de service, le mot de passe du jour, des listes de noms, parfois des exercices scolaires ou des entraînements à l'alphabet ! Mais aussi des copies des circulaires des préfets responsables du secteur et des lettres, surabondantes, où apparaissent les menus faits de l'existence monotone du soldat durant le court séjour qui lui est imposé.

Car les hommes de ces postes avancés retournent régulièrement au camp de leur unité et ne restent que quelques mois dans le désert. Là, ils doivent veiller à ce que le fortin remplisse au mieux ses trois missions : assurer la sécurité de la route en fournissant le cas échéant une escorte aux voyageurs ; acheminer le courrier officiel ; entretenir le point d'eau autour duquel le poste est bâti.

Ils ne sont pas seuls dans les fortins, où vivent aussi épouses et enfants de soldats, serviteurs, ainsi que quelques boutiquiers et artisans plus ou moins installés tailleurs de pierre, vendeurs de légumes frais, prostituées enfin, qui tournent entre les postes militaires pour renouveler l'intérêt de la clientèle... Et puis il y a les marchands de passage, par petits groupes, quatre chameaux, quelques chariots, des ânes, qui ne semblent guère s'occuper de commerce à très longue distance, mais plutôt de commerce local : ils transportent des produits frais de la vallée du Nil vers le désert et vers la côte, des poissons dans l'autre sens.

Les nombreux *ostraca* (tessons de poterie) portant une inscription permettent aussi de se faire une bonne idée de la culture de cette population, grâce aux multiples lettres privées qu'ils échangent avec leurs familles et leurs amis par ce biais. Certes, le motif en est généralement mince (réclamer l'envoi de légumes verts par exemple), mais le spécialiste a tôt fait de repérer les tournures, les citations d'œuvres littéraires ou les proverbes qui les enrichissent, et aussi les fautes de langue qui dénotent une alphabétisation médiocre, notamment chez les femmes et les indigènes, contraints au bilinguisme.

Le fait même que la communication par lettre soit si répandue mérite d'être souligné, même si beaucoup des expéditeurs ou récepteurs passent par l'intermédiaire d'un tiers qui écrit et lit à leur place. Par ailleurs, certains s'essaient à des textes littéraires et l'un des postes abrite peut-être une école, où l'on apprend les modèles de lettres destinées aux officiels.

Souvent, les missives ne circulent pas seules puisque l'expéditeur en profite pour confier au porteur d'autres marchandises : « Prends livraison auprès de celui qui t'apporte l'*ostracon** de deux bottes de choux », écrit un certain Décimus à son correspondant, tandis qu'un autre prie son interlocuteur de remettre au porteur des mesures d'huile.

Mais les lettres ne sont pas seulement utilitaires : elles sont l'occasion de renouveler les sentiments d'affection et d'amitié, de donner des conseils, de regretter les petites trahisons, ou de régler quelques comptes. En somme, la vie quotidienne, qui s'expose si rarement dans les textes antiques, nous apparaît ici avec acuité. Pour le plus grand bonheur du lecteur.

27

Une frontière de l'Empire romain[1]

Les Romains, à la suite des Grecs, ne s'intéressent guère au Sahara. Jusqu'à ce que, avec la prise de Carthage, le désert devienne la marge sud de l'empire ; les nomades, leurs tribus indomptables tout autant que leurs richesses sont aux portes.

Grecs et Romains ont une mauvaise connaissance du Sahara. Certes, celle-ci a progressé avec le temps, mais la plupart des auteurs restent attachés aux descriptions anciennes et périmées. Il existe une grande différence toutefois entre les uns et les autres : les Romains eurent à administrer au moins les franges du Sahara alors que les Grecs, malgré leur présence à Cyrène, semblent n'avoir porté que très peu d'intérêt à ce milieu hostile. Strabon, sous le règne d'Auguste, déclare d'ailleurs sans ambages au début de sa description de l'Afrique (XVII, 3, 1) que la plus grande partie du continent, se trouvant en zone torride, est inaccessible, et que l'on n'en parle donc que par conjecture.

Les Anciens n'ont guère idée de l'étendue du continent. Strabon le décrit comme un triangle rectangle dont l'hypoténuse irait des colonnes d'Hercule (Gibraltar) à

1. *Collections*, n° 58, janvier 2013, p. 24-28 : « Le Sahara ».

l'Éthiopie. Seuls la côte et ses abords, du delta égyptien à la Maurétanie (Maroc septentrional), sont connus et décrits avec un peu de précision. Une seule exception, relative : le désert égyptien. Déjà Hérodote, au ve siècle av. J.-C., sait parfaitement que le Nil coule au milieu d'un désert qui s'étend à l'infini vers l'ouest. À l'occasion de la conquête de l'Égypte par Cambyse II, roi des Perses (529-522 av. J.-C.), il raconte une anecdote bien propre à effrayer les voyageurs.

Alors qu'il faisait route vers le sud du pays pour aller combattre les Éthiopiens, Cambyse détacha une armée entière pour s'emparer du sanctuaire d'Ammon dans l'oasis de Siwa. On peut s'étonner de ce parcours inattendu, mais peut-être s'agissait-il de suivre une route du désert plus sûre ou mieux connue. L'armée quitta donc la vallée du Nil à Thèbes (Karnak) et gagna la ville d'Oasis, « l'île des Bienheureux » pour les Grecs – ce qui est l'exacte traduction du terme égyptien dont dérive le mot « oasis ». Oasis est en réalité Khargeh, la grande oasis. De là, par les oasis secondaires de Dakhleh et Farafra, l'armée devait gagner Siwa par le sud-est. Or elle disparut à mi-chemin, engloutie par un vent de sable (Hérodote III, 26). Nul doute qu'une telle image imprégna fortement l'imaginaire grec du désert. C'est ainsi que, selon Hérodote, un peuple entier de Libye, les Psylles, fut victime du même phénomène, ce qui semble, cette fois, peu probable (Hérodote IV, 173).

Des pasteurs polygames

Grecs et Romains savent que la côte africaine est fertile et abrite des peuples de paysans prospères. Plus loin vers le sud commence le pays des nomades pasteurs, dont

Hérodote livre déjà les noms et décrit les mœurs (IV, 168-198). Mais l'historien grec souligne volontiers que la plupart d'entre eux ont accès à la mer. Preuve, s'il en était besoin, que la connaissance ethnographique des Grecs ignore le Sahara profond.

Au-delà de cette bande, continue Hérodote, commence le pays des bêtes sauvages, puis, plus loin encore, celui des dunes, depuis Thèbes d'Égypte jusqu'aux Colonnes d'Hercule (IV, 181). Il sait néanmoins que cette région reculée abrite des oasis où il ne pleut pas puisqu'on y laisse sans protection le sel rouge ou blanc qu'on extrait du sol. À dix jours les unes des autres, il énumère ainsi Siwa, puis l'oasis d'Aoujila (*Augila*) au fond de la Grande Syrte, puis le pays des Garamantes que l'on identifie au Fezzan. La suite est plus floue ; peut-être faut-il identifier les Atarantes aux Touaregs, différents des Atlantes nommés ensuite, qui sont à coup sûr les habitants de l'Atlas, donc en dehors du domaine désertique. Hérodote cependant a bien conscience qu'au-delà s'ouvre un autre monde : « La Libye devient un désert, elle n'a pas d'eau, pas de vie animale, pas de pluie, pas d'arbres ; c'est la sécheresse totale » (IV, 185).

Comme souvent, les descriptions d'Hérodote ont marqué toute l'Antiquité, faisant autorité même auprès des voyageurs qui visitaient effectivement les pays décrits et qui pouvaient noter des changements ou des erreurs. Strabon, qui emprunte beaucoup à Ératosthène et à Posidonios d'Apamée, semble mieux informé. C'est aussi que, depuis le milieu du IIe siècle av. J.-C., les Romains sont entrés en possession de l'Afrique du Nord : directement avec la prise de Carthage en 146 av. J.-C. et la création de la province d'Afrique ; indirectement à travers la Numidie et la Maurétanie devenus États-clients au Ier siècle av. J.-C. Malgré cela, Strabon ignore pratiquement le désert, et ne s'intéresse qu'aux parties utiles du pays. Lorsqu'il quitte la côte pour décrire les peuples installés plus au sud (Garamantes, Ammoniens de Siwa), il ne dit rien de plus qu'Hérodote, notant qu'il s'agit de pasteurs pratiquant la polygamie et vivant de manière très simple (XVII, 3, 19). Seule notation nouvelle : ces peuples ressemblent beaucoup aux Arabes, c'est-à-dire aux nomades de la péninsule Arabique.

L'installation progressive des Romains en Afrique du Nord, jusqu'à la prise d'Alexandrie en 30 av. J.-C., ne s'accompagne guère d'une meilleure appréhension du désert. Pline l'Ancien, au Ier siècle, dans le livre V de son *Histoire naturelle*, reste cantonné à la zone côtière. Dès qu'il pénètre dans l'intérieur, il semble résumer Hérodote, avec quelques explications supplémentaires toutefois : par exemple, il justifie la survie des Garamantes au milieu des sables par l'existence de nappes phréatiques en profondeur (V, 34).

Pourtant Rome se trouve désormais au contact direct des peuples du désert et ne peut donc éviter de mettre en place une politique à leur égard. Encore ne faut-il pas se laisser abuser, pour saisir cette politique, par le discours des auteurs anciens. Pour eux, les habitants du désert sont tous des nomades, c'est-à-dire des errants (ils n'ont guère d'idée de la régularité des déplacements), nécessairement suspects : par nature, ce sont aussi des pillards. Sur ce présupposé – qui n'exclut évidemment pas une part de réalité – se construit dès l'Antiquité l'image d'un homme du désert dont la seule préoccupation serait de s'emparer des richesses des sédentaires.

À cet *a priori* teinté de méfiance semblent correspondre les systèmes de défense à la limite méridionale des provinces africaines (Maurétanies, Numidie, Afrique

Proconsulaire, Cyrénaïque, voire Égypte). Rome a pris soin d'installer des garnisons en des points parfois éloignés vers le sud, dans les abords septentrionaux du Sahara. La situation la mieux connue se trouve dans les pays du Maghreb, où l'archéologie française a pu se développer durant l'époque coloniale ou mandataire, mais des progrès considérables ont été aussi effectués par les archéologues travaillant dans le désert libyen (Bou Njem) ou dans les oasis d'Égypte (Douch). Le fortin de Ksar Ghilane (*Tisavar*), dans le Sud tunisien, perdu au milieu d'un superbe paysage de dunes, est bien connu des touristes. On a mis en évidence entre le chott el-Jérid et la côte des systèmes assez complexes de murs, de fossés, avec des guichets où se concentraient les passages et les échanges.

Mais, contrairement à ce que l'on a cru, se fondant sur les auteurs anciens, ces postes isolés et ces réseaux de murs ou de fossés ne pouvaient protéger l'empire des hommes du désert. L'étendue même de la frontière interdisait tout système efficace de barrage. De plus, comme Pol Trousset l'a montré dans le Sud tunisien, entre le chott el-Jérid et la côte des Syrtes (le *limes tripolitanus*), ces dispositifs sont très incomplets, laissant de vastes espaces ouverts[1]. On ne voit pas comment ils pourraient empêcher une troupe décidée de franchir les obstacles pour s'emparer des richesses convoitées.

En réalité, ces systèmes sont destinés au contrôle des individus et des marchandises. Face à l'immensité du désert et à la mobilité des hommes, Rome a surtout l'obsession du contrôle et de la perception de sa part de richesses – qu'elle surévalue sans doute. Ainsi, en

1. P. Trousset, *Recherches sur le* limes tripolitanus *du Chott el-Djerid à la frontière tuniso-libyenne*, Paris, CNRS, 1974.

Égypte où des bordereaux nombreux ont été retrouvés, les fonctionnaires romains savaient que tel caravanier (avec un ou deux chameaux ou quelques ânes) circulait entre l'Arsinoïte et la Petite Oasis, ou entre Coptos et Myos Hormos. De tels péages étaient installés en de multiples endroits de l'Égypte, mais on devine que ceux mis en place dans les oasis ont été plus efficaces que ceux de la vallée ; il en existait un à la sortie de l'oasis de Bahariyyah, et ce que l'on a pris pour un fortin romain à Douch (*Kysis*) n'est sans doute qu'un poste de douane permettant de la même façon de contrôler les mouvements. Ces bureaux conservaient la trace du franchissement des péages par les nomades, comme celui des Garamantes à Bou Njem (*Gholaia*).

Et les passages donnaient sans doute lieu à une taxe sur les marchandises et les personnes. Un barème d'octroi trouvé en Proconsulaire, la province du nord-est de l'Afrique du Nord, conserve une liste de 40 marchandises taxées, dont 22 sont directement produites par les gens du désert.

Les ostraca de Krodokilô

Cette organisation tarifée de l'espace ne signifie pas que la menace des tribus du désert est inexistante. Il arrive que les nomades se livrent à des exactions chez les sédentaires, ou menacent les voyageurs. Ainsi, en Égypte, à l'est du Nil, les ostraca[1] de *Krokodilô* montrent que l'on fournissait des escortes de fort en fort aux voyageurs. Des

1. Les ostraca sont des tessons de poterie réutilisés comme support d'écriture.

expéditions sont à l'occasion organisées pour punir telle ou telle tribu d'un rezzou.

Les conflits avec les nomades peuvent aussi être liés à l'installation des colons romains, voire de postes militaires, la délimitation d'un territoire sur lequel la tribu avait son centre permanent ou saisonnier contraignant celle-ci au cantonnement. Le phénomène est attesté en Numidie, en Proconsulaire et jusqu'en Libye. René Rebuffat a montré qu'on avait implanté des fermes autour de Bou Njem[1], ce qui n'avait pu se faire qu'au détriment des terrains de parcours des nomades. De même, on s'est demandé si la transformation des oasis pré-sahariennes (*Capsa*/Gafsa, *Turris Tamalleni*/Kebili) en municipes (cités romaines) traduisait une sédentarisation des tribus.

C'est aussi le pastoralisme nomade qui se trouve menacé par l'installation de nouveaux villages sédentaires, associée à l'extension des cultures dans la zone steppique. Celui-ci exige en effet de très vastes espaces de parcours, qui doivent pouvoir varier en fonction des pluies, elles-mêmes fluctuantes : d'une année à l'autre, des pâturages disparaissent puis réapparaissent. Au point qu'on a pu penser que la politique romaine de cantonnement des nomades, ou au moins de contrôle de leurs déplacements, s'était accompagnée de leur refoulement dans le désert. C'était la thèse de Stéphane Gsell[2]. Il estimait, s'appuyant notamment sur un passage, au IIe siècle, du voyageur et géographe grec Pausanias (VIII, 43, 3), que, repoussés vers le sud, les nomades d'Afrique du Nord s'étaient trouvés obligés de faire la conquête du Sahara et d'en chasser

1. R. Rebuffat, « Les fermiers du désert », *Africa Romana*, n° 5, 1987, pp. 33-68.

2. S. Gsell, « La Tripolitaine et le Sahara au IIIe siècle de notre ère », *Mémoires de l'AIBL*, 43, 1933.

les tribus noires (les Éthiopiens et Nigrites des auteurs anciens) qui l'occupaient jusque-là.

Cette thèse ignore que le mode de vie isolé des nomades, les plaçant à l'abri des grandes épidémies et favorisant un fort accroissement démographique, oblige aussi la population excédentaire à se sédentariser et à commercer avec les sédentaires – les ressources du désert sont limitées –, soit en venant grossir les villages déjà installés, soit en fondant des villages aux marges du domaine nomade. L'opinion quasi générale aujourd'hui privilégie donc une relative symbiose entre les mondes romain et nomade. Rome contrôle, contient, mais ne refoule pas ; au mieux, elle conduit une politique d'insertion des nomades dans la société locale, en fixant soigneusement les règles communes de partage de la terre. Surtout, elle tente de rester au contact des nomades en allant s'installer dans le désert.

Un corps d'espions

Les Romains possèdent même un corps d'espions (*vestigatores*) attestés dans le Sahara égyptien. Un responsable local adresse en 118 ce courrier à tous les chefs de postes : « À tous ceux qui apporteraient du ravitaillement depuis Coptos avec ma permission, fournissez des escortes plus sûres afin d'ôter aux barbares toute occasion de nuire. Quand vous aurez pris connaissance de la présente, transmettez-la rapidement de garnison en garnison jusqu'à Myos Hormos et, si vous observez quelque chose de plus précis, prenez soin de m'en informer aussitôt[1]. » Bou Njem semble jouer un rôle semblable de renseignement en Libye.

1. *O. Krok*, 87, traduction H. Cuvigny.

Car Rome sait qu'elle a besoin des hommes du désert. On a sans doute exagéré le rôle des tribus du Sahara, à cette époque, dans le transport des marchandises, notamment pour l'or et les esclaves. Il n'en reste pas moins que le commerce de l'ivoire passe par leur intermédiaire depuis l'Afrique subsaharienne. Plus banalement, les nomades du désert convoient les marchandises qu'échangent les oasis avec les régions septentrionales : dattes, sel, moutons, parfois chevaux, en échange de céréales ou de vin – sans que l'on puisse encore parler d'un commerce « transsaharien » régulier entre les deux rives du Sahara. Ce sont les éleveurs et propriétaires de dromadaires qui peuvent seuls assurer ces transports. Rome les utilise même pour approvisionner ses fortins isolés en légumes verts ou y apporter le courrier.

Rome recourt aussi aux hommes du désert pour son armée. Une partie de l'empire est constituée de régions désertiques, notamment à la frontière orientale. Elle développe donc des unités de méharistes, recrutés soit en Syrie (elle installe des archers palmyréniens en Égypte et en Afrique), soit en Afrique du Nord, comme les Gétules qu'elle place en garnison dans le Hedjaz. Plus tard, lorsque, vers la fin du IIIe siècle, Rome abandonne ses postes les plus avancés, elle a noué des relations assez étroites avec certaines tribus du Sahara pour leur en confier la garde : ainsi lorsque Dioclétien quitte le Dodécaschène (nord du Soudan actuel) et replie les troupes romaines à Éléphantine (Assouan), il compte sur des tribus libyques amies, Nobades notamment pour la Grande Oasis de Khargeh, Blemyes pour une large partie du désert oriental.

Étranger à la culture de Rome, le Sahara a aussi constitué la frontière de son empire sur la rive sud de la Méditerranée (à l'exception du Maroc, où elle se situe à hauteur de Rabat) : Rome a dû apprendre à en connaître les habitants, à échanger avec eux, à tenter de les contrôler – pour, en définitive, en tirer des ressources substantielles.

Annexe : *Hérodote chez les Garamantes*

« Au-dessus, vers le vent du Sud, dans la région des bêtes sauvages habitent les Garamantes qui fuient les hommes et toute société, n'ont pas d'armes de guerre et ne savent pas se défendre. » (IV, 174)

« Les Machlyes laissent pousser leurs cheveux sur l'arrière de la tête, les Auses sur le devant. Le jour de la fête annuelle d'Athéna, les jeunes filles, réparties en deux camps, combattent à coups de pierres et de bâtons ; c'est là, disent-elles, un rite traditionnel en l'honneur de leur déesse indigène, celle que nous appelons Athéna. Celles des vierges qui succombent à leurs blessures sont traitées de fausses vierges [...]. Ils pratiquent la communauté des femmes, ne se marient pas, mais s'accouplent à la manière des bêtes. Lorsqu'une femme met au monde un enfant viable, les hommes se rassemblent deux mois après, et l'enfant est considéré comme le fils de celui des hommes à qui il ressemble » (IV, 180).

28

Tous citoyens romains[1] !

Il y a 1 800 ans, en 212, Caracalla accordait la citoyenneté à tous les habitants de l'empire. La raison de cette décision reste discutée. Il est bien certain néanmoins qu'il s'agit d'un fait unique dans l'histoire des empires.

Un papyrus trouvé en 1902 en Haute-Égypte*, à Heptakômia, au sud de l'actuelle Assiout, même si le lieu exact de la trouvaille demeure incertain, et publié pour la première fois en 1910[2], porte trois constitutions impériales, dont la première, fort mutilée, est néanmoins assez facilement identifiable. L'auteur en est l'empereur connu sous le sobriquet de Caracalla (petit manteau), de son vrai nom *Imperator Caesar Marcus Aurelius Severus Antoninus Augustus*, fils de Septime Sévère, qui régna seul (il est associé à son père depuis 198) de 211 à 217.

Malgré bien des lacunes dans le texte conservé, les savants s'accordèrent vite sur le contenu général du document. Par une décision personnelle publiée sous forme

1. *L'Histoire*, n° 372, février 2012, p. 68-69.

2. P. M. Meyer, *Griechische Papyri im Museum des Oberhessischen Geschichtsvereins zu Giessen*, I, 2, Leipzig-Berlin, 1910, p. 25-45 ; il est cité sous la forme *P. Giss.* I, 40, col. I.

d'un édit, l'empereur décide d'honorer les dieux de Rome en augmentant le nombre de leurs fidèles ; pour cela, il accorde la citoyenneté romaine à l'ensemble des hommes libres de l'empire. Une seule catégorie d'habitants paraît exclue : les déditices, ceux qui appartiennent à des régions vaincues dépourvues d'organisation civique.

Pour mieux honorer les dieux ?

Avant cette découverte, la mesure était connue par diverses allusions, mais un seul texte littéraire mentionnait un peu en détail cette mesure étonnante. Dans son *Histoire romaine*, Dion Cassius, historien contemporain de l'édit, signale en effet que Caracalla « fit de tous les habitants de l'empire des citoyens ; en apparence, il les honorait, mais son but réel était d'accroître ses revenus par ce moyen, car, comme étrangers, ils n'avaient pas à payer la plupart de ces taxes » *(Histoire romaine*, 78, 9).

Cette brève mention permet aussi de dater la mesure puisque Dion Cassius la place juste après l'assassinat du frère de Caracalla, Géta, par l'empereur lui-même, en février 212. On a donc à bon droit célébré le 1 800e anniversaire d'une décision d'une portée considérable, bien que les Anciens ne s'y soient guère intéressés.

Quelle était la situation juridique des habitants libres de l'empire en ce début du IIIe siècle ? Depuis la Guerre sociale ou guerre des Alliés en 90-88 av. J.-C., et notamment depuis la *lex Plautia Papiria* qui y mit fin en 89, tous les hommes libres d'Italie jouissaient du statut de citoyens romains. En revanche, au fur et à mesure que Rome avait étendu son empire – et le phénomène a commencé hors d'Italie dès la fin du IIIe siècle av. J.-C. –, les habitants des régions annexées, privés de ce privilège, étaient considérés comme des étrangers, des « pérégrins ».

Cette situation commença à changer lentement dans le courant du Ier siècle av. J.-C. : des notables provinciaux, souvent liés à des hommes politiques romains de haut rang, reçurent comme récompense le statut prestigieux de citoyens romains. Très vite, les cités auxquelles appartenaient ces nouveaux « Romains » virent le risque que cette promotion faisait courir à leurs finances, car ces promus provenaient toujours des milieux les plus riches, ceux qui finançaient la vie municipale grâce à leur générosité. Citoyens romains, n'allaient-ils pas se juger au-dessus des lois de leur cité d'origine ? Aussi Rome prit-elle diverses mesures pour faire en sorte que les nouveaux citoyens originaires des provinces continuent à être astreints aux charges qui pesaient sur eux localement. Il n'empêche que, comme citoyens romains, ils pouvaient échapper à la juridiction locale et faire appel aux autorités romaines les plus élevées. Dans tous les cas, ils acquéraient un statut qui les plaçait au-dessus de la foule de leurs concitoyens.

Une promotion accordée autrefois par le haut...

Avec la mise en place du principat par Auguste (30 av. J.-C.-14 apr. J.-C.), l'octroi de la citoyenneté romaine par don direct à des pérégrins devint l'apanage quasi exclusif du prince. Ce qui se traduit notamment par l'adoption par les nouveaux citoyens du prénom et surtout du nom (*gentilice*) du prince : ainsi de nombreux princes-clients promus par Auguste devinrent des *Caii Iulii*, nom que portèrent aussi les notables favorisés par Caligula (37-41).

De la sorte, en dehors du dernier cas cité, il est assez aisé de repérer quel prince fut généreux en la matière. Claude accorda en grand nombre cette promotion à des notables provinciaux, notamment lorsqu'ils avaient exercé des magistratures dans leur cité, en Gaule comme en Asie Mineure et en Syrie, où nombreux furent les *Tiberii Claudii*. Des cités, notamment espagnoles, reçurent sous Vespasien (69-79) le droit latin, qui accordait systématiquement la citoyenneté aux magistrats sortis de charge.

Même en l'absence d'attribution collective de ce type, nombreux furent les bénéficiaires individuels dans des cités pérégrines. Ainsi, en Grèce, en Macédoine, en Asie Mineure, avant la fin du IIe siècle, pratiquement tous les anciens magistrats se trouvèrent être citoyens romains. Et comme la citoyenneté se transmet aux descendants légitimes, le nombre de citoyens romains s'accrut rapidement, même s'ils restaient minoritaires en dehors de l'Italie. À partir des Flaviens, des cités reçurent également le statut de colonie, ce qui revenait à accorder en bloc la citoyenneté romaine à tous leurs citoyens.

Bien que la citoyenneté soit sous l'Empire quasi dépourvue de droits politiques effectifs (il n'y a plus guère d'élections et de toute façon elles ne se déroulent qu'à Rome), l'accession à ce statut reste éminemment recherchée par les notables. D'abord parce que c'est un signe distinctif qui les place au-dessus du reste de leurs concitoyens, restés simples « pérégrins ». D'autre part, cela leur ouvre, s'ils ont la richesse suffisante et l'accord du prince, la carrière des honneurs dans l'ordre équestre, voire sénatorial. Là encore, ce ne sont pas tant les fonctions du cursus (questeur, préteur, consul) qui importent que les nombreuses charges, bien rétribuées, auxquelles elles donnent accès : anciens préteurs ou consuls peuvent parvenir ainsi au rang de gouverneurs de province, et nombre de ceux-ci furent issus des notables provinciaux.

Pour ceux qui ne pouvaient prétendre à une telle carrière, il n'en restait pas moins que la citoyenneté romaine leur donnait droit de contracter un mariage légitime avec une Romaine (*conubium*), de participer à Rome aux distributions gratuites de blé, de commercer légalement sur le territoire romain, d'intenter une action judiciaire devant les tribunaux romains, d'entrer dans la légion, d'être propriétaire foncier à Rome, de porter les *tria nomina*[1]. En contrepartie, le citoyen acquittait l'impôt de 5 % sur les successions.

... ou par le bas

La distinction par le prince et le passage par les magistratures civiques ne constituent pas la seule voie d'accès à la citoyenneté avant l'édit de Caracalla. En premier lieu, l'affranchissement des esclaves des citoyens, s'il les maintient dans un statut de citoyens incomplets sans accès aux magistratures, permet à leurs fils de devenir citoyens sans restriction. À la promotion par le haut répond ainsi une promotion par le bas.

Mais il est encore une autre voie largement empruntée : l'armée. En principe, il faut être citoyen romain pour pouvoir entrer dans une légion, mais, devant la crise de recrutement, on a pris tôt l'habitude d'accorder la citoyenneté aux volontaires désireux de s'engager. Par ailleurs, les soldats recrutés dans les unités auxiliaires

1. C'est à dire un prénom, un nom (gentilice) et un surnom (*cognomen*) ; l'usage du prénom tend toutefois à se raréfier au début du IIIe siècle.

– ce qui représente environ le même nombre d'hommes que les légionnaires – reçoivent lors de leur démobilisation après une vingtaine d'années de service la citoyenneté pour eux, leur épouse et leurs enfants, qui se voient du même coup reconnaître la légitimité de leur mariage et de leur naissance.

Par ce moyen, de nombreux habitants originaires de provinces qui fournissaient traditionnellement des troupes en abondance, comme la Thrace, la Syrie, les Germanies, parvinrent à ce statut privilégié, ce qui apparaît clairement dans les textes puisque tous portent la formule traditionnelle du nom romain, les *tria nomina* comportant prénom, nom gentilice et *cognomen*, seul élément personnel du nom.

À la veille de la constitution de 212, la situation est donc contrastée. Dans certaines provinces comme la Gaule, l'Espagne, l'Afrique ou l'Asie, les citoyens romains sont nombreux, à la fois descendants de colons de l'époque républicaine ou des débuts de l'Empire, et plus encore, rejetons des familles en vue dans les cités ; les deux groupes ont largement fusionné avec le temps. Dans d'autres provinces, ils sont beaucoup plus rares, y compris chez les notables : Arabie, Thrace, Syrie et surtout Égypte accusent un vrai retard en ce domaine.

En Égypte, la raison en est que la population, en dehors des quatre cités grecques (Alexandrie, Naucratis, Ptolémaïs et Antinoé), est considérée comme « déditice ». Pour obtenir la citoyenneté romaine, il leur faut donc passer par un relais, la citoyenneté d'une cité grecque, ce dont celles-ci sont particulièrement avares en ce qui concerne les indigènes égyptiens. Un célèbre échange de lettres entre Trajan et Pline le Jeune rapporte comment ce dernier parvint à faire octroyer la citoyenneté romaine à son médecin Harpocras, un Égyptien, sans qu'il ait été préalablement fait « Alexandrin », ce dont Trajan se montre mécontent.

Par son édit[1] de 212, Caracalla introduit une nouveauté extraordinaire : la quasi-totalité des hommes libres de l'empire se trouve désormais réunie en un corps unique de citoyens. Certes, les déditices en sont encore exclus, mais leur nombre a précisément chuté quelques années auparavant. En effet, Septime Sévère a procédé en 200 à la municipalisation de l'Égypte, donnant aux capitales de *nomes** (circonscriptions administratives de l'ancienne Égypte) le statut de *municipes*, ce qui en faisait l'équivalent de cités et revenait à accorder aux habitants du plat pays le statut de pérégrins, parfaitement compatible avec l'accès direct à la citoyenneté romaine.

L'édit s'appliqua bien à l'Égypte puisqu'on prit soin de le recopier sur papyrus, et c'est l'une des provinces où les nouveaux citoyens furent les plus empressés à mettre en évidence leur nouveau statut. Désormais, tous les nouveaux citoyens prirent le nom gentilice de l'empereur duquel ils tenaient cette faveur : Aurelius. Les *Aurelii* pullulent donc dans l'empire, se confondant avec les *Aurelii* qui soit descendaient de cette ancienne *gens*, soit avaient reçu la citoyenneté de Marc Aurèle au IIe siècle.

On n'a pas manqué de s'interroger sur les raisons profondes de cette soudaine générosité impériale. Dans son édit, Caracalla déclare clairement son objectif : honorer les dieux de Rome en apportant à leurs autels le plus grand nombre possible de citoyens romains. Car il va de

1. Le terme de *constitutio* englobe, pour les juristes, les quatre catégories d'actes législatifs des empereurs, édits, mandats, rescrits et décrets. Il s'agit bien ici d'un édit, c'est-à-dire d'une décision personnelle de l'empereur ayant trait à une prescription d'ordre général valable dans tout l'Empire.

soi que les pérégrins n'avaient nulle obligation d'honorer les dieux propres aux Romains. Chaque peuple, chaque cité avait ses propres dieux, même si beaucoup de divinités gréco-romaines se retrouvaient en de multiples cités.

Pour Caracalla, l'objectif était de faire honorer les dieux propres à Rome par l'ensemble de la « communauté » romaine, c'est-à-dire l'ensemble du corps civique de la cité.

Dion Cassius, lui, n'évoque pas du tout cette explication honorable et en fournit une autre, on l'a vu, nettement moins valorisante pour l'empereur : faire payer les impôts, jusque-là redevables par les seuls citoyens romains, par la totalité des habitants de l'empire. En effet, si les provinciaux sont soumis à certains impôts versés aux caisses de l'empire, notamment le tribut, les droits de douane, des droits de pâture et d'octroi, en plus des impôts payés à leur propre cité, ils sont exemptés de certaines taxes que ne paient que les citoyens romains, notamment le vingtième des héritages, une taxe de 5 % sur toutes les successions. Or Caracalla, selon Dion Cassius, venait justement de créer de nouvelles taxes payables par les citoyens : « Il promulgua de nouvelles taxes, remplaça la taxe de 5 % sur les ventes d'esclaves, les legs et toutes les donations par une taxe de 10 %, il abolit le droit de succession et l'exemption de taxes qui avait été accordée à ceux qui étaient de proches parents du défunt. C'est pour cela qu'il fit de tous les habitants de son empire des citoyens romains. »

En multipliant le nombre des contribuables, il augmentait de façon considérable ses ressources, sans amoindrir celles des collectivités provinciales puisque les nouveaux citoyens romains restaient redevables des charges dans leurs cités et dans leurs provinces.

Acte de piété ou appât du gain ?

Les discussions ont été nombreuses entre les savants pour essayer de déceler où se situait la vérité. Acte de piété, comme le soutient Caracalla ? Appât du gain, comme le défend Dion Cassius ? Les motifs ne sont pas nécessairement exclusifs. On connaît la religiosité extrême de l'empereur, et l'on ne peut donc récuser *a priori* les motifs qu'il donne. D'autres raisons ont été avancées, non moins séduisantes. L'empereur aurait été soucieux de gagner à nouveau le soutien des provinciaux qu'avait pu choquer le meurtre de son frère de sa propre main. D'autres suggèrent qu'il fut influencé par les milieux stoïciens ; sur ce point, le vocabulaire employé, insistant sur le caractère universel de la mesure, résonne en harmonie avec la notion d'universalité de l'homme professée par les stoïciens. Sans doute ne faut-il donc pas réduire l'origine de l'édit à une cause unique.

En réalité, il est beaucoup plus intéressant de se pencher sur les effets de la mesure, qui sont considérables. Caracalla est-il poussé par l'appât du gain ? Cette raison triviale ne peut être écartée. Le Trésor romain connaît des difficultés chroniques, notamment depuis la reprise des guerres contre les barbares sous Marc Aurèle (161-180). La guerre civile qui a opposé Septime Sévère à deux principaux prétendants au trône entre 193 et 197, les expéditions du même contre les Parthes en 195 puis 198, plusieurs autres campagnes, notamment en Bretagne (l'Angleterre d'aujourd'hui) ont pesé lourd sur les finances impériales. Or Caracalla projette une nouvelle campagne contre les Parthes : dès 213-214, on répare pour cela le réseau routier en Syrie et en Arabie. Sans que l'on puisse évaluer ce qu'a pu rapporter la

Constitution de 212, Caracalla a su dégager les moyens de cette nouvelle campagne.

Une étude systématique de la législation des Sévères en général et de Caracalla en particulier montre que les préoccupations financières sont omniprésentes. Mais si la promotion massive de nouveaux citoyens n'a pu qu'enrichir l'État, elle n'a pas empêché l'empereur de procéder à une nouvelle dévaluation masquée. Dès 215, il fait frapper une nouvelle pièce d'argent (en réalité moitié argent, moitié cuivre) que les Modernes ont appelée *antoninianus*, valant officiellement 2 deniers. Or, tandis que celui-ci pèse 3 g, l'*antoninianus* n'en pèse que 5.

Mais considérons les conséquences juridiques de la constitution : désormais, il existe une certaine égalité de statut entre la plupart des habitants de l'empire, quelle que soit leur origine. Le fait que chacun soit désormais citoyen romain place tout le monde sur un pied d'égalité potentiel devant la loi et autorise n'importe quel habitant de l'empire à en appeler à la justice impériale. Le droit romain, qui ne s'appliquait jusque-là qu'à une minorité, devient la base juridique des rapports entre l'écrasante majorité des habitants de l'Empire. Cela ne peut que favoriser sa diffusion et unifier les pratiques juridiques. Mais, il faut y insister, tous les droits locaux restent légitimes.

Néanmoins, la création et le rapide développement de l'école de droit de Beyrouth – la ville se nomme *Berytus* en latin car c'est une colonie romaine ou *Bérytos* en grec –, destinée à former juristes et autres spécialistes du droit romain, montre que les besoins en ce domaine allaient alors croissant dans la partie hellénophone de l'empire qui s'en était peu souciée jusque-là.

Un cas unique dans l'histoire des empires

Si l'on y réfléchit, cette situation est quasiment unique dans l'histoire des grands empires. Comme le montre le grand ouvrage de Jane Burbank et Frederick Cooper (*Empires in World History*, Princeton University Press, 2011), un empire vise à gérer ensemble des populations variées ethniquement, culturellement, religieusement. Partout, un peuple maître – souvent minoritaire – jouit seul de la plénitude des droits civils et surtout politiques. En d'autres termes, chaque empire est une juxtaposition de nations jouissant d'une autonomie plus ou moins grande. Avec la constitution de 212, on changeait clairement de conception : chez les hommes libres, il n'y avait plus, en droit, que des « Romains ».

On objectera peut-être que la réforme passait largement au-dessus du commun des mortels, et que son importance ne fut pas ressentie comme telle puisque pratiquement aucun auteur ancien ne la mentionne[1]. Deux faits démentent une telle analyse : d'abord, l'empressement mis par les nouveaux citoyens à faire état de leur statut. Ensuite, on observe que le sentiment d'être « Romain » se développe dans l'ensemble de la population, y compris dans la partie orientale de l'empire dont la culture est grecque. Ainsi, lorsque s'effondre au Ve siècle l'Empire en Occident, en Orient, et, jusqu'à la chute de Byzance en 1453, les habitants ne cesseront de se nommer eux-mêmes *Rhômaioi*, « Romains ».

1. En dehors de Dion Cassius déjà cité et des codes juridiques, on n'en trouve mention que dans la *Vita Severi* de l'*Histoire Auguste*, et dans la *Cité de Dieu* d'Augustin d'Hippone.

Aussi, il n'est pas illégitime de se demander si la constitution de Caracalla ne présente pas l'amorce possible d'une transformation d'un empire pluriethnique et multiculturel en ce qui aurait pu être une préfiguration de l'État-nation. La cité conquérante des siècles antérieurs finissait pas s'identifier à la totalité de sa conquête désormais dotée d'un statut unique, la *civitas* – qui désigne à la fois la cité et la citoyenneté – coïncidant enfin avec l'*imperium*.

Annexe : *le* Papyrus Giessen

« [L'Empereur César] Marc Aurèle Sévère Antonin Auguste proclame : [Il faut donc…], après avoir reçu des pétitions (?) et des [requêtes], [chercher] avant tout comment je pourrai rendre grâces aux dieux [immortels] de m'avoir sauvé par une telle [victoire (?)]. Voilà pourquoi j'estime pouvoir accomplir de manière si [magnifique (?) et si pieuse (?)] un acte qui convienne à leur majesté en ralliant [aux cérémonies de leur culte (?)] [les pérégrins], toutes les fois qu'ils viendront se joindre à mes hommes. Je donne donc à tous [les pérégrins qui sont dans] l'Empire le droit de cité romaine, étant entendu [que sont maintenues les cités de toute sorte] excepté celles des déditices. Il se doit en effet que [la multitude… non seulement…] tout, mais qu'elle soit dès maintenant associée aussi à la victoire. Et le présent édit augmentera (?) la majesté du [peuple] romain [trad. du texte de Meyer, *Juristic Papyrology*, I, p. 20].

« L'Empereur César Marc Aurèle Sévère Antonin Auguste proclame : [D'une manière générale, c'est à la divinité qu'il faut] avant tout [reporter et] les causes et les raisons (des choses) ; [et moi aussi, comme il se doit], je voudrais rendre grâces aux dieux [immortels] pour m'avoir sauvé d'un tel [complot tramé (contre ma vie)]. Voilà pourquoi j'estime pouvoir accomplir de manière si [magnifique et si digne des dieux] un acte qui convienne à leur majesté, en ralliant [à leur culte, comme Romains], [autant de fois de dizaines de milliers (de fidèles)] qu'il en viendra chaque fois se joindre à mes hommes. Je donne donc à tous [ceux qui habitent] l'Empire le droit de cité romaine, étant entendu [que personne ne se trouvera hors du cadre des cités], excepté les déditices. Il se doit en effet [que la multitude soit non seulement associée] aux charges qui pèsent sur tous, mais qu'elle soit désormais aussi englobée dans la victoire. [Et le présent édit] augmentera la majesté du [peuple] romain : [il est conforme à celle-ci] que d'autres puissent être admis à cette même [dignité que celle dont les Romains bénéficient depuis toujours], alors qu'en étaient exclus... de chaque... » [traduction du texte de A. Wilhelm, *AJA*, 38, 1934 par J. Modrzejewski *in* Girard & Senn, *Les Lois des Romains*, Naples, 1977, p. 478-490, n° 21].

Pour en savoir plus

La traduction par Joseph Modrzejewski *in* P. F. Girard & F. Senn, *Les Lois des Romains*, 7e éd., Naples, Jovene, 1977, p. 478-490, n° 21, a été reprise dans *Droit impérial et traditions locales dans l'Égypte romaine*, Londres, Variorum, 1990.

Jean-Pierre Coriat, *Le Prince législateur. La technique législative des Sévères et les méthodes de création du droit impérial à la fin du Principat*, Rome, EFR, 1997.

29

L'Orient au ve siècle[1]

Au ve siècle, l'Orient méditerranéen connaît, lui, une période de prospérité et de succès qui se traduit par un extraordinaire développement.

Lorsque, en 476, l'empereur d'Orient Zénon reçut à Constantinople l'ambassade du chef barbare Odoacre qui lui rendit les insignes impériaux portés par le jeune Romulus Augustule[2], il est bien peu probable qu'il en ait conclu que l'empire avait cessé d'exister en Occident. D'autant plus que Zénon n'avait lui-même jamais reconnu Romulus Augustule, alors âgé d'une quinzaine d'années, et qu'il considérait comme seul empereur légitime en Occident Julius Nepos, pourtant déposé en 475. Zénon renvoya donc les ambassadeurs d'Odoacre sans même apporter de réponse à la princi-

1. *L'Histoire*, n° 416, octobre 2015, p. 51-53, dossier « La chute de l'Empire romain », sous le titre *Pendant ce temps, en Orient*.

2. Parmi les insignes, le manteau de pourpre, la lance, le globe nicéphore (porteur de victoire), le *labarum* (étendard militaire portant le chrisme), le diadème, la ceinture incrustée de pierres précieuses. On ne sait pas quels sont les insignes renvoyés par Odoacre.

pale demande de leur maître, gouverner l'Italie avec le titre de patrice.

En congédiant l'empereur d'Occident, Odoacre se montrait au fond bien plus novateur (ou retors) que son suzerain, car, soit il signifiait que, après tant de partages et de divisions, l'empire se trouvait enfin réunifié, soit il prenait la mesure de la vacance du pouvoir impérial qui devait laisser la place aux nouveaux chefs issus des peuples venus d'au-delà du Rhin et du Danube. Mais, soumission feinte ou réelle, Odoacre ne prétendait qu'au titre de patrice qui ferait de lui le représentant de Zénon en Occident. Il n'était pas question de renoncer à un héritage qui fondait la légitimité même de l'empire. Certes, Rome n'était plus dans Rome depuis longtemps, mais personne ne songeait à renoncer à Rome pour autant.

476 se distinguait plutôt comme une année remplie de succès pour Zénon. Lui qu'un malheureux coup d'État d'un certain Basiliskos avait renversé l'année précédente venait de récupérer son trône en août et de se rétablir à Constantinople. La même année, il arriva à un accord avec Genséric, le roi des Vandales, auquel il reconnaissait le gouvernement de l'Afrique et des îles de la Méditerranée occidentale. Julius Nepos contrôlait quant à lui la Dalmatie, la Maurétanie, une partie de la Gaule avec le titre impérial (il ne mourut qu'en 480), mais Zénon l'acceptait volontiers. Il fallait encore combattre les Ostrogoths de Théodoric qui menaçaient Constantinople. En 483, Zénon leur concéda la Mésie (Serbie et nord de la Bulgarie) en espérant les fixer loin de sa capitale, puis, en 487, il parvint à convaincre leur chef de se lancer à la conquête de l'Italie où la puissance d'Odoacre ne cessait de croître. Surtout, Zénon continuait de contrôler des provinces aussi riches que l'Égypte, la Syrie ou l'Asie Mineure.

Une deuxième capitale

Depuis que Constantin avait transféré la résidence principale de l'empereur dans la partie grecque de l'empire en fondant une deuxième capitale à Constantinople (324-330), les élites des provinces de Méditerranée orientale n'avaient cessé de prendre de l'importance à la cour et à la tête de l'État. Cela n'empêchait en rien l'Empire de continuer à être pleinement « romain » et les habitants grecs de l'empire se nommaient eux-mêmes fièrement *hoi Rhômaioi*, « les Romains ». Cela ne devait pas varier jusqu'à la prise de Constantinople par les Turcs en 1453 !

La religion constituait sûrement le ferment le plus solide de l'unité de l'empire, entre Orient et Occident. Les empereurs successifs s'étaient beaucoup impliqués dans les querelles théologiques, notamment celles relatives à la nature du Christ. Bien que les thèses de Nestorius, qui favorisaient la nature humaine du Christ, aient été condamnées au concile d'Éphèse (431), puis les thèses monophysites (ou miaphysites), qui affirment l'union du divin et de l'humain dans le Christ en une seule nature, à celui de Chalcédoine (451), les Églises restaient profondément divisées. En Égypte comme en Syrie, les monophysites demeuraient puissants, et reprenaient périodiquement le pouvoir à la tête des patriarcats. Si les nestoriens prospéraient désormais à l'extérieur de l'Empire romain, chez les Perses, en revanche, l'affrontement entre melkites[1] et monophysites se poursuivait dans l'empire pour un siècle et davantage. Les divergences doc-

1. Les chrétiens de Syrie et d'Égypte qui avaient accepté les définitions du concile de Chalcédoine (451) sur les deux natures, humaine et divine, du Christ.

trinales témoignaient à leur façon de l'appartenance de tous au même monde chrétien.

Paix et prospérité

Néanmoins, depuis longtemps Orient et Occident ne vivaient plus exactement au même rythme face aux périls. Certes, les Balkans et Constantinople elle-même connaissaient les dangers d'une présence barbare menaçante, mais les provinces d'Asie, de Syrie et d'Égypte les ignoraient largement. Les dangers y étaient d'une autre nature. Zénon devait affronter une série de tentatives d'usurpation, dont plusieurs soutenues par des membres de la famille impériale. Mais, en dehors de ces troubles, les provinces vivaient dans une relative tranquillité. Le front perse était calme car les Sassanides étaient occupés à l'est par les invasions des Huns Hephtalites qui envahissaient l'Iran.

Le ve siècle et au moins la première moitié du vi^e^ siècle (jusqu'à l'explosion de la grande peste bubonique de 542) marquent un nouveau pic dans la prospérité et le développement des provinces de Méditerranée orientale. C'est notamment le cas de la Syrie où l'archéologie comme l'épigraphie attestent une grande activité dans les campagnes et dans les villes, avec une occupation dense des zones montagneuses au nord (Massif calcaire) et sur les marges steppiques au nord (Chalcidique) et au sud (Hauran) : nombre de villages se développent dans des zones marginales peu arrosées, preuve d'une forte pression démographique et sans doute aussi d'une importante demande de produits agricoles de la part des villes. On explique ainsi l'extraordinaire développement du Massif calcaire en Syrie du Nord, aux ressources ingrates mais couvert de villages florissants qui se multiplient à partir du IVe siècle. La qualité des constructions, la somptuosité des églises et des édifices collectifs témoignent de la prospérité des campagnes.

Bien que quelques cités aient beaucoup souffert des invasions perses du IIIe siècle, notamment Antioche, les villes de la vallée de l'Euphrate (Doura a même été détruite intégralement) et celles de haute Mésopotamie (Nisibe, trois fois assiégée au IVe siècle), toutes se sont relevées. Là encore, on est loin de la réduction des territoires urbains observée en Gaule ou en Italie, bien au contraire. On voit plutôt des villages prendre l'aspect de petites villes, comme Umm al-Jimal, dans la province d'Arabie, avec ses riches maisons et ses quinze églises. En témoigne aussi un mouvement de construction sans précédent, avec notamment de très nombreux monastères et églises, qui deviennent rapidement des centres de pèlerinage.

La qualité de la production artistique et littéraire porte témoignage de la prospérité de l'ensemble de la partie orientale de l'empire. L'architecture est de loin ce qui est le mieux conservé, avec les innombrables églises de Syrie du Nord (notamment celle de saint Siméon Stylite, édifiée après la mort du saint en 459, l'une des plus spectaculaires parmi des centaines d'autres, comme celle de Qalb Lozé, édifiée vers 460), mais aussi des ensembles exceptionnels en Asie Mineure ou en Égypte (nécropole de Bagawat dans l'oasis de Khargeh, monastères du *wadi* Natroun). On ne peut négliger ni l'art de la mosaïque (qui fleurit par exemple à Madaba en Jordanie aux Ve et VIe siècles), ni la peinture (Bagawat notamment).

Parallèlement, les controverses théologiques nourrissent une abondante littérature chrétienne dans les grands centres que sont Constantinople mais aussi

Antioche, Éphèse, Alexandrie ou Gaza. Beaucoup des grands auteurs du ve siècle sont morts dans les années 450-460, comme les historiens Socrate le Scolastique, Théodoret de Cyr ou Sozomène, les théologiens Cyrille d'Alexandrie ou Ibas d'Édesse, mais la relève est assurée par une foule d'auteurs que les débats théologiques stimulent. Par ailleurs, des philosophes et rhéteurs païens continuent de s'exprimer ouvertement, comme Proclos le Diadoque à Athènes (mort vers 485), Ammonios d'Alexandrie (qui écrit vers 475-515), probablement Jean Stobée, tandis que d'autres restent néoplatoniciens malgré leur conversion (Énée de Gaza). En bref, c'est une vie intellectuelle active qui irrigue toute la partie orientale de l'empire, base indispensable de la brillante époque justinienne au siècle suivant.

En dépit des mutations dont tous sont conscients, pour s'en féliciter ou les regretter, aucun ne considère que l'empire s'est réduit à sa partie hellénophone. Et aucun sans doute n'accorda la moindre importance à l'ambassade d'Odoacre !

30

L'Empire romain n'est pas mort[1]

Les faits sont là : à la fin du Vᵉ siècle, il n'y a plus d'empereur à Rome ; c'en est fini de l'Empire romain d'Occident. Mais la civilisation gréco-romaine s'est-elle effondrée pour autant ? Non, nous en sommes les héritiers directs.

Depuis Edward Gibbon, auteur en 1776 d'une retentissante *Histoire du déclin et de la chute de l'Empire romain*, on ne cesse de s'interroger sur les causes de la chute de l'Empire romain. Pour expliquer la disparition d'un État aussi puissant et aussi durable, on a invoqué l'« invasion » des Barbares germaniques, le christianisme, la corruption généralisée ou la dénatalité… Quoi qu'il en soit le fait est là : en Occident au moins, à la fin du Vᵉ siècle de notre ère, il n'y a plus d'empereur de Rome !

Mais la fin de l'Empire ne peut se confondre avec la fin de la civilisation qu'il a abritée. Et Jared Diamond[2] l'a bien senti, qui s'abstient de conclure sur Rome, notant que l'on ne peut pas toujours lier le sort de la culture à

1. *L'Histoire*, n° 316, janvier 2007, p. 62-66, dossier « Comment meurent les civilisations ».

[2. J. Diamond, *Effondrement. Comment les sociétés décident de leur disparition ou de leur survie*, Paris, Gallimard, 2006.]

celui de l'État. Sage prudence ! Il y a bien longtemps que les historiens de l'Antiquité gréco-romaine, à commencer par les spécialistes de l'Antiquité tardive – terme préférable pour désigner les IVe-VIe siècles à « Bas-Empire », dévalorisant –, traquent les mutations sans trop se soucier de la disparition de l'État lui-même. Comme si, en quelque sorte, la déposition du dernier empereur de Rome, Romulus Augustule, en 476, bien loin d'être un séisme, ne constituait qu'un épiphénomène, l'ultime geste symbolique d'un processus de mutation quasi achevé (*cf.* ci-dessus chapitre 29, p. 301).

L'Empire romain avait fini sa course en Occident. Mais, depuis le partage de l'Empire à la mort de Théodose en 395, l'empire avait deux moitiés et deux capitales. En 476, en Occident, la vacance du titre le rendait disponible pour d'autres aventures : en 800, Charlemagne en revendique la filiation, en attendant Otton Ier fondant en 962 un Saint-Empire « romain » germanique, qui survivra d'une manière ou d'une autre jusqu'en... 1806.

Cette prétention à l'héritage d'Auguste témoigne que l'Empire romain n'est pas mort, et que du passé il n'est pas question de faire table rase. Certes, les institutions politiques changent, parfois radicalement, avec, en Occident, l'émergence des royaumes germaniques. Mais ces royaumes « barbares » édifiés sur les ruines de l'Empire doivent beaucoup à la tradition politique gréco-romaine : outre la re-création d'un « empire » par Charlemagne, bien des traits de la monarchie absolue en Occident sont hérités de Rome – et, au-delà, des monarchies hellénistiques.

Plus globalement, la philosophie politique occidentale plonge ses racines chez les Grecs et les Romains. Même si les démocraties d'aujourd'hui sont bien différentes de la démocratie athénienne, elles n'en sont pas moins, à bien des égards – souveraineté populaire, contrôle de l'exécutif – ses lointaines héritières. Notre conception du citoyen, de la politique, des institutions et du droit est souvent issue en ligne directe de celle des Grecs et des Romains.

L'essentiel est sans doute ailleurs, dans les mutations de la société et de la culture. En dépit de bien des différences, notamment celle de la langue, on peut parler sous le Haut-Empire (Ier-IIIe siècle) d'une civilisation « gréco-romaine »[1], le fonds commun entre la Grèce et Rome étant suffisamment important pour qu'on les considère comme un tout indissociable. C'est bien cette culture qui s'est « dissoute » dans les siècles suivants. Mais, bien loin d'être victime de mort subite, elle a été l'objet de mutations incessantes qui ne sont que la marque d'une constante adaptation aux goûts et aux besoins de la société.

Paul Veyne a ainsi bien montré comment se transformait l'idéal artistique classique à partir du IIIe siècle, comment on passait d'une représentation du corps humain pleine de vie, aussi proche que possible du réel, où l'emporte le souci de la grâce, de la vénusté, à un art d'apparence plus figé, où les canons de la figure humaine changent et se détachent du réel.

Phénomène de longue haleine, qui plonge ses racines dans la société gréco-romaine, et que l'on ne saurait imputer à une rupture politique ou à une intervention extérieure. Paul Veyne, avec subtilité, nous fait comprendre comment « cet art n'a pas pris fin à une certaine date, n'a pas disparu un beau jour de la scène du monde : il s'est effacé morceau par morceau, à des moments différents et

1. Ce qui justifie le titre du livre de Paul Veyne, *L'Empire gréco-romain*, Paris, Le Seuil, 2005.

pour des raisons différentes selon le morceau considéré, si bien qu'on ne peut assigner de date précise à sa mort. Aussi bien, au fil des ans, était-il devenu hétérogène, éclectique, composite, un manteau d'Arlequin ; certaines pièces du manteau, parmi les plus classiques, allaient se perpétuer pendant de longs siècles jusqu'en plein âge byzantin, tandis que d'autres semblent annoncer très tôt le Moyen Âge ».

Constat lucide et qui vaudrait pour bien d'autres aspects de la civilisation gréco-romaine : il n'y a pas *une* mort de l'art antique, mais de multiples petites morts successives. Ce sont, à mes yeux, ces « petites morts » qui, à petites touches, transforment l'art vivant : abandon du mouvement, relatif dédain pour la ressemblance ou la proportion des corps. Que l'on mette côte à côte la procession des Panathénées sur la frise ionique du Parthénon et les mosaïques de Ravenne, et l'on comprendra sans difficulté tout ce qui les sépare.

Mais pourquoi faudrait-il parler de déclin ou de mort ? L'important me paraît bien davantage être le maintien d'un grand art officiel que les mutations de l'esthétique ou de la technique. Libre à chacun d'être sensible davantage à la grâce des corps ou à l'éclat des couleurs. Pour l'historien, compte avant tout la signification historique d'un art encore pleinement vivant. La redécouverte de l'art antique à la Renaissance, en dépit des ambiguïtés sur lesquelles elle repose, ne surgit pas du néant.

Dans cette évolution, le christianisme joue naturellement un rôle qu'il faut peut-être réévaluer à la hausse. Je veux dire par là que l'influence des chrétiens s'est peut-être fait sentir plus tôt et plus profondément qu'on ne le pense parfois. Car, au moins dans les provinces de langue grecque, celles qui bordent la Méditerranée orientale, ils paraissent nombreux dès le début du IIe siècle. Pline en porte témoignage pour la Bithynie, lorsqu'il écrit vers 112-113 à l'empereur Trajan : « L'affaire m'a paru mériter que je prenne ton avis, surtout à cause du nombre des accusés [chrétiens]. Il y a une foule de personnes de tout âge, de toute condition, des deux sexes aussi, qui sont ou seront mises en péril. Ce n'est pas seulement à travers les villes, mais aussi à travers les villages et les campagnes que s'est répandue la contagion de cette superstition ; je crois pourtant qu'il est possible de l'enrayer et de la guérir[1]. »

Si Pline le Jeune n'exagère pas l'importance du nombre des chrétiens dans sa province dont beaucoup sont assez tièdes puisqu'ils apostasient sans difficulté, il faut en conclure qu'ils sont assez présents pour que leurs conceptions influencent largement le comportement de leurs compatriotes. D'ailleurs, Pline insiste sur les temples désertés, la viande des sacrifices bradée à de rares clients. Glen Bowersock a montré naguère comment les récits évangéliques ont pu être diffusés au-delà du cercle étroit des communautés chrétiennes et inspirer le roman grec et romain du Haut-Empire[2], où apparaissent par exemple des résurrections spectaculaires, sans exemple dans la littérature païenne antérieure.

Il est difficile de mesurer la conscience qu'eurent les Anciens des mutations culturelles dont ils étaient les contemporains. Un débat, qui culmine au IVe siècle, me paraît pourtant en témoigner. Le 17 juin 362, un édit de l'empereur Julien, d'allure anodine, souleva un tollé chez les chrétiens. Le texte proclamait que les maîtres d'école

1. Pline le Jeune, *Lettres*, X, 96.

2. G. W. Bowersock, *Fiction as History*, Berkeley-Londres, University of California Press, 1994, trad. fr., *De la fiction à l'histoire*, Paris, Bayard, 2007.

et les professeurs devaient se distinguer par leur bonne moralité et leur éloquence. Désormais, nul ne pourrait enseigner sans un décret du conseil municipal local. Le souci de confier l'éducation des enfants aux meilleurs maîtres masquait en réalité une préoccupation bien différente, dévoilée par une lettre d'accompagnement de l'empereur : pour Julien désigné comme Apostat par les chrétiens, à cause de sa volonté de restaurer le paganisme, l'enjeu était bel et bien d'écarter les chrétiens de l'enseignement. La première qualité d'un maître, écrit-il, c'est la loyauté : « Quiconque pense une chose et en enseigne une autre à ses élèves me paraît être aussi loin de la vraie éducation qu'il l'est de l'honnêteté. » Sans nommer les chrétiens, Julien les attaque de front en ajoutant un peu plus loin : « Homère, Hésiode, Démosthène, Hérodote, Thucydide, Isocrate et Lysias ne reconnaissaient-ils pas les dieux pour guides de toute éducation ? Je trouve absurde que celui qui commente leurs ouvrages méprise les dieux qu'ils ont honorés… Je n'exige pas des éducateurs de la jeunesse qu'ils changent d'opinion, mais je leur laisse le choix : qu'ils cessent d'enseigner ce qu'ils ne prennent pas au sérieux, ou bien, s'ils veulent continuer leurs leçons, qu'ils prêchent d'exemple avant tout et qu'ils persuadent leurs élèves que ni Homère, ni Hésiode, ni aucun de ceux qu'ils expliquent [n'a été aussi stupide qu'ils veulent le faire croire] après les avoir accusés d'impiété, de folie et d'erreur au sujet des dieux[1]. » Les maîtres chrétiens n'avaient qu'à se soumettre ou à se démettre, puisque Julien établissait comme vérité intangible que la culture classique portait en elle les valeurs du paganisme

1. Traduction de J. Bidez, Paris, Les Belles Lettres, 1960 ; le texte présente une lacune pour laquelle j'adopte le texte suggéré par J. Bidez.

et ne pouvait en être dissociée. Exclure les chrétiens de l'enseignement des lettres revenait à leur signifier que cette culture-là n'était pas la leur.

Or l'affaire faisait débat au sein des communautés chrétiennes depuis longtemps. Parmi elles, nombre d'auteurs avaient souligné combien il était dangereux pour les jeunes de fréquenter les écoles païennes où, d'une manière ou d'une autre, les dieux païens envahissaient la littérature. Car les chrétiens n'avaient pas créé d'écoles spécifiques et apprenaient à lire, comme tout le monde, avec Homère, Euripide ou Démosthène – la tradition juive de l'école rabbinique n'avait pas d'équivalent chrétien.

Tertullien (v. 155-v. 225) souligne que, dès la naissance, le chrétien est cerné par les images de l'idolâtrie ; l'Africain Minucius Felix (IIe-début IIIe siècle), l'Alexandrin Origène (v. 185-v. 254), le Cappadocien Grégoire de Naziance encore au IVe siècle rappellent l'omniprésence des « idoles » et des mythes païens à l'école et dans la vie. Au point que nombre de chrétiens ont fini par nourrir une méfiance instinctive à l'égard de toute la tradition classique, à en croire Grégoire de Naziance, dans son *Éloge funèbre de Basile* (§ 11).

Cette méfiance n'était pas partagée par tous. À la fin du IIe siècle, Clément d'Alexandrie dénonce ces chrétiens qui ont peur de la philosophie grecque comme les enfants ont peur des fantômes. Au prix de quelques contorsions rhétoriques, Clément va jusqu'à prétendre que les vérités contenues dans la philosophie grecque ne peuvent qu'avoir été inspirées par Dieu ! Il rejoint ainsi Minucius Felix qui défend l'excellence de la philosophie grecque dans l'*Octavius* même si elle ne pouvait aboutir à la perfection en l'absence de la connaissance du seul vrai Dieu. Mais ce qu'ils affirment tous deux, avec bien d'autres chrétiens, c'est que la culture classique leur appartient en propre tout autant qu'aux païens. La plus brillante défense d'une telle idée se trouve dans un petit opuscule de Basile de Césarée, *Aux jeunes gens. Sur la manière de tirer profit des lettres helléniques*, réponse à l'édit de Julien, publiée vers 370, après la mort de l'empereur et après le retrait de son édit. Pour Basile, la culture grecque est le bien commun de tous.

Les auteurs chrétiens, en revanche, se livrent à une vigoureuse dénonciation des dieux grecs et de diverses pratiques jugées infâmes comme l'homosexualité ou les combats de gladiateurs : de l'*Apologie* d'Aristide d'Athènes au IIe siècle qui se moque de l'anthropomorphisme des dieux grecs à la *Thérapeutique des maladies helléniques* de Théodoret de Cyr (386-458) en passant par la réfutation systématique des dieux païens par Eusèbe de Césarée (v. 265-339) dans sa *Préparation évangélique*, tous ont pris soin de se démarquer soigneusement des dieux du passé. Mais c'est souvent pour mieux affirmer leur attachement à la culture gréco-romaine.

Cette revendication claire de l'héritage intellectuel de la Grèce et de Rome est fondamentale, car elle est la condition même de la survie de la culture classique. Mutation essentielle, rendue possible par le fait que les mythes grecs se sont depuis longtemps largement vidés de leur contenu religieux – on n'ose dire « théologique » – pour ne plus être, pour les païens eux-mêmes, que des thèmes littéraires auxquels personne n'accorde le moindre crédit. C'est à ce prix, dégagée de tout substrat religieux, que la culture grecque et romaine pouvait prendre un caractère universel.

Post-scriptum. On possède une nouvelle traduction de Basile de Césarée, *Aux jeunes gens. Comment tiret profit de la littérature grecque*, par Arnaud Perrot, Paris, Les Belles Lettres, 2012. Par ailleurs, on consultera la belle étude de Sébastien Morlet, *Les Chrétiens et la culture*, Paris, Les Belles Lettres, 2016.

Lexique

Académie rabbinique : après la destruction du Temple de Jérusalem, des écoles de savants experts de la Torah s'ouvrirent dans plusieurs villes de Palestine, notamment en Galilée, et élaborèrent des commentaires détaillés de la Torah. D'autres existaient en Mésopotamie et se livrèrent au même travail. L'ensemble fut organisé, et donna lieu tardivement aux deux grands recueils connus sous le noms de Talmud de Jérusalem (en fait de Galilée) et de Babylone.

Agonothète : responsable de l'organisation d'un concours gymnique ou artistique accompagnant une fête religieuse.

Agora : place publique qui constitue dans les cités grecques le centre de la vie civique.

Amnistie : décision politique qui suspend les sanctions pénales ; elle fut pratiquée par les Athéniens à l'extrême fin du ve siècle av. J.-C. Le mot, qui mêle les racines des termes « pardon » (*amnêstia*) et « oubli » (*amnêstos*), exprime à la fois l'effet réconciliateur de la mesure et la volonté d'oubli qui en découle.

Année sabbatique : la *shemitta* désigne en hébreu une année où les agriculteurs juifs doivent laisser la terre en friche et ne pas tailler les arbres (*Lévitique*, 25, 4), sur le modèle du sabbat des hommes. En principe, les débiteurs juifs sont délivrés aussi de leur dette ou de leur esclavage pour dettes.

Archonte : terme générique pour désigner les magistrats des cités grecques, mais qui désigne aussi dans de nombreuses cités des magistrats spécifiques exerçant le pouvoir politique. À Athènes, les dix archontes furent les magistrats principaux jusqu'à ce qu'ils soient tirés au sort (487), ce qui réduisit leur influence politique.

Aréopage : à Athènes, conseil formé des anciens archontes, chargé jusqu'en 462 av. J.-C. de contrôler les magistrats à leur entrée et sortie de charge. Il resta ensuite chargé de certains types de procès.

Assemblée du peuple : *cf.* Ecclésia.

Bibliothèque d'Alexandrie : fondée à la fin du IVe siècle par Ptolémée Ier sur les conseils de l'Athénien Démétrios de Phalère, la bibliothèque visait à réunir un exemplaire de tous les livres écrits jusque là. Une telle institution avait déjà été créée au IVe par les tyrans d'Héraclée du Pont, et fut imitée par les autres souverains hellénistiques (Antioche, Pergame).

Boulè : conseil préparant les décisions de l'*ecclésia* et dont une section, au moins, tels les prytanes à Athènes, assure la gestion quotidienne de la cité. Le nombre des conseillers varie (500 à Athènes à l'époque classique) et ils sont soit tirés au sort (Athènes classique), soit élus, généralement pour une période limitée (un an) ; la fonction devient viagère sous l'Empire. Les bouleutes siègent au *bouleutérion* ou dans un édifice à gradins pouvant aussi servir pour des spectacles.

Chiliarque : le chiliarque est en principe celui qui commande 1 000 hommes au combat. À la cour d'Alexandre, suivant un modèle repris de la cour perse, le chiliarque est le second après le roi lui-même, mais le titre est souvent ambigu car il peut aussi désigner le chef de la cavalerie des compagnons.

Chorégie : charge (*cf.* Liturgie) d'organiser et de financer (au moins en partie) une représentation dramatique dans le cadre d'une fête religieuse confiée à un citoyen (chorège).

Clérouque : dans Athènes classique, il s'agit d'un citoyen pauvre installé par tirage au sort sur un lot de terre confisqué dans une cité punie et qui doit en échange le service armé à la cité. Athènes fonda ainsi des clérouques dans plusieurs îles de l'Égée (Andros, Naxos, Imbros, Lemnos, Skyros, etc.) ainsi qu'en Thrace notamment. L'institution fut également en vogue dans l'Égypte lagide où la terre dite « clérouchique » fut concédée à des colons-soldats en contrepartie du service militaire.

Cosmète : magistrat des cités et métropoles d'Égypte gréco-romaine, chargé en particulier de diriger l'éducation et l'entraînement des éphèbes.

Dème : circonscription administrative et politique de base à Athènes et dans d'autres cités. Le dème tient le registre des citoyens qui en font partie à titre héréditaire.

Démotique : le mot possède deux sens très différents. 1. C'est l'adjectif indiquant le dème d'origine d'un citoyen. 2. En Égypte, on désigne ainsi l'écriture cursive dérivée de l'écriture hiératique dans laquelle est transcrite habituellement la langue égyptienne sur les documents manuscrits.

Ecclésia : c'est l'assemblée du peuple, c'est-à-dire de tous les hommes d'une cité jouissant de droits civiques ; elle est l'incarnation du pouvoir souverain du peuple. À Athènes elle se réunit sur la Pnyx qui, néanmoins, ne peut en recevoir que 6 000 ; dans d'autres cités, elle se réunit au théâtre. Chacun peut y prendre la parole librement et on procède au vote généralement à main levée.

Éphébie : institution à la fois pédagogique et militaire des jeunes hommes destinés à devenir des citoyens complets ; à Athènes, cela consiste en une sorte de service militaire de deux ans à l'époque classique. Mais l'institution se maintient et se développe durant l'époque hellénistique et jusqu'à l'époque impériale (par exemple en Égypte) tout en perdant son caractère militaire utilitaire.

Étranger : statut de tout individu qui ne jouit pas de la citoyenneté dans la cité où il se trouve, qu'il y vive ou qu'il y soit de passage. *Cf.* Métèque.

Évergète : bienfaiteur de la cité qu'il en soit citoyen ou non. Les bienfaits (évergésies) peuvent être matériel (don de blé ou d'argent, financement de construction, rachat de prisonniers, etc.) ou immatériel (intervention auprès d'un roi ou d'une cité adverse, ambassade à titre gratuit, etc.), mais toujours volontaires. Les évergètes peuvent être aussi bien des citoyens que des étrangers (y compris des souverains), des hommes que des femmes ou des enfants, le seul critère étant la richesse. Le recours à ce moyen de financement (évergétisme) ne cessa de s'amplifier à partir de la fin du IVe siècle av. J.-C. de telle façon que son caractère volontaire céda souvent la place à une forte pression sociale et parfois à une contrainte légale.

Exégète : magistrat des cités et des métropoles d'Égypte chargé de la vérification des statuts personnels et détenteur de certains pouvoirs de justice.

Grand prêtre : le terme est peu utilisé dans le monde grec dans la mesure où la fonction de prêtre est souvent assimilée à une magistrature à durée déterminée. Il désigne en revanche le chef du culte au Temple de Jérusalem, qui est en même temps, sauf lorsqu'il existe un roi, le chef du peuple et son représentant auprès des autorités. De même, le terme désigne régulièrement les prêtres du culte des souverains hellénistiques, puis ceux du culte impérial provincial en Méditerranée orientale.

Gymnasiarchie : liturgie qui consiste pour un citoyen à gérer et, partiellement, financer un gymnase (entretien des lieux, chauffage, huile).

Haute et Basse-Égypte : délimitation traditionnelle de la vallée du Nil. La Haute-Égypte s'étend de la première cataracte au sud (limite avec la Nubie) jusqu'aux abords d'Ashmounein au nord ; la Basse-Égypte couvre la partie nord de la vallée du Nil avec le Fayoum et le Delta.

Héliée : *cf.* Tribunal populaire.

Hétairie : d'abord « compagnonnage » réunissant des jeunes gens qui combattent (et s'entraînent) ensemble, le terme finit par désigner des associations à caractère plutôt aristocratique qui se montrèrent généralement hostiles au régime démocratique athénien. Ces hétairies jouèrent un rôle dans les coups d'État qui renversèrent la démocratie en 411 et en 404.

Hilote : nom donné à Sparte aux esclaves appartenant à la communauté, que l'on estimait d'origine indigène et réduits collectivement en esclavage à la suite d'un conflit interne (ce qui n'est prouvé que pour les hilotes messéniens). Chargés de cultiver les terres des citoyens ou utilisés au service de la collectivité (notamment pour des tâches de police), les hilotes faisaient l'objet de mesures humiliantes (costume), d'interdits (gymnastique, relations homosexuelles) et parfois d'élimination physique. Des groupes de même nature existaient en Thessalie (pénestes) et en Crète notamment.

Hoplite : fantassin lourdement armé d'un bouclier, d'une lance (deux à l'origine) et d'une épée courte, combattant en formation serrée (phalange). Le bouclier tenu sur l'avant-bras gauche protège la moitié gauche de celui qui le porte et la partie droite de son voisin. L'hoplite est également protégé par un casque, une cuirasse et des jambières (cnémides). L'équipement, payé par l'hoplite lui-même, est réservé aux citoyens aisés, qui doivent aussi s'entraîner régulièrement et entretenir leur matériel.

Lagides : dynastie macédonienne tirant son nom de Lagos, père de Ptolémée Ier. Celui-ci se fit accorder le gouvernement de la satrapie d'Égypte dès la mort d'Alexandre en juin 323 et prit le titre royal en 306, tout en étendant son domaine bien au-delà de l'Égypte. La dernière représentante de la dynastie fut Cléopâtre VII, morte en 30 av. J.-C.

Liturgie : le mot désigne l'obligation légale faite à un individu d'effectuer une tâche (une ambassade, un commandement) ou de financer une manifestation quelconque pour le compte de la communauté, sans que cela soit dans le cadre d'une magistrature régulière.

Messie : la notion d'un « oint » de Dieu (hébreu *msyh*) remonte à l'époque davidique dans le judaïsme ancien, pour désigner aussi bien des rois que des prophètes envoyés par Dieu. Mais elle prend un sens plus précis à partir de l'époque hellénistique pour désigner un envoyé à venir qui préparera la venue du royaume de Dieu et le Jugement dernier.

Métèque : signifiant littéralement « qui habite avec », le métèque – terme qui ne possède aucune connotation péjorative et est consacré par le paiement d'une taxe modique –, est un étranger résidant durablement dans une cité grâce à un statut qui le protège de l'arbitraire qui peut s'appliquer aux gens de passage et l'autorise à se livrer à ses activités ; seul l'acquisition d'un bien foncier reste interdite. À Athènes, placé sous la protection d'un patron (*prostatès*), il peut avoir accès à la justice, être enrôlé dans l'armée (sauf comme cavalier) et contribuer aux finances civiques selon sa fortune. Bien qu'il soit mal connu ailleurs, ce statut semble attesté dans de nombreuses cités.

Musée d'Alexandrie : placé sous la protection des Muses, l'institution fondée par les souverains lagides accueillait des savants de toutes disciplines, nourris et logés aux frais du roi, et qui trouvaient là des conditions de travail idéale grâce à la présence de la Bibliothèque.

Nome : division administrative de l'Égypte, au nombre d'une quarantaine à l'époque hellénistique, et dont le centre est une métropole.

Oligarchie : régime politique grec qui n'accorde de droits politiques qu'à un nombre limité de citoyens.

Ostracisme : procédure politique qui, à Athènes, au ve siècle av. J.-C., permet à l'assemblée du peuple d'exiler pour 10 ans, sans avoir à fournir de justification, tout individu qui paraît à une majorité de 6 000 citoyens (au moins) dangereux pour la cité. Portée au crédit de Clisthène, cette institution presque sans parallèle (sauf le « pétalisme » à Syracuse, où l'exil est de cinq ans) fonctionna de 488 à 417, par intermittence. Les premiers exilés furent des « amis des tyrans » et des Alcméonides (famille de Clisthène), le dernier le démagogue Hyperbolos.

Ostracon (pl. ostraca) : fragment de poterie que l'on utilisait comme support d'écriture, pour envoyer du courrier, tenir des comptes, ou voter (l'ostracisme athénien en tire son nom).

Palestine : tirant son nom des Philistins, eux-mêmes descendants des « peuples de la Mer » qui ravagent les côtes de la Méditerranée orientale au XIIe siècle av. J.-C., la Palestine désigne à l'origine la côte sud du Levant, entre le Sinaï et le sud de la Phénicie. L'usage qu'en font les auteurs grecs et latins est assez flou, sans que l'on sache toujours si le terme englobe pour eux les terres de l'intérieur (Idumée, Judée, Samarie, Galilée). Les choses deviennent plus claires lorsqu'en 134, l'empereur Hadrien décide de nommer *Syria-Palaestina* la province qui se nommait depuis Vespasien *Iudaea*, pour punir les juifs révoltés. Cet usage administratif demeura en vigueur (malgré le partage de la province en trois Palestine) jusqu'à la conquête islamique.

Pharaon : nom traditionnel du souverain de l'Égypte qui s'appliqua aussi bien aux souverains lagides qu'aux empereurs romains, mais seule une partie des premiers se fit couronner comme tel à Memphis.

Phare d'Alexandrie : construit à l'initiative de Ptolémée Ier sur l'îlot de Pharos pour guider les bateaux dans les passes dangereuses qui conduisent aux deux ports d'Alexandrie, il ; survécut longtemps au Moyen Âge. On en retrouve aujourd'hui des éléments sous l'eau et dans le fortin construit à son emplacement.

Prêtrise : dans le monde grec, les prêtrises sont, sauf exception, des magistratures qui ne se distinguent des autres que par leur caractère sacré, mais qui sont temporaires et n'exigent de leurs titulaires ni vocation, ni consécration particulières.

Prytane : à Athènes, section d'un dixième de la *boulè*, regroupant les bouleutes d'une même tribu, qui siège en permanence durant un dixième de l'année, symbole de la continuité des institutions de la cité. Les prytanes sont alors logés et nourris au prytanée aux frais de la communauté. Ils désignent chaque jour en leur sein un président (épistate) qui détient les sceaux de la cité et les clefs des trésors et des temples.

Ptolémée : nom porté par tous les rois de la dynastie lagide, qui ne se distinguent les uns des autres que par l'épithète cultuelle qu'ils adoptaient en arrivant au pouvoir. Le chiffre qui accompagne aujourd'hui leur nom est une convention savante contemporaine.

Sabbat : dernier jour de la semaine juive, il commence le vendredi au coucher du soleil et se termine de même le samedi. L'étymologie indique que c'est le jour où l'on « cesse », où l'on « s'abstient » de travailler – de même que Dieu se reposa le 7e jour après avoir achevé la création (Genèse II, 1-3) – et d'avoir la moindre activité, pour se consacrer à la prière et à la louange du Seigneur (Deutéronome V, 14-15, l'associe à la sortie d'Égypte).

Saint des saints : nom donné à la partie la plus sacrée du Temple de Jérusalem, qui est en réalité ce qu'ailleurs on nomme le *naos* ou la *cella*. Il n'abrite aucune image de Dieu, mais l'Arche d'Alliance et divers objets sacrés ; le grand prêtre n'y pénétrait qu'une fois par an, et lui seul. Pompée fit scandale en y entrant lors de la prise de Jérusalem en 63 av. J.-C.

Sanhédrin : issu du grec *synédrion*, « assemblée », le sanhédrin juif regroupe autour du grand prêtre 71 sages experts de la Loi mosaïque (Torah) et est chargé de l'interpréter et de juger des affaires qui s'y réfèrent. Après la disparition du Temple en 70 et du grand prêtre, entièrement dominé par les rabbis pharisiens, il fut conduit à jouer un rôle majeur dans la direction spirituelle du peuple juif et se déplaça dans diverses agglomérations de Judée et de Galilée.

Synagogue : du grec *sunagogè*, « rassemblement » la synagogue désigne aussi bien la communauté juive d'une même cité (ou d'un quartier) que la maison de prière où elle se réunit. Le Temple étant le seul lieu de culte autorisé avant 70 apr. J.-C., les juifs vivant loin de Jérusalem prirent l'habitude, dès le IIIe siècle av. J.-C., de se réunir pour lire et commenter les livres sacrés. Mais une synagogue existait même à Jérusalem avant 70, signe de la popularité de l'institution.

Séleucides : dynastie macédonienne fondée par Séleucos Ier, compagnon d'Alexandre, qui régna de l'Égée à l'Inde et établit sa capitale à Antioche, en Syrie du Nord. Dès le milieu du IIIe siècle, le royaume séleucide subit de fortes amputations à l'est, avant d'être réduit à l'espace syro-mésopotamien au début du IIe siècle. Les derniers rois de la dynastie, Antiochos XIII et Philippe II, disparurent lors de l'annexion de leur royaume par Pompée en 64 av. J.-C.

Stasis : bien que terme soit formé à partir d'une racine signifiant « ériger, dresser » il désigne dans la Grèce antique la révolte contre l'ordre établi, la guerre ouverte qui dresse deux clans l'un contre l'autre. Elle diffère de *Polémos*, la guerre étrangère, et se trouve être aux yeux des philosophes et moralistes l'image la plus détestée de la violence et du désordre.

Stratège : littéralement celui qui « conduit l'armée », et le terme, dans la Grèce classique, a un sens militaire fort. Néanmoins, au cours du Ve siècle à Athènes, certains stratèges, tout en remplissant leurs fonctions militaires, acquirent un prestige qui leur conféra une autorité politique indéniable, d'autant plus que le tirage au sort des archontes avait amoindri leur rôle politique effectif. C'est comme stratège que Périclès dirigea Athènes pendant près de 30 ans. Mais la fonction redevint presque strictement militaire au IVe siècle, lorsque les orateurs prirent en main la conduite des affaires politiques. Quand les cités cessèrent d'avoir des responsabilités militaires, les stratèges ne disparurent pas mais la fonction évolua (à Athènes le stratège des hoplites fut ainsi chargé de l'approvisionnement en blé). Dans les colonies romaines du monde grec, le terme fut utilisé pour traduire la fonction de *duumvir*.

Temple : le temple désigne la partie construite d'un sanctuaire abritant l'image du dieu ou les symboles de sa présence, ce que les Grecs nomment le *naos*, les Romains la *cella*. Car le sanctuaire peut aussi comporter des cours, un autel (généralement à l'extérieur devant le temple) et diverses installations. En principe, les fidèles n'ont pas accès au temple lui-même et assistent aux sacrifices et autres cérémonies en plein air.

Temple de Jérusalem : comme les autres temples du Proche-Orient, celui de Jérusalem est entouré de cours et de portiques (les « parvis » des textes bibliques). Après la destruction du temple de Salomon en 587, un Second Temple commença à être édifié à la fin du VIe siècle mais il fut surtout magnifiquement embelli par Hérode le Grand (41-4 av. J.-C.) et achevé par Agrippa II en 63 de notre ère, quatre ans avant la grande révolte. Longtemps concurrencé par d'autres sanctuaires, il bénéficia du soutien des rois de Juda qui parvinrent par imposer aux juifs l'unicité de lieu de culte. Néanmoins il subsista un sanctuaire sur le Mont Garizim pour les Samaritains, et un temple à Léontopolis, dans le Delta égyptien, fut fondé par le grand prêtre dissident Onias IV après 175 av. J.-C.

Torah : l'« instruction », en grec la Loi (*Nomos*), est considéré par les juifs comme la Loi que Moïse reçut de Dieu au Mont Sinaï et transmit à son peuple, enseignement contenu dans les cinq premiers livres (Pentateuque, « les cinq rouleaux ») de la Bible, *Genèse*, *Exode*, *Lévitique*, *Nombres* et *Deutéronome*. La Torah écrite était accompagnée de commentaires oraux de Moïse qui furent perdus ; les docteurs de la loi sont donc chargés de retrouver ces enseignements, et leurs commentaires constituent ce que l'on nomme la Torah orale, intégrée notamment par le grand prêtre Simon le Juste au début du IIe siècle av. J.-C.

Tribunal populaire : l'héliée est chargé à Athènes de rendre la justice, notamment après les réformes d'Ephialtès en 462. Composé de 6 000 héliastes, citoyens de plus de 30 ans tirés au sort pour un an qui siègent par section de 200 à 1 500 membres selon l'importance des affaires à juger, le tribunal populaire est le pendant judiciaire de l'assemblée populaire ; ses membres touchent une indemnité modeste qui comble le manque à gagner pour les plus pauvres. Des affaires politiques graves comme la haute trahison peuvent être jugées directement par la boulè ou l'ecclésia, mais aussi transmises par eux à l'héliée. Aucun magistrat professionnel ne dirige les débats pas plus qu'il n'existe de procureur ou de juge d'instruction. Le verdict, voté à bulletin secret, est sans appel.

Triérarchie : liturgie consistant pour un citoyen à équiper à ses frais un navire de guerre (trière), seul ou regroupé avec d'autres.

Tyrannie : régime politique qui place la cité sous le pouvoir d'un seul homme qui échappe au contrôle des lois civiques.

L'Empire d'Alexandre et son partage

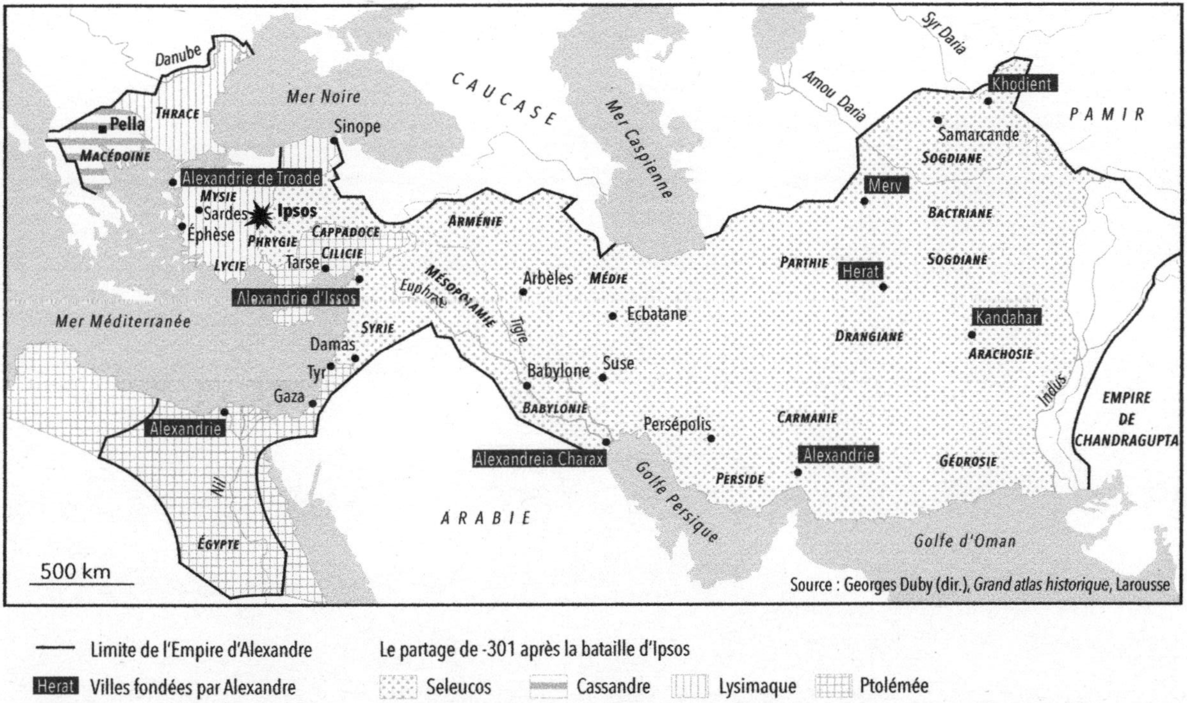

La défense de l'Empire (Ier-IIIe siècle)

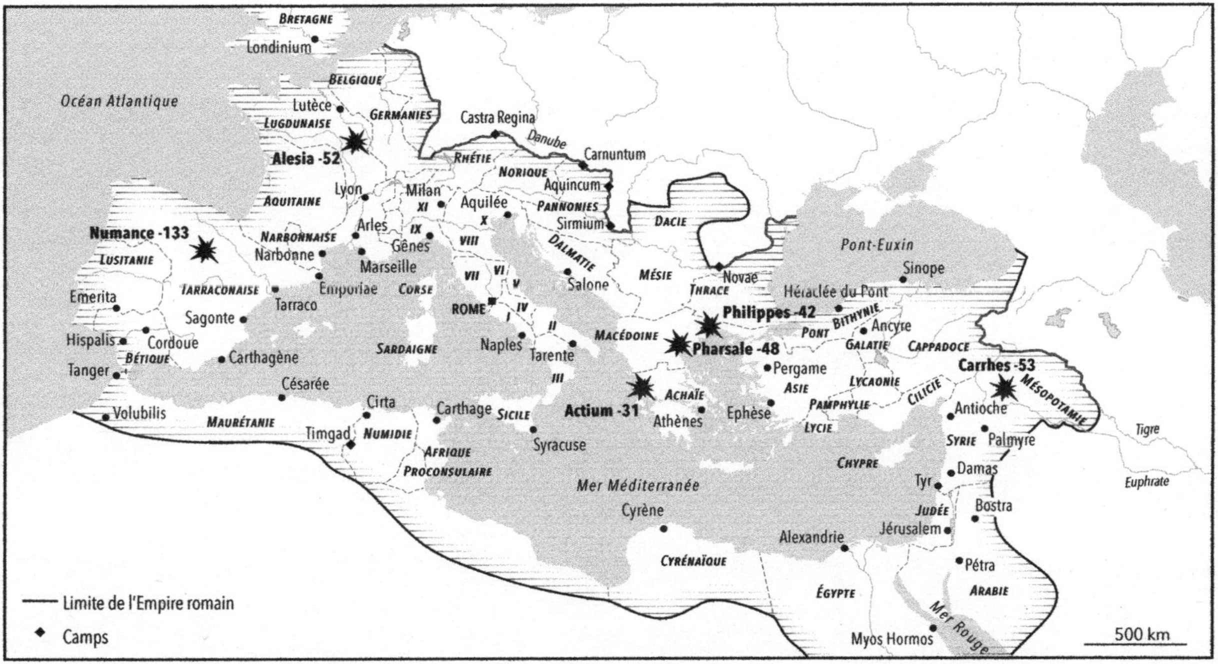

Index des noms propres
(divinités, personnes, dynasties, familles)

A

Achéménides : 107
Adiatorix : 208
Aelius Aristide : 217
Agrippa Ier : 242
Agrippa II : 244
Alcibiade : 49, 64
Alcméonides : 49, 57
Alexandre Balas : 130
Alexandre Hélios : 176, 178, 192-193
Alexandre Jannée : 140
Alexandre le Grand : 19, 59, 86, 107-108, 113, 119, 167, 191, 216
Allat : 221
Amyntas de Galatie : 193, 195, 208-209
Antéchrist : 135
Antigone II Gonatas : 111-112
Antigone le Borgne : 108-111
Antiochos Ier : 112
Antiochos III : 20, 119
Antiochos IV : 118, 121-122, 124-125, 127, 129, 132, 135, 138, 142, 226, 229, 260-261
Antiochos V : 128-130
Antipater l'Iduméen : 177, 185
Antipatros (Macédonien) : 108-109
Antonius Felix : 146, 243
Apollodore de Pergame : 208
Aqiba (*rabbi*) : 257, 262, 265, 267-269
Archélaos de Cappadoce : 169, 193, 208
Archélaos de Judée : 238, 240
Archinos : 84-85
Archippè : 99-100
Areios d'Alexandrie : 209
Aristide : 57
Aristoboulos (grand prêtre) : 131
Aristobule II : 238
Aristophane : 63, 67-68, 71-73
Aristote : 63, 68, 89, 230
Arsinoé : 172, 181
Artaxerxès III : 18

Athéna : 221
Athénodore Sandon de Tarse : 209
Attale III : 21, 150
Auguste : 21, 166, 198, 200, 205-206, 208, 210, 213, 240, 308
Avillius Flaccus : 228

B

Baalshamin : 221
Bacchus : 231
Bar Kokhba : 139, 146, 235, 245-246, 255, 262-265, 269
Basile de Césarée : 314
Bérénice IV : 168-169
Boulagoras de Samos : 97
Brutus : 173-175

C

Caligula : 228, 241-242
Cambyse II : 18, 278
Cassandre : 109-110
Cassius : 173-175
Césarion : 173, 178-179, 181, 192, 194
Cimon : 57, 93
Claude : 229, 290
Clément d'Alexandrie : 313
Cléon : 68-73
Cléopâtre : 165-167, 169-174, 176-182, 192, 194-197, 205-206, 208-209, 211, 213
Cléopâtre Séléné : 21, 176, 178, 192-193
Cléophon : 68, 70
Clisthène : 45, 48, 56-57, 59
Constantin : 247, 249, 303
Crassus : 213
Cratère : 108-109
Cumanus : 243
Cylon : 80
Cyrus le Grand : 18

D

Daniel : 142-143
Darius Ier : 18
Darius III : 19
Déiotaros Philadelphe (Deiotaros de Paphlagonie) : 195, 208
Démétrios Ier Poliorcète : 110-111, 130
Démosthène : 96-97
Dioclétien : 285
Dion Cassius : 263, 265, 288, 294-295
Dion de Pruse : 104
Dracon : 43

E

Épaminondas d'Akraiphiai : 101
Éphialtès : 52, 59, 62
Eschine : 96-97
Eschyle : 77
Esdras : 121
Ézéchias : 145

F

Félix (Antonius) : 146, 243
Flavius Josèphe : 256
Florus, Gessius : 244

G

Genséric (roi des Vandales) : 302

H

Hadrien : 245, 256, 261, 266
Hammourabi : 28-29, 31
Hasmonéens : 124, 130-131, 137-138, 186, 188
Hécatée d'Abdère : 225
Hélène (reine d'Adiabène) : 244
Héliodore : 136
Hérode Atticus : 104
Hérode le Grand : 140, 145, 177, 179-180, 185-188, 193-196, 207-209, 232, 237-242
Hérodote : 279
Hyperbolos : 57, 68
Hyrcan II : 238

I

Iulius Africanus : 247
Iulius Severus (gouverneur de Bretagne) : 263-265

J

Jamblique d'Emèse : 195
Jason de Cyrène : 133, 137
Jason (grand prêtre) : 121-123, 135, 226-227
Jean Hyrcan Ier : 133
Jésus : 145
Jésus ben Sira : 119
Jonathan (grand prêtre) : 130, 133, 244
Juda Ier : 248, 269
Judas (fils d'Ézéchias) : 133, 145
Judas Maccabée : 126-128, 131, 134, 142, 237
Jules César : 155, 161-162, 166, 169-173, 176, 182, 191, 207, 210, 213
Julien (empereur) : 311-312
Julius Nepos : 301-302
Juvénal : 230, 232-233

K

Kypros : 185

L

Lagides : 19-20, 119, 191, 193
Lépide : 191
Lucullus : 210, 213
Lysimaque : 108-112

M

Maccabées (Hasmonéens) : 117, 124, 126-127, 129-130, 138-140, 142, 240, 252
Malikhô de Pétra : 193
Manéthon : 233
Marc Antoine : 21, 166, 169, 174-182, 186, 190-192, 194-196, 205-206, 208-209, 211, 213
Marc (évêque de Jérusalem) : 248, 267
Marcus Agrippa : 195, 208

Martial : 230
Mattathias : 126-127
Ménélas (grand prêtre) : 124, 129, 227
Minucius Felix : 313
Mithridate II de Commagène : 193
Mithridate VI du Pont : 100, 151, 153, 190, 210, 213
Moïse : 232-234
Mullo (ou Mars-Mullo) : 221

N

Nabuchodonosor II : 18
Néhémie : 121
Nestorius : 303

O

Octave (Octavien) : 174-176, 179-181, 190-192, 194-197, 199, 206, 208-209, 213, 239 ; voir Auguste
Octavie : 178
Odoacre : 301-302
Onias III : 136
Opramoas de Rhodiapolis : 103
Orthagoras d'Araxa : 98

P

Pausanias : 283
Perdiccas : 108-109
Périclès : 47-49, 57, 59, 62, 69, 71, 93
Pétrone : 231
Petronius : 241-242
Pharnace du Pont : 172
Phrynichos : 77
Pisistrate : 58, 79-80
Platon : 63, 87, 90
Pline l'Ancien : 217-218, 280
Pline le Jeune : 103, 310-311
Plutarque : 231, 234
Polémon Ier du Pont : 193, 208
Pompée : 170, 172, 205, 207, 213, 232, 237-238
Ponce Pilate : 232, 241-243
Pseudo-Xénophon (dit le « Vieil Oligarque ») : 62
Ptolémée Ier : 108-112, 114, 167, 173, 191, 206
Ptolémée II Philadelphe : 112, 178, 193
Ptolémée IX : 168
Ptolémée XII : 168-169, 171, 173, 175
Ptolémée XIII : 169-171
Ptolémée XIV : 172, 174
Ptolémée XV Césarion : voir Césarion
Pythodôros de Nysa : 100

R

Ramsès II : 16
Ramsès III : 16
Roma (déesse) : 211
Romulus Augustule : 301, 308

S

Sargon d'Akkad : 14-15, 30
Séleucides : 19-20, 119, 130-131, 237, 252
Séleucos Ier : 109-111, 114
Séleucos IV : 136

Septime Sévère : 22
Sextus Pompée : 191
Simon Maccabée : 130, 133
Socrate : 72, 94-95
Solon : 44, 48, 58, 64, 69, 80-81, 89
Strabon : 201, 279
Sulla (Sylla) : 152-153, 213

T

Tacite : 231, 233
Tertullien : 313
Thémistocle : 57
Théodoric : 302
Théophraste : 230
Théramène : 64-65, 82
Thésée : 41, 67
Tiberius Iulius Alexander : 244
Titus : 227, 235, 255
Tobiades : 121, 133
Trajan : 22, 103

V

Vénus *Genetrix* : 173
Vercingétorix : 155, 158, 181
Vespasien : 227, 256, 259, 290

X

Xénophon : 62, 67
Xerxès : 18

Y

Yahwé : 118, 120, 123, 127, 141, 143, 187, 253, 260, 268-269

Z

Zélotes : 253
Zénon : 301-302, 304
Zeus Olympien : 125

Index des lieux et des peuples

A

Achaïe : 197
Actium : 180-181, 189-191, 198-200, 205, 207, 239
Aden : 272
Adiabène : 244
Aelia Capitolina : 245, 261-262, 266, 269
Afrique, province d' : 216, 279
Akkadiens, peuple : 15, 24
Akraiphiai : 101
Alep : 16
Alésia : 155, 157, 159, 161
Alexandrie : 19, 111, 114, 119, 139-140, 144, 166-167, 169, 171-174, 176, 178, 180-181, 190, 194, 196-197, 205, 218, 228-229, 257, 272, 292, 306
Amorrites, peuple : 15, 24
Ampurias : 38
Antinoé : 292
Antioche de Syrie : 19, 23, 111, 177, 227, 240, 305-306
Aphrodisias de Carie : 227
Arabes Nabatéens : 207 ; voir Nabatéens
Arabes, peuple : 232, 280
Arabie : 24, 113, 292
Arabie heureuse ou du Sud (actuel Yémen) : 21-22, 271
Arabie, province d' : 198
Araméens, peuple : 24
Argos : 42
Arménie : 22, 178, 193
Asie : 196-197, 207, 304
Asie centrale : 38, 113-114, 218
Asie Mineure : 20-21, 35, 115, 144, 149-150, 153, 175-176, 213, 257, 290
Asie, province d' : 150-151, 210
Assour, royaume d' : 15, 17
Assyriens, peuple : 25
Athènes : 41-43, 48-50, 61, 79, 82, 86, 88, 90, 180
Atlantide : 87-88, 90-91
Attique : 35

B

Babylone : 15, 17-20, 31, 107
Babylonie : 111
Bactres : 112
Béotie : 35, 38

Beyrouth, école de droit de : 296
Bithynie : 113, 207, 211, 311
Bithynie-Pont : 191, 196-197
Blemyes : 285
Bou Njem (désert libyen) : 281-284
Byblos : 14, 16, 136

C

Cappadoce : 113, 177, 196, 207
Carie : 176
Césarée : 186, 239, 241
Ceylan : 218
Chalcédoine : 303
Chalcis, royaume de : 177
Chine : 218
Chios : 38, 152
Chypre : 19, 111, 140, 169, 173, 175, 177, 191, 193, 197, 206
Cilicie : 176-177, 191, 193, 196-197
Cilicie Trachée : 207
Cnossos : 34
Colonnes d'Hercule (Gibraltar) : 277, 279
Commagène : 113, 196
Constantinople : 23, 216, 301, 303-305
Coptos : 272, 282, 284
Corinthe : 35, 48, 197
Crète : 37, 179, 193
Cyclades : 37
Cyrénaïque : 111, 178
Cyrène : 38, 140, 193, 197, 206, 277

D

Damas : 16-17
Délos : 150
Delphes : 35
Delta égyptien : 278
Désert Arabique : 272
Désert Libyque : 271
Doriens, peuple : 34
Douch (oasis) : 281
Doura-Europos : 20, 305

E

Ebla : 15
Ecbatane : 18
Édesse : 23
Égypte : 14, 16-17, 19-21, 23-24, 109, 111, 113, 115, 119, 140, 144, 165, 167, 180, 190, 198, 212, 271, 292, 303-304
Élam : 17
el-Amarna : 14
Élamites : 15
Éléphantine : 285
Éleusis : 83-84
Éphèse : 149, 151, 153, 180, 211, 306
Éthiopie : 24
Eubée : 35
Euphrate : 21, 23, 27, 29

G

Galatie : 177, 196, 207
Galilée : 119, 128, 256-257, 260, 266-267
Garamantes, peuple : 280, 282, 286
Gaule : 290
Gaza : 306
Germanies : 292

Grèce : 175
Grecs (citoyens romains) : 212

H

Hanigalbat : 15
Hatra : 22
Hauran : 304
Hermopolis la Grande : 105
Himyar : 24, 119, 140, 226
Hittites : 13, 15-17, 25

I

Iamnia : 128, 245, 258
Idumée : 119, 128, 256
Inde : 218
Inde du Sud : 272
Indus : 113
Iran : 24, 113-114, 127
Italie : 176, 191

J

Jaffa : 128
Jérusalem : 23, 119, 121, 129, 136-137, 143, 145, 177, 186-187, 226, 230, 233, 237-238, 242-246, 253-254, 261, 263-264
Judée : 20, 113, 119, 124-125, 128, 131-133, 136, 138-140, 177, 186, 196, 225-227, 229, 233, 238, 246, 252, 256, 267
Juif : 118, 120-121, 123-124, 126-129, 131-133, 135, 139, 141, 145, 147, 177, 185, 225, 227-235, 239, 241, 244-245, 248, 255-256, 258, 267

K

Kéos, île de : 38
Khargeh, oasis : 278, 285
Krokodilô : 282
Ksar Ghilane : 281

L

Lefkandi : 35
Libye : 38, 279

M

Macédoine : 38, 196-197, 207, 290
Marathon : 54, 59
Maresha : 136
Mari : 15, 27-31
Marseille : 48
Massada : 254-255
Massif calcaire : 304
Maurétanie : 279
Médie : 178, 193
Médine : 24
Memphis : 167
Méroé : 181
Mer Rouge : 271
Mésopotamie : 14, 20, 24, 113-114, 140
Milet : 98
Mycènes : 34
Myos Hormos : 272, 282, 284

N

Nabatéens, peuple : 207, 238
Nabatène : 196, 207
Naucratis : 292

Nicomédie : 211
Nicopolis : 200
Nil : 272, 278
Nil, delta du : 271-272
Nisibe : 305
Nobades : 285
Numance : 162
Numidie : 279, 283

O

Olympie : 35
Ougarit : 16
Ourartou : 17

P

Palestine : 119, 147, 266
Palmyre : 21, 221
Paphlagonie : 195-196
Parthes : 175-177, 185-186, 213, 268, 295
Parthes Arsacides : 20, 22
Patras : 180
Pergame, royaume de : 19, 112, 149-151, 211
Persépolis : 18
Perses : 19, 24, 77, 121, 303
Perses Achéménides : 21, 216
Perses Sassanides : 21, 23-24, 108, 304
Pétra : 21, 238
Peuples de la Mer : 16, 25
Phénicie : 19, 21, 38, 119, 186, 193, 206
Phéniciens, peuple : 17, 25
Philippes de Macédoine : 19, 111, 115, 175, 205, 213
Pont : 113, 177, 190, 196
Ptolémaïs : 292
Pylos : 34

Q

Qadesh : 16
Qoumran : 142

R

Rome : 166, 169, 172, 257

S

Sahara : 277, 281, 283-285
Salamine (bataille de) : 77
Samarie : 17, 186, 239
Samos : 38, 97
Sébastè (Samarie) : 186
Séleucie de Piérie : 111
Sères : 216
Sicile : 38
Sidon : 16, 219
Siméon Saint stylite : 305
Siwa : 280
Sparte : 42, 48, 59, 64
Strabon : 277
Sumer : 13, 28
Sumériens, peuple : 25
Suse : 18
Syria-Palaestina : 266, 270
Syrie : 20, 24, 111, 113-115, 119, 144, 175-176, 186, 191, 193, 196-197, 206-207, 213, 226, 238, 257, 290, 292, 303-304
Syrie du Sud : 128, 177, 186, 188
Syrie, province de : 240

T

Tarse : 175
Thèbes : 48
Thèbes d'Égypte : 279
Thrace : 18, 112, 292
Tirynthe : 34
Touaregs : 279
Tralles : 152
Transjordanie : 121, 128, 133
Tyr : 16, 123, 176, 218

Y

Yarmouk, bataille du : 24
Yémen : 218

Index des sujets

A

Affranchissement des esclaves : 291
Agonothète : 101
Aigle d'or : 239-240
Alphabet grec : 36
Amnistie : 65, 79, 84
Amphithéâtre : 22, 239
Antijudaïsme : 226, 229-230
Antisémitisme : 226
Antoninianus : 296
Apocalypses : 139, 141-142, 144-145, 147, 252
Arabe (langue) : 220
Araméen (langue) : 18, 115, 220
Arbitrage : 81-82
Archontes : 51
Aréopage, tribunal : 52, 62
Assemblée du peuple ou Ecclésia : 45, 50-51, 56
Atimie : 51

B

Bannis : 80, 86
Banquets : 101
Bienfaiteurs : 97-98, 210
Blé : 220, 291
Bouleutérion : 239
Brigands : 209

C

Chorège : 94
Chrétiens : 310-313
Christianisme : 23
Circoncision : 123, 227, 233, 246, 260-261, 266
Cités grecques : 33, 55, 76, 93, 114, 122, 125
Cités libres : 153
Cités sumériennes : 39
Citoyen : 44, 46, 49, 79, 99, 101, 121
Citoyenneté alexandrine : 228
Citoyens romains : 43, 47-48, 53, 76-77, 218, 221, 289
Classes censitaires : 44
Clérouques : 70
Colonies : 245-247, 290
Colonisation : 38
Colons : 256
Concile d'Éphèse : 303

Concorde : 86
Concours panhelléniques : 21-22, 94, 189, 239
Conseil : 45, 50-51, 93, 102
Cosmète : 105-106
Craignant-Dieu : 227
Crises frumentaires : 220
Culte de Rome et d'Octave : 199
Culte des souverains : 114, 211-212
Culte impérial : 212, 230

D

Démagogue : 61, 67-68
Démocratie : 52, 54-55, 61, 70, 93
Démos : 47, 49, 52
Diaspora : 133, 139, 229, 234-235, 269
Disette : 244
Domaine impérial : 256
Droit latin : 290

E

Écriture : 34
Édit de Caracalla : 221, 287-288, 293-295
Édit de persécution : 125, 128, 135, 137-138, 140, 226, 229
Égyptien (langue) : 115, 168, 220
Éphébeion : 122
Éphèbes : 36
Esclavage pour dettes : 44
Esclave : 43, 54, 83, 85, 101, 285
Espions : 284
Esséniens : 142, 144
États-clients : 177, 194, 198, 210, 279
États indo-grecs : 113
Ethnos : 132
Étrangers : 47, 53, 73, 76, 94, 99, 101
Évergètes : 99, 103, 105
Évergétisme : 102, 201
Exégètes : 106

F

Famine : 174
Femmes : 46, 52, 54, 72, 76, 99
Fiscalité : 95

G

Gladiateur : 22, 314
Grec (langue) : 22-23, 115, 168, 200, 220, 223, 228, 234, 273
Guerre du Péloponnèse : 54, 90
Gymnase : 21, 122-123, 228
Gymnasiarchie : 94

H

Hassidim : 124, 126, 131
Héliée, tribunal : 52, 93
Hétairies : 63
Hilote : 54
Hippodrome : 239
Homoioi (pairs) : 48
Homosexualité : 314
Hoplites : 44, 62

I

Impôt : 95
Isonomie : 48
Ivoire : 285

J

Judéophobie : 226, 232, 235
Juges étrangers : 82
Jupiter Capitolin (temple) : 247, 261

L

La Mecque : 24
Langues d'Asie Mineure : 221
Latin, langue : 169, 200, 220, 223
Légion V *Macedonica* : 245
Légion X *Fretensis* : 245
Légion XX *Deioteriana* : 263
Lex Plautia Papiria : 288
Ligue de Délos : 73
Limes tripolitanus : 281
Linéaire B (écriture) : 33, 35-36
Liturges : 98
Liturgie : 49, 95, 99, 105
Loi : 120, 122-123, 125-126, 137, 225-226, 243, 245, 253, 257, 266-267, 269
Loi de 451 ou loi de Périclès : 46-47, 53
Loi mosaïque : 119, 132

M

Magistrats : 49-52, 57-58, 62, 72-73, 103, 105
Marchands romains : 272
Mariages : 46
Méharistes : 285
Melkites : 303
Mercenaire : 34
Messie : 145, 187, 252, 258
Métèque : 43, 47, 53, 73, 76, 83, 85
Métropole de nome : 105
Miaphyites (ou monophysites), thèses : 23, 303
Miaphysites : 23
Monnaie : 21
Mycéniens, palais : 34
Mythe : 89
Mythe d'Er : 91

N

Nassi (patriarche) : 248, 269
Nestoriens : 23, 303
Nomades : 280, 283-284
Nomes : 293
Nudité : 122-123, 234

O

Oligarchie : 55, 65
Oligarques : 54
Or : 285
Orateur : 50
Ordre équestre : 290
Ordre sénatorial : 290
Ostracisme : 56, 61

P

Parthénon : 59
Pauvres : 62, 81, 97

Péages : 282
Pérégrins : 221, 289
Peste bubonique : 304
Pharisiens : 131, 240, 252-253
Phénicien (langue) : 22, 115
Phratries : 45
Pirate : 35, 54, 190
Polis (cité) : 20, 22, 39-40, 114, 200
Préfet : 240
Princes-clients : 207, 212, 289
Prosélytes : 227
Publicains : 100, 151, 219

R

Rabbins (Rabbis) : 235, 245-246, 266
Résurrection des morts : 144-145
Riches : 56, 63, 81, 93, 95-97, 100, 102, 104
Romanisation : 215, 223

S

Sabbat : 126, 230, 233-234, 266-267
Scribes : 120, 129, 133
Second Temple : 118
Sédentarisation : 283
Séisme : 211
Shabbat : 241, 246
Sicaires : 244, 251, 254
Sophistes : 72
Sport : 122, 201
Stasis : 79
Stratèges : 51
Summa honoraria : 102
Synagogue : 227-228, 269
Syriaque (langue) : 23

T

Temple : 122, 124, 127-128, 132, 136-137, 141-143, 147, 187, 225, 229, 232, 235, 237, 239-241, 243-244, 246-247, 254-258, 266-267
Théâtre : 76, 239
Thermes : 223, 235
Tirage au sort : 57-59
Torah : 119, 122, 132, 137, 226-227, 234, 246, 258-259, 261
Trente Tyrans : 65, 79, 82
Trésor public : 95
Tria nomina : 291-292
Tribunal populaire : 52, 93
Tribus : 45
Tribut : 100, 124, 132, 136, 150, 153, 219, 294
Triérarchie : 94
Triomphes : 172, 178, 181
Trittyes : 45
Tyrannie : 44, 50, 61, 104, 211
Tyrans : 56

V

Verriers : 219

Y

Yohanan ben Zakkai : 257-258

Réalisation : Nord Compo à Villeneuve-d'Ascq
Imprimé par Normandie Roto Impression s.a.s. à Lonrai
Numéro d'imprimeur : 1704877
Dépôt légal : février 2017
ISBN : 979-10-210-2358-1
Numéro d'édition : 3943-1
Imprimé en France